重大基础设施全过程工程
咨询理论与实践

——海南铺前跨海大桥建设管理创新探索

海南省交通运输厅
中国公路工程咨询集团有限公司　组织编写
同　济　大　学

人民交通出版社股份有限公司
北京

内 容 提 要

本书全面回顾总结了海南铺前跨海大桥的建设历程，系统分析了铺前跨海大桥项目全过程工程咨询的服务机制、模式类型、实现路径、工作内容和价值内涵，提出在国内全过程工程咨询服务领域具有前瞻引领作用的"铺前大桥模式"。本书针对海南铺前跨海大桥工程全过程工程咨询服务技术难度大、质量要求高以及组织协调复杂等问题，归纳出重大基础设施项目全过程工程咨询服务"实施时间早""服务阶段全""服务范围广"和"工程效益好"四大特点，并在深入调研全过程工程咨询服务基础上，结合复杂工程管理理论分析框架，进一步总结提炼出重大基础设施项目全过程工程咨询服务的八项基本特征。

本书既可作为我国重大基础设施工程的建设管理者的实践参考用书，也可作为高校工程管理、道路桥梁等相关专业的案例教材和辅导用书。

图书在版编目(CIP)数据

重大基础设施全过程工程咨询理论与实践：海南铺前跨海大桥建设管理创新探索 / 海南省交通运输厅，中国公路工程咨询集团有限公司，同济大学组织编写. —北京：人民交通出版社股份有限公司，2020.8
　　ISBN 978-7-114-16671-6

Ⅰ.①重… Ⅱ.①海…②中…③同… Ⅲ.①跨海峡桥—桥梁工程—咨询服务—研究—海南 Ⅳ.①U448.19

中国版本图书馆 CIP 数据核字(2020)第 113413 号

书　　名：	重大基础设施全过程工程咨询理论与实践——海南铺前跨海大桥建设管理创新探索
著 作 者：	海南省交通运输厅
	中国公路工程咨询集团有限公司
	同济大学
责任编辑：	周佳楠　侯蓓蓓　朱伟康
责任校对：	席少楠
责任印制：	张　凯
出版发行：	人民交通出版社股份有限公司
地　　址：	(100011)北京市朝阳区安定门外外馆斜街3号
网　　址：	http://www.ccpcl.com.cn
销售电话：	(010)59757973
总 经 销：	人民交通出版社股份有限公司发行部
经　　销：	各地新华书店
印　　刷：	北京市密东印刷有限公司
开　　本：	787×1092　1/16
印　　张：	18.25
字　　数：	425 千
版　　次：	2021年4月　第1版
印　　次：	2021年5月　第2次印刷
书　　号：	ISBN 978-7-114-16671-6
定　　价：	120.00 元

(有印刷、装订质量问题的图书由本公司负责调换)

本书编委会

编写单位：
海南省交通运输厅
中国公路工程咨询集团有限公司
同济大学

主　编：
刘　闯　谷志文　吴敬武　谢坚勋　何清华

编委会：
邓小刚　裴岷山　刘　闯　谷志文　何　斌
费雪良　孙　宏　赵　鹏　刘冬颖　谭发茂
刘　勇　杨春晖　张新来　赵晓峰　李志军
刘子剑　李明华　张德芬　吴敬武　何清华
汪劭祎　戴天云　孙平宽　张迎春　张福强
王成斌　李邦武　符策源　阳振中　乐　云

编写组：
吴敬武　张汉生　孙平宽　艾佑元　王　宇
许　笛　于德恩　张德文　王锦攀　李　丽
王文铭　谢坚勋　张宗玮　刘　源　李　洋
何　晖　陈小燕　罗培圣　侯建新　黄　鹏

中共中央、国务院印发的《交通强国建设纲要》指出,坚持新发展理念,坚持推动高质量发展,坚持以人民为中心的发展思想,牢牢把握交通"先行官"定位,构建安全、便捷、高效、绿色、经济的现代化综合交通体系,打造一流设施、一流技术、一流管理、一流服务,建成人民满意、保障有力、世界前列的交通强国,为全面建成社会主义现代化强国、实现中华民族伟大复兴中国梦提供坚强支撑。

在党中央坚强领导下,我国交通运输事业取得了举世瞩目的成就,紧跟时代步伐,即将迎来由交通大国向交通强国的历史性跨越。重大交通基础设施工程建设是人民满意交通的物质基础,重大工程建设的管理系统是实现建设目标的决定性因素。

海南铺前跨海大桥(现为"海文大桥")工程是一项于2009年启动建设,2019年实现交工通车的重大基础设施项目,采用全过程工程咨询服务模式,取得了良好的实施效果。海南铺前跨海大桥全过程工程咨询服务单位——中国公路工程咨询集团有限公司长达10年的全过程工程咨询服务是大桥建设取得高质量绩效的基本保障。海南铺前跨海大桥的全过程工程咨询服务代表建设单位利益,整合工程建设全产业链资源,服务阶段涉及项目前期、项目设计、招标采购、项目施工、项目竣(交)工和项目运营等全生命周期的各阶段,服务内容涵盖前期研究、可行性研究、工程初步设计、全过程项目管理、运营维护管理和科技攻关等诸多方面。海南铺前跨海大桥的全过程工程咨询服务遵循"一个团队、一个方案、一干到底"的方针,充分体现了交通工程领域的大国工匠精神。

海南铺前跨海大桥工程真正体现了科技创新支撑高水平发展的理念。工程建设条件极为复杂,位于强震、强风、强腐蚀区且跨越铺前—清澜活动断层,其抗震设防烈度为国内最高,设计基本风速为国内最大,跨越地震活动断层,为国内唯一。全过程工程咨询单位在大桥建设过程中组织开展了18项技术专题与7项科研课题的研究,通过科技攻关,突破建桥禁区,形成了一大批的科技创新成果,支撑了大桥工程建设,将不可能变成可能。

海南铺前跨海大桥还是第一座在建设全过程中深度应用BIM(建筑信息模型)技术的跨海大桥。在设计、施工过程多维度应用BIM技术促进工程高质量建造的基础上,海南铺前跨海大桥工程项目建立了基于 BIM 的桥梁运营维护及健康监测系统,并将设计施工阶段与运营维护阶段的 BIM 数据进行整合,提高桥梁的养护效率和智能化水平,为 BIM 技术在公路桥梁工程领域全生命周期应用积累了宝贵经验。

在全体参建单位的共同努力下,通过全过程工程咨询单位的精密策划、精心组织和精细实施,海南铺前跨海大桥工程建设取得成功,提前约 7 个月建成通车,实现"零伤亡、零事故"的安全目标,创造 7 项"国内第一纪录"和 7 项"海南省第一纪录",获得省部级及以上奖励荣誉近 20 次。大桥紧邻海南东寨港国家级自然保护区,建设中始终坚持生态优先,在修桥筑路的同时保护生态环境,实现人与自然和谐共处的美好愿景。

依托海南铺前跨海大桥全过程工程咨询服务案例,本书作者对重大交通基础设施全过程工程咨询服务模式开展了系统的理论研究和实践探索。本书共分为案例篇、理论篇和实践篇三部分,是海南铺前跨海大桥项目全过程工程咨询的经验总结和理论升华,对类似项目全过程工程咨询服务的开展具有重要的借鉴参考价值。

当前,国家发展和改革委员会与住房和城乡建设部正在积极推进工程建设领域"工程总承包"模式和"全过程工程咨询"模式,交通运输部正在积极推进重大交通工程领域"建管养一体化"模式。这些模式的提出和推行,体现了我国工程建设领域的制度特色,必将在助力我国重大基础设施工程建设取得进一步成效的同时,丰富我国建设工程管理领域的理论知识和实践经验。

是为序。

编 者

2020 年 12 月

2018年4月13日,习近平总书记在庆祝海南建省办经济特区30周年大会上发表重要讲话,宣布党中央决定支持海南全岛建设自由贸易试验区,支持逐步探索、稳步推进中国特色自由贸易港建设,赋予了海南省改革开放前所未有的重大历史机遇。

1605年(明万历三十三年)发生的琼北大地震让海南省海口、文昌交界处的一条小河沟瞬间地陷成海,变成了今天的铺前湾—东寨港海域,两地人民从此隔海相望,交流受阻。2019年3月18日,一桥连海文,天堑变通途。海南铺前跨海大桥(通车后改称"海文大桥",本书沿用其工程名称,后文简称为"铺前大桥")顺利通车,在四百多年后使海口和文昌两地人民的手再次紧紧地牵在一起。在海南建省而立之年再出发之际,铺前大桥的建成正逢其时。作为海南省重大交通基础设施,铺前大桥大大缩短了海口和文昌铺前等地间的公路里程,不仅是推进"海澄文"一体化的交通控制性工程,更是海南自由贸易试验区海口江东新区的重要门户,并为文昌航天发射场提供重要交通保障,助力打造国际旅游消费中心、国际金融服务中心和国家重大战略服务保障区,成为海南省的新地标和交通基础设施行业的一张"金名片"。

铺前大桥是国内唯一一座跨越地震活动断层的跨海大桥,其建设刷新了多个国内和海南省内纪录。它不仅是海南省有史以来投资规模最大、桥塔最高、跨度最长的独塔双索面钢箱梁斜拉桥,也是国内抗震、抗风级别最高的跨海大桥。同时,铺前大桥还是国内第一个采用全过程工程咨询服务模式进行建设的复杂桥梁工程。

基于铺前大桥技术和管理上的复杂性,基于海南省交通运输系统践行"先行先试"的创新胸怀,基于中国公路工程咨询集团有限公司(以下简称"中咨集团")在公路交通行业全产业链整合能力的竞争优势,中咨集团通过竞标获得铺前大桥"项目管理承包(PMC)"项目,并于2010年3月签订合同,开启了十年磨一剑的铺前大桥全过程工程咨询服务之路。服务过程涵盖项目策划、前期研究、工程设计、招标采购、工程施工和运营维护等阶段,中咨集团还承担预可行性研究、可行性研究、初步设计和多项专项技术科研咨询工作。

实践证明,铺前大桥全过程工程咨询服务模式取得成功并积累了宝贵的经验,已经形成全过程工程咨询的"铺前大桥模式",其四大特色如下。

①实施时间早。中咨集团早在2009年即向铺前大桥提供全过程工程咨询服务,

在国内工程咨询领域具有行业引领性。国务院于2017年2月21日《国务院办公厅关于促进建筑业持续健康发展的意见》(国办发〔2017〕19号)提出,培育全过程工程咨询,鼓励采用全过程工程咨询模式。2017年5月2日,住建部发布《住房城乡建设部关于开展全过程工程咨询试点工作的通知》(建市〔2017〕101号),选择8省(市)和40家企业开展为期两年的全过程工程咨询试点工作。铺前大桥全过程工程咨询服务模式在时间上具有前瞻性和引领性。

②服务阶段全。住建部《关于推进全过程工程咨询服务发展的指导意见(征求意见稿)》(建市监函〔2018〕9号)指出,全过程工程咨询是对工程建设项目前期研究和决策以及工程项目实施和运行(或称运营)的全生命周期提供包含设计和规划在内的涉及组织、管理、经济和技术等各有关方面的工程咨询服务。铺前大桥全过程工程咨询服务的阶段全面涵盖工程生命周期的各阶段,是当前国内少数已经实施完成且真正实现全过程服务的成功案例之一。

③服务范围广。铺前大桥项目建设过程中,中咨集团提供了预可行性研究、可行性研究、初步设计和勘察等专项服务,从项目策划到施工建设的全过程全方位项目管理服务,以及运营维护阶段的运维咨询和养护管理服务。通常项目中此三类服务由不同单位分别向建设单位提供,而铺前大桥案例为咨询企业服务广度和深度打开了新空间。

④工程效益好。通过全过程工程咨询服务模式的实施,铺前大桥建设管理力量"成建制"加强,为大桥建设的复杂性驾驭提供了强大的保障。相较于合同约定工期,铺前大桥提前约7个月建成通车。目前,工程结算尚在办理之中,预计节约建设资金超过1亿元人民币,同时还创造了7项"国内纪录"和7项"海南省纪录",获得省部级以上奖励近20次,并实现了"零伤亡、零事故"的安全目标。交工通车后,项目正在积极申评各类工程建设奖项,还形成了一大批的科技创新成果。全过程工程咨询服务单位共组织开展18项技术专题与科研课题的研究,形成报告20余册,申请专利60余项,发表学术论文60余篇,出版专著3本,编制指南规程及修编建议书4项。值得一提的是,铺前大桥紧邻海南东寨港国家级自然保护区,建设始终坚持生态优先,在修桥筑路的同时保护了生态环境,实现了人与自然和谐共处的愿景。

铺前大桥全过程工程咨询服务具备如下的八大基本特征。

①咨询对象的高度复杂性。从项目本身、建设目标、建设环境、组织结构、建设过程等角度来看,铺前大桥是一项复杂系统工程,全过程工程咨询服务单位利用其自身的技术和管理优势,有效应对其复杂性。

②建设主体认识和驾驭复杂性能力的有限性。建设主体尤其是核心主体——建设单位对复杂性的认识和驾驭能力是复杂工程成功的关键,相对于工程的复杂性,这种认识和驾驭能力总是缺乏的,这也是国内众多大型基础设施建设共同的薄弱点之一。全过程工程咨询服务单位的引入,在很大程度上弥补了以上不足。

③咨询服务阶段的全生命周期化。咨询服务阶段涉及建设项目全生命周期各个阶段。

④全过程工程咨询服务主体能力的全产业链化。全过程工程咨询服务企业究竟应当具备怎样的能力和资源禀赋?铺前大桥案例给出了答案。中咨集团展现出的公路行业全产业链资源整合的超强能力,是项目取得成功的重要因素。

⑤全过程工程咨询服务团队的全过程稳定性和动态多样性。全过程工程咨询服务通过人员全过程"打通",实现"全过程责任打通""全过程业务流程打通"和"全过程信息流打通"。铺前大桥项目的全过程工程咨询团队既保持项目建设各阶段"一个团队、一个方案、一干到底"的稳定性,又在项目建设各阶段整合中咨集团下属各板块的咨询、设计、研究资源体系,满足复杂工程对多专业人才的多样化需求。

⑥"设计+管理"为核心功能的全过程工程咨询服务。全过程工程咨询服务究竟是否应该包含设计是当前讨论的一个热点。本书的案例中,全过程工程咨询单位承担了预可行性研究、可行性研究和初步设计、初步勘察等通常由勘察设计单位完成的咨询工作。事实证明,效果非常理想。

⑦通过科技创新实现高质量服务。科技创新是铺前大桥全过程工程咨询服务工作的重中之重。在咨询过程中,中咨集团在建设单位的大力支持下开展一批课题研究,取得一系列创新成果,保障工程咨询服务和工程建设的高质量。项目还全面应用BIM(建筑信息模型)技术,提升建设管理的能力和水平。

⑧通过合理的风险分担与收益共享创造价值。项目设置全过程工程咨询单位的奖罚条款,充分发挥全过程工程咨询单位的主观能动性和工作责任心,最终实现项目、建设单位和咨询单位的多赢局面。

基于上述四大特色和八项特征,我们将这样的全过程工程咨询服务模式称之为"铺前大桥模式"。这四大特色和八项特征构成"铺前大桥模式"的四梁八柱,是铺前大桥全过程工程咨询服务的核心所在。

梅花香自苦寒来。重大基础设施的全过程工程咨询服务必将是一场持久战。正是一批批"中咨人"持之以恒、艰苦奋斗的努力,顺应国家工程咨询行业改革发展大潮流,才能自发走出独特的、高质量的全过程工程咨询实践之路,为重大基础设施高质量建设、为企业在新时代面向"一带一路"倡议实施"走出去"战略打下坚实基础。

2017年6月，海南省交通运输厅立项开展"铺前跨海大桥项目管理承包课题研究"；2019年7月，中国交通建设股份有限公司立项开展"基于海南铺前跨海大桥项目管理承包——开展全过程工程咨询创新探索课题研究"。本书依托课题研究成果，并结合主要参编人员近十年投身铺前大桥全过程工程咨询服务的"扎根式"案例研究和工程实践经验编著而成。本书主要面向我国重大基础设施工程尤其是公路工程、市政工程、长大桥梁工程建设管理者、工程咨询行业从业人员、重大工程政策研究人员，也可作为高校工程管理专业、道路桥梁专业等相关专业的案例教材和辅导用书。

全书分为案例篇、理论篇、实践篇三部分。案例篇深入剖析铺前大桥项目建设历程和全过程工程咨询服务产生的背景、服务模式的选择与演进，并总结形成"铺前大桥模式"的四大特色和八项特征，对全过程工程咨询服务"铺前大桥模式"的组织、团队建设、建设绩效等进行探讨。理论篇重点论述全过程工程咨询的必要性和适应性。从重大基础设施项目的复杂性出发，论述全过程工程咨询服务"成建制"提升建设主体特别是建设单位或代表建设单位利益的管理方对复杂性驾驭能力的基本功能，并进一步探讨全过程工程咨询概念的内涵和核心理念。实践篇将工程建设分为前期决策、勘察设计、招标采购、工程施工、竣(交)工验收以及运营维护六个阶段，分别从每个阶段的管理特点、管理内容、管理要点、管理流程和管理成果五个维度，结合铺前大桥案例，将形成的可复制、可推广的全过程工程咨询实操经验和做法进行总结。实践篇还探讨BIM技术在重大基础设施项目全过程工程咨询服务中的应用点，并对铺前大桥BIM技术应用情况进行较为系统的介绍。

全过程工程咨询服务模式是提升建设单位对复杂项目认识和驾驭能力的一种项目顶层设计机制。没有建设单位前瞻性、战略性认识和站位，没有建设单位在项目实施过程中的大力支持和全力配合，全过程工程咨询服务模式不仅无法取得良好的工程效益，实际工作中更将举步维艰。本书作者对海南铺前跨海大桥项目建设单位前瞻性地提供咨询服务创新实践的机会表示衷心的感谢，对建设单位开拓进取、锐意改革创新的胸襟表示崇高的敬意，对十多年来为推动项目建设而付出心血和努力的各级领导和业界同仁表示诚挚的谢意。

本书主要内容参考海南铺前跨海大桥项目建设人员在全过程工程咨询各阶段中形成的制度、报告、纪要、文件及工作笔记等第一手原始资料。

限于作者水平，书中难免存在谬误之处，诚请读者批评指正。

目录 Contents

第一篇 案例篇

第一章 全过程工程咨询服务的"铺前大桥模式" ········ 003
 第一节 海南铺前跨海大桥工程概况 ········ 004
 第二节 海南铺前跨海大桥项目复杂性分析 ········ 008
 第三节 海南铺前跨海大桥建设管理模式的选择和演进 ········ 011
 第四节 全过程工程咨询服务的组织系统 ········ 018
 第五节 全过程工程咨询机构的团队建设 ········ 026
 第六节 全过程工程咨询服务模式下的海南铺前跨海大桥建设绩效 ········ 029
 第七节 "铺前大桥模式"的基本特征 ········ 036
 第八节 "铺前大桥模式"的探讨与展望 ········ 040

第二篇 理论篇

第二章 全过程工程咨询的必要性论证 ········ 045
 第一节 重大基础设施工程的复杂性 ········ 046
 第二节 复杂性的认识与驾驭 ········ 056
 第三节 建设单位的集成能力 ········ 061
 第四节 传统咨询服务对提升建设单位集成能力的局限性 ········ 065
 第五节 全过程工程咨询"成建制"提升建设单位集成能力 ········ 080

第三章 全过程工程咨询的政策环境 ········ 083
 第一节 全过程工程咨询政策基本情况 ········ 084

第二节　全过程工程咨询政策的内容分析 ………………………………………… 089

第四章　全过程工程咨询的理论基础 ……………………………………………… 095
第一节　重大工程管理相关理论 ……………………………………………………… 096
第二节　项目管理相关理论 …………………………………………………………… 107
第三节　项目治理相关理论 …………………………………………………………… 114
第四节　全过程工程咨询理论基础总结 ……………………………………………… 122

第五章　全过程工程咨询的理论内涵 ……………………………………………… 123
第一节　全过程工程咨询的相关概念 ………………………………………………… 124
第二节　全过程工程咨询服务的核心理念 …………………………………………… 127

第三篇　实　践　篇

第六章　工程决策阶段咨询 ………………………………………………………… 135
第一节　工程决策阶段咨询概述 ……………………………………………………… 136
第二节　工程决策阶段特征 …………………………………………………………… 136
第三节　工程决策阶段咨询内容 ……………………………………………………… 138
第四节　工程决策阶段咨询管理要点 ………………………………………………… 140
第五节　工程决策阶段咨询流程 ……………………………………………………… 147
第六节　工程决策阶段咨询成果 ……………………………………………………… 150

第七章　勘察设计阶段咨询 ………………………………………………………… 153
第一节　勘察设计阶段咨询概述 ……………………………………………………… 154
第二节　勘察设计阶段咨询特征 ……………………………………………………… 154
第三节　勘察设计阶段咨询内容 ……………………………………………………… 156
第四节　勘察设计阶段咨询要点 ……………………………………………………… 159
第五节　勘察设计阶段咨询流程 ……………………………………………………… 167
第六节　勘察设计阶段咨询成果 ……………………………………………………… 169

第八章　工程招标采购阶段咨询 …………………………………………………… 171
第一节　工程招标采购阶段咨询概述 ………………………………………………… 172
第二节　工程招标采购阶段咨询特征 ………………………………………………… 172
第三节　工程招标采购阶段咨询内容 ………………………………………………… 173

第四节	工程招标采购阶段管理要点	174
第五节	工程招标采购阶段管理流程	184
第六节	工程招标采购阶段咨询成果	186

第九章　工程施工阶段咨询 … 187

第一节	工程施工阶段咨询概述	188
第二节	工程施工阶段咨询特征	188
第三节	工程施工阶段咨询主要工作内容	191
第四节	工程施工阶段工作要点	193
第五节	工程施工阶段管理流程	213
第六节	工程施工阶段咨询成果	222

第十章　工程竣(交)工验收阶段咨询 … 225

第一节	工程竣(交)工验收阶段概述	226
第二节	工程竣(交)工验收阶段主要工作内容	226
第三节	工程竣(交)工验收阶段管理要点	228
第四节	工程竣(交)工验收阶段管理流程	230
第五节	工程竣(交)工验收阶段咨询成果	234

第十一章　工程运营阶段咨询 … 237

第一节	工程运营阶段咨询概述	238
第二节	工程运营阶段咨询内容	238
第三节	工程运营阶段咨询要点	239
第四节	工程运营维护阶段咨询成果	244

第十二章　BIM 技术在全过程工程咨询的应用 … 245

第一节	BIM 技术概述	246
第二节	BIM 技术在全过程工程咨询的应用	251
第三节	BIM 技术应用成果	256

大事记 … 263

参考文献 … 267

后记 … 274

第一篇

案 例 篇

第一章

全过程工程咨询服务的"铺前大桥模式"

"一桥飞架南北,天堑变通途"。桥梁工程作为重大交通基础设施工程,承载着两岸地区社会经济发展的希望和两岸人民对美好幸福生活的向往。海南铺前跨海大桥工程位于地质环境极为恶劣的海南省东北部铺前湾海域,工程建设的抗震、抗风设计均为国内最高等级,建设难度极大,存在着诸多技术挑战和不利因素。然而,通过全过程工程咨询服务模式的应用和实施,海南铺前跨海大桥工程建设目标全面高质量实现。在参建单位的共同努力下,工程质量优良、工程安全环保零事故、工期提前、造价大幅度节约,并在此基础上,项目在科学技术应用、工程管理创新方面也取得骄人成绩。

组织是实现目标的决定性因素。海南铺前跨海大桥开创性地在特大型桥梁工程领域实施"全过程工程咨询"模式,是工程建设取得成功的重要基础。在建设单位的统筹引领下,由具备交通基础设施全产业链整合能力的工程咨询单位承担工程的前期策划、初步设计、全过程项目管理和运营维护阶段的养护管理工作,全过程工程咨询的"铺前大桥模式"实施时间早、服务阶段全、服务范围广且工程效益好。站在建设单位的视角,全过程工程咨询服务的委托无须建设庞大的管理团队力量即可实现工程的高质量建设,全面实现工程目标,是一种高效率的制度设计。

本章从海南铺前跨海大桥工程概况和复杂性分析开始,深入分析全过程工程咨询服务的形成、演变、组织模式、实施绩效,并在此基础上梳理总结海南铺前跨海大桥全过程工程咨询服务的四大特色和八项特征,构成"铺前大桥模式"的基本内涵。

第一节 海南铺前跨海大桥工程概况

一、工程地理位置

"明万历三十三年五月二十八日亥时,地大震,自东北起,声响如雷……田地陷没者不可胜记,调塘等都田沉成海,及若干顷。"——万历《琼州府志》。

这场发生于公元1605年的琼山大地震影响深远,不仅使得72个村庄永远陷落于大海,成为稀世罕见的"海底村庄",海口文昌交界处的一条小河沟也瞬间变成今天的铺前湾—东寨港海域,两岸人民从那时起至今隔海相望已有415年。

海南铺前跨海大桥横跨铺前湾海域。该项目起点与文昌滨海旅游公路相接,终点与海口江东大道二期工程相接,大桥连接文昌市铺前镇和海口市演丰镇,是文昌木兰湾规划区与海口江东新区组团对接的关键节点工程,也是海南省迄今为止规模最大的独立跨海桥梁工程。海南铺前跨海大桥鸟瞰图见图1.1。

图1.1 海南铺前跨海大桥鸟瞰图

二、建设意义

四百多年后的今天,就在当年的大地震断裂带上,海南铺前跨海大桥拔地而起,将海口和文昌两地再度紧紧连在一起,圆了琼北地区人民几个世纪以来的夙愿。作为海南省"一桥六路"重点交通项目中的"一桥",海南铺前跨海大桥大大缩短了海口和文昌铺前等地间的公路里程,通车后两地的车程由原来的1小时30分钟缩短到20分钟,海口和铺前终于不再"咫尺天涯"。

海南铺前跨海大桥作为中国(海南)自由贸易试验区海口江东新区首个完工通车的重大交通基础设施,是海南省展示中国风范、中国气派、中国形象的又一个靓丽名片,极大地推进了海口江东新区的互联互通和琼北区域的协调发展,对落实习近平总书记"4·13"重要讲话精神,推动建设中国(海南)自由贸易试验区和中国特色自由贸易港具有十分重要的意义。

三、项目基本情况

海南铺前跨海大桥项目全长5.597km,其中跨海大桥长3.959km,桥头引线长1.638km,采用双向六车道一级公路标准,设计速度80km/h,桥梁宽度32m。全桥共分4个区段,分别为主桥、跨断层引桥、文昌侧引桥及海口侧引桥,总体布置见图1.2。

图1.2 海南铺前跨海大桥总体布置图

海南铺前跨海大桥主桥为独塔钢箱梁斜拉桥,全长460m(230m+230m),采用半飘浮体系,纵向设置黏滞阻尼器,横向设置E型钢阻尼器。主梁采用扁平钢箱梁,结构自重轻、动力特性好,能有效减少地震惯性力,并具有良好的气动外形及优越的抗风性能。斜拉索采用平行钢丝索,在拉索表面设置双螺旋线的空气动力措施与外置式阻尼器结合方式进行减振。桥塔为钢筋混凝土结构,塔高151.8m,坚固挺拔,受力明确。为增强基础的抗震性能,主塔采用群桩基础,设左右两个大型承台,各设16根直径4.3m钢管复合桩。

海南铺前跨海大桥主桥桥塔造型以"文"字为设计灵感,独具匠心,自创一格,凸显设计创意和景观效果,见图1.3。桥塔上部分像一本翻开的书,下部分又像另一本倒着翻开的书,犹如一个主体扭腰的"文"字,寓意"文耀海天",同时也寄寓海口市和文昌市文化底蕴深厚、未来发展繁荣昌盛。

图1.3 海南铺前跨海大桥桥塔鸟瞰图

文昌侧引桥长1110m,其中水上部分引桥长300m,采用6跨50m等截面现浇预应力混凝土箱梁;陆上部分引桥长810m,采用27跨30m等截面现浇预应力混凝土箱梁。海口侧引桥(含跨断层引桥)总长2381m,其中跨断层引桥采用10跨等截面简支钢箱梁,长581m,普通段引桥采用36跨50m等截面预应力混凝土箱梁,长1800m。

为保证主桥避绕断层和搬迁海军防风水鼓,大桥设计了附属的水域配套工程,其中疏浚航道7.05km,疏浚锚地1.36km²。根据管理需要,海南铺前跨海大桥项目设管理中心和养护工区各一处。项目概算批复总投资约26.7亿,自2015年10月10日开工建设,概算批复工期48个月,计划于2019年10月10日建成通车,实际于2019年3月18日完工通车,实际工期41个月,比原计划提前约7个月,通车后大桥更名为"海文大桥"。海南铺前跨海大桥全景见图1.4、图1.5。

图1.4 海南铺前跨海大桥全景图

图1.5 夕阳下的海南铺前跨海大桥

四、工程技术特点与难点

1. 工程技术特点:抗震、抗风、跨断层

海南铺前跨海大桥建设条件极为复杂,项目位于强震、强风、强腐蚀区且跨越铺前—清澜活动断层。大桥抗震设防烈度为国内最高;设计基本风速为国内最大;跨越地震活动断层,为国内唯一。

1)抗震设防烈度为国内最高

根据国家地震局对本项目的地震安全评价批复,海南铺前跨海大桥50年超越概率2%地震动峰值加速度为$0.59g$,50年超越概率10%地震动峰值加速度为$0.35g$,为国内最高。抗震问题突出,近断层、跨断层地震强度远高于现有桥梁抗震规范的设计范围,无前例可循。本项目对桥梁的抗震性能进行了大量科研工作,同时开展了3个课题进行专项研究。

2)设计基本风速为国内最大

海南铺前跨海大桥位于海南省东北部强台风多发的琼州海峡沿岸,且靠近风力强劲的海峡东部入口,2014年对海南省造成重创的"威马逊"和"海鸥"超强台风均从桥位处经过。根据海南省气象局提供的《海南铺前跨海大桥设计风速及风压更新报告》,桥位处海面上100年重现期10m高度设计基本风速达到49.5m/s、60m高度设计基本风速达到61.3m/s,为国内最大。由于大桥主梁双悬臂施工期间最大悬臂长度超过200m,因此静力和动力风荷载均是影响大桥设计的关键荷载,风致静力稳定性、颤振稳定性、涡激共振和随机抖振性能等风效应问题也是影响大桥设计和施工的关键因素之一。

3)国内唯一跨地震活动断层大桥

海南铺前跨海大桥桥址位于两条活动断层的交会处附近,因规划及地形条件限制,桥址无法有效避让,使得大桥成为国内首座跨越地震活动断层的特大型桥梁。根据国家地震局对本项目的地震安全评价批复,其跨越的活动断层铺前—清澜断层最大位错量达1.4m,活动断层对桥梁的设计和建造影响巨大,特别是为桥梁设计带来前所未有的挑战。

2. 施工技术难点

1)斜拉桥主塔4.3m大直径钢管复合桩基础施工

考虑到抗震需要,斜拉桥主塔采用32根直径4.3m钢管复合桩基础,为国内直径最大的钢管复合桩基础。

钢管复合桩施工特点为钢管加工控制严、运输难度大、沉放精度要求高。作为永久结构,钢护筒直径、椭圆度、纵轴线弯曲度直接关系着钻孔桩施工质量,所以对钢管加工的控制极为严格、苛刻。由于现场条件不允许加高接长,因此只能在加工厂内成型,焊缝等级高。钢护筒自重达102t,防腐要求极高。此类大直径超长重型钢护筒运输、存放时易发生径向变形和弯曲变形,易破坏防腐涂装影响后期耐久性。

钢管复合桩基础的混凝土桩径达4.0m,钢筋笼质量达107t。桩基施工配置2台ZJD5000型及3台ZJD4000型钻机进行钻孔。该类型大直径钻机在国内资源稀少,为目前国内最大钻孔设备。

2)台风季节期斜拉桥钢箱梁大悬臂施工

本项目位于海南台风频发区,年均登陆台风2~3个,强对流天气、台风对主梁大悬臂拼装造成极大安全隐患。主桥主梁为钢箱梁结构,单节段整体吊装重量最大近240t,悬拼施工,最大悬臂长度达200多米且无法避开台风季节期,需要采取必要的措施(设置临时墩、锁定装置、信号预警等)来抵抗强劲风力的影响,这对桥梁施工提出了严峻的挑战。

3)施工阶段环境保护要求高

海南铺前跨海大桥紧邻海南省东寨港国家级自然保护区,最近距离仅为80m。东寨港湿地于 1992 年列入国际重要湿地名录,是我国第一批 7 个国际重要湿地之一,位于全球八大候鸟迁徙线路之上,是迁徙鸟类特别是冬候鸟的重要栖息、停歇、越冬场所。敏感的生态环境对桥梁施工提出了更高的环保要求。

第二节　海南铺前跨海大桥项目复杂性分析

海南铺前跨海大桥是一个复杂工程系统。有关研究表明,类似于海南铺前跨海大桥这样的重大基础设施建设项目,相比于传统项目而言,存在结果不易预测、不确定因素多、易造成投资超支和进度延期等目标失控的严重现象。究其原因,主要是随着建设项目的规模和复杂性不断增大,建设主体(参建单位)特别是核心主体——建设单位对复杂性的评估和驾驭能力不足。

重大工程建设的建设主体也就是参建单位对项目复杂性的认识和驾驭能力是项目建设成功的关键。而其中的核心,即建设单位对项目复杂性的认识和驾驭能力更是项目建设绩效的决定性因素。因此,本书将系统分析海南铺前跨海大桥的复杂性特征作为探讨"铺前大桥模式"的第一步。基于已有项目复杂性的研究文献,本书从目标复杂性、组织复杂性、任务复杂性、技术复杂性、环境复杂性、信息复杂性 6 个维度分析海南铺前跨海大桥的复杂性。

一、目标复杂性

目标复杂性通常是由各种项目参与者的需求、项目任务的复杂性和有限的资源造成的。目标复杂性是一种结构复杂性,因为几乎所有的项目都具有多个相互冲突的目标。复杂建设项目涉及多个利益相关方的多重目标,必须考虑各目标的冲突和平衡,从而导致了项目复杂性的增加。

海南铺前跨海大桥项目的质量目标是创建"鲁班奖"项目,其质量要求之高必将对工程进度和工程投资等项目层面的目标造成压力。在资源约束的条件下,项目目标系统之间在某种程度上是相互冲突的。除了质量、进度和造价目标之外,重大基础设施工程还特别强调安全、职业健康和可持续发展等项目目标维度。例如大桥选址毗邻红树林保护区,环保要求特别高,要求采取特殊措施对环境开展保护,使大桥建设对周边环境的影响降低到可接受的程度。这些措施必然对工程的进度和造价造成影响。

站在政府和社会的宏观角度,大桥建设的目标和意义远不止于控制大桥建设的质量、进度和造价目标。大桥建设为政府提供公共产品,肩负着为社会经济发展提供高质量基础设施的责任,是琼北地区社会经济发展的助推器。

具体到建设层面,海南铺前跨海大桥参建方众多,各个参建方各司其职,必然有其自身追求的目标,构成项目建设庞大的目标结构体系。可以说整个参建单位组织系统的目标体系整合、融合与集成,是项目建设取得成功的基本条件。海南铺前跨海大桥建设期间,任何一个环节的异常都会给下一环节带来巨大的影响,从而导致海南铺前跨海大桥整个项目进度、质量和费用上的失控,因此必须充分重视所有参建单位的目标并协调其与项目总体目标保持一致。

二、组织复杂性

组织是项目管理的载体。组织复杂性是构成组织的不同元素、不同层次之间的相互作用使组织表现出多样性、动态性、变异性、不可预见性等复杂性特征。组织复杂性主要表现在组织成员、组织结构和项目管理团队等方面,如组织成员经验的不足、组织结构层级和职能部门数量增多都会增加组织复杂性。此外,文化被认为是组织思想的软因素,体现在团队信任、认知灵活性和系统思考上。

长大桥梁建设一般涉及"一桥八方"。"八方"包括参与项目建设的政府、建设单位、设计单位、施工单位、监理单位、咨询单位、科研单位和施工监控单位等。海南铺前跨海大桥建设的主要参建方包括20余家规划、设计、施工和运营单位,参与项目建设的分包商、供货商、服务商更是多达上百家。

具体而言,海南铺前跨海大桥是以海南省交通工程建设局为项目建设单位,中国公路工程咨询集团有限公司(简称"中咨集团")提供全过程工程咨询服务,中交水运规划设计院有限公司等2家单位完成施工图设计,中交公路规划设计院有限公司提供设计咨询,5家单位分别完成大桥一标工程、大桥二标工程、钢箱梁工程、水域配套工程、交通工程等施工任务,2家监理企业完成了大桥主体工程、水域配套工程的施工监理任务,还包括1家健康监测单位和1家施工监控单位。大桥建设还委托同济大学、长安大学在内的5家科研单位,中国地震局地球物理研究所在内的4家专题研究单位承担海南铺前跨海大桥的科研与专项咨询任务。

这种重大工程建设的组织模式,一方面极大地增强了海南铺前跨海大桥项目的工程资源整合能力,同时也不可避免地形成了多元工程价值观和多元主体利益格局,这是形成工程复杂性的关键原因。政府和建设单位必然在工程价值观问题上具有更高远的思考。政府十分关注工程对民生的意义、工程与周边环境的和谐,希望通过大型工程提升地区的竞争力,带动相关产业发展,推动企业技术创新。而参建企业,则是更多地关注于在实现自身的经济利益基础上实现社会责任。以建设单位的利益为导向、整合整个组织系统的工程价值观、引导各参建单位的工程行为,是降低工程复杂性的途径。

三、任务复杂性

重大复杂基础建设项目往往有成百上千家单位共同参与,由成千上万个在时间和空间上互相影响、互相制约的任务活动共同构成。在类似于海南铺前跨海大桥的工程系统中,数以万计的任务活动在同步进行,涉及多个专业领域且跨度较大,既包含工程技术、组织管理方面,又可能包含生态保护、社会安定、能源节约等方面。任务复杂性增加了项目执行中的不可控性,使项目变得更加复杂。这些任务之间并不是彼此孤立的,而是有着显性或隐性的多种联系,每一项任务的变化都会受到其他工作任务变化的影响,并进一步引起其他工作任务的变化。在海南铺前跨海大桥施工阶段,全过程工程咨询单位要根据工程不同时期的施工特点,针对各个工艺工序环节,按照施工技术规范,加大现场管理力度,在确保质量的前提下抢进度,在科学调度、交叉运作中,让桥梁、路基、路面、交安、机电工程的施工生产有序开展,确保工程建设顺利实施。

四、技术复杂性

重大基础设施项目通常具有高度的技术复杂性,海南铺前跨海大桥项目也具有典型的高度技术复杂性特征。项目前期共开展了18项专题研究,并组织中咨集团、同济大学、长安大学、中国地震局地球物理研究所、交通运输部公路科学研究院等单位针对抗震、抗风、跨断层等进行了多项创新性的研究和试验工作,为项目的设计、建造打下了坚实的基础。项目建设过程中编制的高技术含量咨询报告包括工程场地地震安全性评价专题报告,水域配套专题报告,跨断裂带桥型方案选取报告,桥梁抗震性能研究报告,桥梁通航净空尺度和技术要求论证专题报告,船舶通行安全性评估报告,水文、泥沙、波浪计算分析报告,建设气候可行性(气象分析)报告,工程地质勘察报告,地质灾害危险性评估报告,文物评估报告,海域使用论证报告,用地预审报告,项目选址论证报告,环境影响评价报告等一系列专题报告。

项目在施工过程中也深入应用创新技术和绿色技术,如BIM(建筑信息模型)技术、节能技术和新材料运用等,进一步增加了复杂建设项目的技术复杂性。重大工程的工程技术方案要素间或方案中各子系统间存在相互依赖关系,某一部分的改变会引起其他相关部分的方案改变。在这种技术复杂性较强的情况下,工程的系统状态存在众多的局部最优解,系统发展极易陷入其中,并且会产生反复的迭代,致使系统很难达到稳定状态。此外,重大工程未来状态不稳定的原因有不明确的工程需求、不清晰的工程目标定义及采用了新技术方案等。由于技术复杂和知识缺乏,无法精确描述未来的多种可能结果,这些因素都属于知识缺乏的范畴,可能会引发未来的不确定状态。

五、环境复杂性

环境复杂性是指复杂建设项目运作环境的复杂程度,包括自然环境、市场经济环境、政策法规环境等方面的复杂性。除此之外,还必须考虑项目外围利益相关者(即外部环境)产生的复杂性。与一般工程相比,重大公路工程往往建设在自然环境更为恶劣的地区,是人类对大自然的极端挑战,其建造过程会受到自然环境的影响。并且这类工程投资大,对民生影响广泛,涉及的其他组织及相关利益主体众多。这些因素与重大工程的设计、建造和运营均密切相关,因此在外部环境上也具有关联复杂性。

由于地理环境原因,海南铺前跨海大桥在建设过程中碰到了很多史无前例的技术问题,建设条件极为复杂,项目位于强震、强风、强腐蚀区且跨越铺前—清澜活动断层。大桥建设还涉及海事部门、军事部门对相关区域开展作业的条件限制。同时,跨海大桥建设位于基础设施薄弱地区,周边道路配套环境和电力设施的缺乏也对大桥建设造成一定的制约。

六、信息复杂性

信息复杂性主要来源于各种复杂合同关系下,整个复杂建设项目管理过程中涉及的多个利益相关方之间的复杂沟通交流。由于复杂建设项目规模的不断提升,不同参建方之间、不同过程和流程之间的信息依赖度和相关度也逐渐增加，从而导致信息复杂性的增加。同时，在对自然环境变化和发展的认识上，以及对工程相关利益主体目标及偏好的掌握上，也会存在信息不足、认识不清晰的问题，反映出外部环境的认知不完备性这一复杂性特征。

为了适应海南铺前跨海大桥项目造价高、工程项目任务活动繁多、项目跨海沟通不便等特点，相关单位组织开发了针对该项目的信息管理软件。通过便捷的互联网接入方式，为参建各方提供互相协调、沟通及互动的平台，实时了解项目进度管理、计量支付、文档管理、协同办公、建设过程跟踪等信息。通过针对不同使用人群的授权登录方式，确保各参建单位的信息安全，为建设单位、全过程工程咨询单位、监理单位及施工单位的工程资料、档案的整理归档及工程竣工结算提供便利的条件。

第三节 海南铺前跨海大桥建设管理模式的选择和演进

一、海南铺前跨海大桥建设管理模式的选择背景

面对海南铺前跨海大桥建设的复杂系统工程属性，如何选择大桥项目建设管理模式的问题摆在了决策者面前。工程管理理论指出，项目决定组织，而组织则是项目建设成败的决定性因素。要对海南铺前跨海大桥建设管理模式进行科学决策，首先需要对大桥建设的组织背景和相关因素开展梳理、分析和认识。

（1）海南铺前跨海大桥属于大型跨海桥梁工程，建设条件复杂、技术难度高、工程投资大、项目复杂性高。

桥址处受活动断层影响，地震频发，桥位位于1605年琼北7.5级大地震的震中所在地，马袅—铺前断裂带与海南铺前跨海大桥平行，铺前—清澜断裂带与海南铺前跨海大桥垂直相交。桥位处于强台风多发地区，2014年对海南岛造成重创的"威马逊"和"海鸥"超强台风均从桥位处经过。海南铺前跨海大桥项目批复概算总投资约26.7亿，预计建设工期48个月，项目必将涉及上百家规划、设计、咨询、科研、施工和运营单位，组织结构体系庞大。

面对如此复杂的海南铺前跨海大桥项目建设，需要建设者和管理层具有很强的复杂性驾驭能力和集成化项目管理能力。一方面，重大基础设施涉及经济、社会、技术、管理及人文各个领域，即使在一个领域内也不能指望只依靠一种理念、一个角度、一种方法、一种工具、一部分人就能解决全部问题，而需要将自然科学、社会科学与人文科学相结合，政府职能与市场职能相结合，专家经验与科学理论相结合，定性方法与定量方法相结合，并且使这些结合相互渗透，整合为一体，从而涌现出对复杂工程复杂性的驾驭能力。另一方面，海南铺前跨海大桥基础设施建设项目涉及后期几十年甚至上百年的运营维护，集成化项目管理是一种趋势和必然。在传统的项目管理模式中，决策阶段、实施阶段以及项目运营阶段是分开的，管理工作也是独立进行的。用集成思想与方法代替传统的项目管理，以全新的管理思维实现各项资源要素的整合和集成，实现对工程项目全方位、高效的管理，通过科学的决策为实施阶段提供依据，保证实施阶段的顺利进行，并减少后期运营阶段管理难度，实现"建管养一体化"，这些都是我国重大基础设施工程管理领域的重要改革方向。

（2）工程复杂性驾驭能力和集成化项目管理能力对政府公共产品的提供者——海南铺前

跨海大桥的建设单位提出巨大挑战。

海南铺前跨海大桥是政府提供的社会公共产品,具有重要的政治意义和社会影响。为了有效进行工程资源整合和解决工程建设中的各种复杂问题,海南铺前跨海大桥工程如仅仅由政府或有政府背景的相关事业单位(即建设单位)直接牵头组织,并由规划、设计、施工、监理、科研、咨询、海事等多方面力量组成的工程建设主体开展建设,需要建设单位建立庞大的项目管理团队,经过长期磨合形成战斗力和管理水平以确保项目管理效果。这种传统的重大基础设施工程组织模式虽然是中国改革开放40余年中众多项目采用的成功模式,但它需要一个很长的组织建设过程,其存在的管理效率、管理成本、廉政风险等问题也屡见不鲜。在海南铺前跨海大桥建设之前,海南省此类项目的建设案例相对较少,人才储备力量尚缺乏,在短时间内培养具备专业技术水平和管理经验的管理人员群体是困难的。如采用传统的建设单位自建团队直接开展项目管理,将存在巨大的管理风险。

(3)海南省作为中国最大经济特区、新设的自由贸易试验区,自改革开放以来,一直不乏敢为天下先的先行先试理念和责任担当,海南省交通运输厅在建设管理模式方面持续勇探索、强创新、担使命。海南省交通运输厅作为重大基础设施工程——海南铺前跨海大桥的建设单位,彰显了海南创新发展的一面,积极响应当前国家及行业政策方针,作为国家政策先行者率先探索先进管理新模式、探索重大基础设施工程特别是公路建设、长大桥梁工程全过程工程咨询服务、代建制、代建监理一体化机制、模式类型及实现途径,助力于推进我国重大基础设施工程高质量发展,助力于培育面向"一带一路"国际工程走出去的综合性国际化咨询企业,在基础设施建设模式创新中一直走在全国前列,积累了丰富经验,取得了良好的效果。

(4)公路交通领域咨询服务行业发展成熟度高,存在具备全产业链整合能力的咨询公司。

中国公路工程咨询集团有限公司就是这样一家公司。中咨集团成立于1992年,前身为中国公路工程咨询监理总公司,曾是交通部直属企业,现为国务院国资委管理的大型中央企业中国交通建设股份有限公司全资子集团,注册资本3亿元人民币,是集公路勘察设计、规划咨询、工程监理、施工和科研等业务于一体的全产业链综合性公司,经营范围遍布全国各省、自治区、直辖市,连续多年跻身全国勘察设计百强行列。

中咨集团拥有公路行业工程咨询、工程监理、工程勘察和工程设计四项甲级资质以及工程施工总承包一级资质。公司从成立之初的交通工程设计和施工、公路工程监理、公路设计和咨询等传统业务起步,作为传统设计企业率先尝试代建、总承包和投资等高端业务,并充分发挥设计先行的核心优势,利用投资带动勘察设计、总承包和全过程工程咨询等业务板块的快速发展,拉动公司全产业链发展。

通过多年积累和发展,中咨集团业已成为工程建设领域技术领先、实力雄厚的一流综合性服务提供商,业务横跨公路、市政、铁路、建筑、环境工程、测绘、信息化等多个行业和领域。尤其在公路建设行业,更是具备了从规划、可行性研究、勘察设计、设计咨询等前期咨询,到工程施工、工程监理、工程检测、工程养护、项目代建、工程总承包、造价咨询、项目管理等覆盖公路建设全行业的"一条龙"全过程服务能力。

二、海南铺前跨海大桥建设管理模式的选择

基本建设管理模式是指建设单位采用不同的基本方式来承担自身的建设工程项目管理职责,不同管理模式的根本区别在于建设单位是自己组织力量管理,还是委托其他社会化专业化单位组织力量进行管理。

在现实中,建设单位可以采取多种多样的组织结构形式,但是基本的管理模式归纳起来有三种形式,即建设单位自行管理模式,委托全过程、全方位项目管理模式,自行管理加部分委托项目管理模式,如图1.6所示。

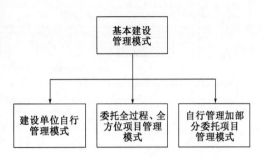

图1.6　建设单位可采用的基本建设管理模式

建设单位自行管理是指建设单位组建完整的项目管理团队,完全依靠自身力量对项目建设进行管理的模式。自行管理是我国长期以来实行的管理模式。建设单位把设计、施工、供货等生产任务委托出去,通过建设单位自身的团队对这些生产班子进行管理。

委托全过程、全方位项目管理模式是指建设单位除了把设计、施工、供货等生产任务委托出去以外,再将对这些生产单位管理的任务也委托出去,由社会化、专业化的单位来承担。委托项目管理服务是国际惯例,也是我国建设工程项目管理领域学习、借鉴和发展的方向。

自行管理加部分委托项目管理模式是建设单位自行管理模式和委托全过程、全方位项目管理模式结合而成的一种"中间道路"模式,它是指建设单位自身成立项目管理团队(如基建处、指挥部等机构),对建设工程项目的生产过程实施管理。但是,与自行管理模式不同,这种模式为了进一步加强建设单位的管理能力,在已有的建设单位自身管理团队基础上,委托社会化、专业化单位承担部分建设单位的项目管理任务。

重大工程基础设施项目的建设管理作为一个复杂的系统工程,有其内在的客观规律,需要采用与之相适应的管理模式,要根据管理任务合理进行机构设置,针对特定时期的实际情况做出灵活的选择。海南省交通运输主管部门在认真总结海南省十多年交通建设经验、在客观地进行市场调研和分析基础上,针对海南铺前跨海大桥规模宏大、技术复杂、施工困难的特点,决定对海南铺前跨海大桥采取委托全过程、全方位项目管理模式,即专业的全过程工程咨询企业代表建设单位进行工程建设管理的模式。项目初期,选用项目管理承包(PMC)模式作为全过程工程咨询服务的落地模式,并参照了国际上相关PMC模式的工作范围、合同条件开展工作。

PMC模式是指具有相应的资质、人才和经验的项目管理承包商,受建设单位委托,作为建设单位的代表和延伸力量,帮助建设单位在项目前期策划、可行性研究、项目定义、计划、融资方案,以及设计、采购、施工、试运营等整个实施过程中有效地控制工程质量、进度和费用,保证项目的成功实施。项目管理承包商在建设单位确定的具体管理范围内受其委托对项目进行综合管理,如图1.7所示。

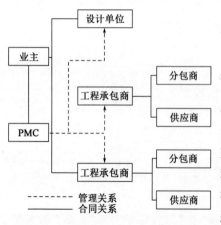

图1.7 PMC模式下各参加方之间的关系

海南铺前跨海大桥选择PMC模式,原因有如下几点:

(1)海南铺前跨海大桥本身的项目特点适宜采用PMC模式进行建设,具体分析如图1.8所示。

(2)PMC模式作为一种新型的工程项目管理承包模式,经过30余年的不断发展和完善,已成为适用于大型工程建设项目管理的主要模式之一。运用PMC模式可以借鉴国际工程咨询经验,提升国内工程管理水平,是工程领域实现政府职能转变的重要途径,是国际先进管理模式在海南公路工程建设中的实践和创新,是在国内基本建设程序下新的管理探索。依托海南铺前跨海大桥进行PMC模式的实践探索和理论研究,在国内具有一定的先进性和创新性。海南铺前跨海大桥项目作为国内首个采用PMC模式进行建设管理的路桥项目,依托于PMC承包商即中咨集团自身的大型项目管理经验,辅以第三方的工作建议以及及时的经验总结,对于海南铺前跨海大桥项目的顺利实施可形成重要的推动力,有助于形成公路工程领域采用PMC模式的标杆项目。

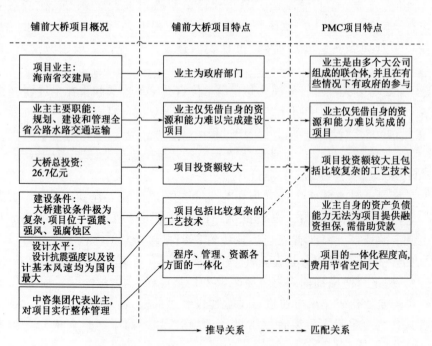

图1.8 PMC与项目及建设单位特点匹配图

(3)中咨集团是以代理的角色出现的,其与建设单位海南省交通运输厅(后变更为海南省交通工程建设局)的合同关系是一种典型的委托代理关系。合同双方在相互信任的基础上签订了委托代理合同,合同条款的设置主要是对双方权、责、利的配置与约定。在社会分工之后,个人或企业在专业化劳动的过程中加速了自身经验的积累,使自己的专业优势有了更加稳固的基础,但同时也造成了行业之间信息的隔阂。每个人或者单位都要在社会上找到合适自己的位置及适宜的工作。此时,PMC就可以通过发挥自身丰富的项目建设经验方式弥补建设单位的不足并获取合理的利润。

(4)海南铺前跨海大桥工程建设项目中强化管理力量做好项目统筹管理,不仅有利于防止由于责任不清而导致的不作为,更是保证项目成功和高绩效的前提。在采用PMC模式的项目中,PMC承包商占有非常重要的角色,其在项目中的特殊位置决定了PMC承包商在项目中并不是以单一的角色而存在,但不论PMC承包商在项目中处于哪个角色位置,均要对建设单位负责。

综上,海南省交通运输主管部门决定对海南铺前跨海大桥采用以PMC项目管理为落地模式的全过程工程咨询模式,既保证了政府对国家重点大型复杂交通工程的领导和支持,也使工程建设具有更强的组织协调、资源整合、集成创新和规范高效推进的能力。

三、海南铺前跨海大桥建设管理模式的演进

海南铺前跨海大桥项目通过招标确定中咨集团作为全过程工程咨询单位,代表建设单位对工程项目进行全过程、全方位的项目管理,包括进行工程的总体规划,前期研究,初步设计,工程招标,选择设计、施工、监理单位,并对设计、施工、监理进行全面管理以及承担相应的管理责任,收取一定的管理报酬。其形成的合同关系如图1.9所示。

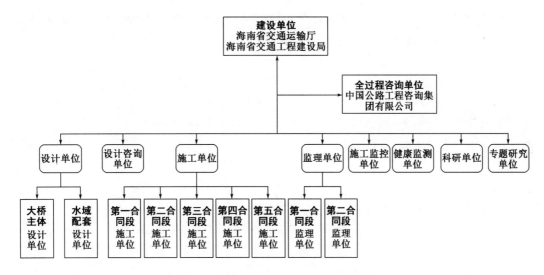

图1.9 海南铺前跨海大桥项目的合同关系

随着项目建设的推进,PMC模式在海南铺前跨海大桥实践过程中逐步得到优化和发展。海南铺前跨海大桥项目在建设过程中经历了两次建设单位变更与一次合同内容变更,如图1.10所示。

最初采用国际上通行的PMC模式,即建设单位委托经验丰富的中咨集团作为建设单位的延伸,双方签订PMC承包合同,且完全按照国际上通行的PMC模式赋予了中咨集团相应的权利与责任。中咨集团代表建设单位进行海南铺前跨海大桥项目的全面管理且拥有合同签订的权利,负责与设计、施工、材料供应商等签订合同。因此可以看出,PMC模式下,中咨集团在项目中存在"咨询方"和"承包方"的双重属性。

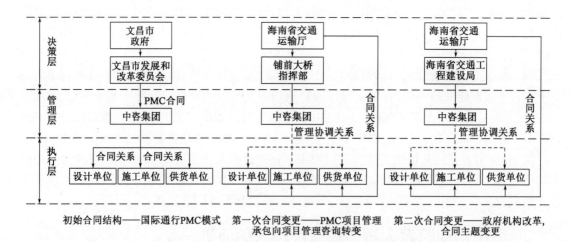

图1.10 海南铺前跨海大桥项目PMC模式下的主体变更

项目推进过程中,因海南省交通系统内部管理的调整,项目由文昌市政府移交给海南省交通运输厅开展管理,项目法人由文昌市政府变更为海南省交通运输厅。随着项目移交,结合项目PMC管理的实际开展情况,海南省交通运输厅与中咨集团签订了PMC补充合同,补充合同主要从实质性条款上增加了中咨集团的咨询责任,凸显了中咨集团的咨询属性,削减了其权利,特别是直接和设计、施工、材料供应商等签订合同的权利。这次优化削弱了中咨集团在项目上自主管理的权利,在很大程度上消除了其服务的"承包属性",而更多的变成代表建设单位利益的一种项目管理、工程咨询服务。

与此同时,随着海南省交通系统深化改革的进一步推进,项目建设的顶层设计再一次调整,项目法人由海南省交通运输厅变更为海南省交通工程建设局。海南省交通工程建设局是统管全省公路代建项目的建设单位,所以海南铺前跨海大桥项目被列为以代建型的模式进行管理。海南铺前跨海大桥的建设管理模式在这一阶段转向全面代建式的项目管理服务。在这个阶段,补充合同对PMC合同的条款没有进行修订,只是对项目合同的签约主体进行了变更。随着海南铺前跨海大桥纳入海南省交通工程建设局的管理体系,中咨集团在项目实施阶段代表建设单位对项目开展了全方位全过程的管理和控制。

项目建设的后期,海南铺前跨海大桥的建设管理模式再次得到优化,进一步从工程建设阶段的PMC模式向工程全生命周期(也称"全寿命周期")的全过程工程咨询模式演进。经过公开招标,中咨集团中标海南铺前跨海大桥运营维护服务合同,这使得中咨集团在海南铺前跨海大桥项目的服务范围、服务责任从工程建设阶段向工程运营维护阶段延伸,也使得其在海南铺前跨海大桥的服务延伸为真正意义上覆盖项目全生命周期的全过程工程咨询服务。

四、海南铺前跨海大桥全过程工程咨询服务的主要工作内容

经过几个阶段的演进,最终海南铺前跨海大桥项目形成了规范的全过程工程咨询服务模式,中咨集团提供的全过程工程咨询管理的内容涵盖了从项目前期咨询到项目运营维护阶段的整个过程。根据项目实际情况,本书梳理了海南铺前跨海大桥全过程工程咨询服务在项目各阶段的主要工作内容。

1.项目前期与设计阶段咨询内容

(1)承担预可行性研究报告(代项目建议书)、可行性研究报告的编制工作。

(2)承担项目初步勘察工作和初步设计工作。

(3)在预可行性研究、可行性研究阶段,协助建设单位确定具有相应能力且符合相关规定的专题报告编制单位;复核检查编制成果,向相关部门报批,并取得批复文件。

(4)协助建设单位对预可行性研究报告(代项目建议书)、可行性研究报告进行第三方评估、评审,并进行报批。

(5)在项目勘察设计管理阶段,协助建设单位进行初步设计的第三方评估、外业验收、图纸评审、概算审查等工作,协助完成初步设计的报批工作。

(6)在完成施工图设计单位招标后,协助建设单位进行施工图设计、工程详勘的管理工作,确保勘察设计质量和工作进度。

(7)协助建设单位开展施工图设计文件的报批工作、工程详勘的外业验收工作。

(8)针对重大设计原则、重大设计方案和牵涉多家设计、研究单位的事项,组织召开专题设计协调会、评审会、讨论会,协助建设单位进行决策和协调。

2.项目招标采购阶段咨询内容

(1)招标采购阶段,严格按照国家及海南省的相关法律、法规、规章、规范性文件,通过公开招标方式开展招投标工作。

(2)及时编制并上报招标方案,经建设单位审查批准后实施,保证招标工作公平、公正进行,防止因关联企业和管理交叉而导致建设管理失效、结成利益联盟,危害建设单位利益。

(3)办理招标采购阶段的各项行政审批手续。

(4)针对项目特点,协助建设单位通过公开招标,选取信誉良好、综合实力强的专业单位参与工程建设,确保施工图设计单位和施工单位、监理单位必须有同类型跨海大桥的业绩和经验,具有严格的管理体系和质量控制体系,有较强的履约能力。

(5)组织各项合同的起草和审核,参与合同谈判工作,协助建设单位与勘察设计、施工、监理、咨询服务等单位签订合同。

3.项目施工阶段咨询内容

(1)组成项目管理指挥部,选派项目管理人员;制订项目管理大纲、项目管理手册,并报建设单位审批。

(2)负责项目质量监督、项目施工许可等有关手续的办理。

(3)负责勘察设计、施工、监理、咨询服务等单位合同管理并监督合同的履约,组织工程建设。

(4)按项目进度提出资金使用计划,向建设单位报送项目进度用款报告。

(5)负责对工程进度、质量、安全、文明施工等的统一管理,收集、编制并向建设单位报送各项工程报表和管理工作报告。

(6)负责工程建设期间的造价控制,按有关规范和施工合同等的要求,制订工程计量支付管理办法,明确各参建单位的工程计量支付工作内容、要求和程序等,对合格工程及时进行中间计量和支付及结算。工程设计变更必须严格按照相关办法执行,变更资料应按规定及时报建设单位备案。

(7) 负责办理工程保险,监督施工单位和工程相关单位办理有关保险。

(8) 组织工程中间验收、各单项工程的验收及项目交工结算、交工验收。

(9) 负责项目缺陷责任期的管理(缺陷责任期时间为本项目交工验收合格之日起二年),编制项目保修方案,建立保修制度。

(10) 协助建设单位组织项目试运营及移交使用。

(11) 负责项目竣工及有关技术资料收集、整理、汇编、移交和备案。

(12) 协助建设单位组织工程竣工验收。负责组织档案验收及其他相关专项验收,负责组织编制项目工程竣工验收文件、决算文件等。

(13) 协助建设单位及时办理项目财产权属登记,并按照批准的财产价值向建设单位办理资产交付手续。

(14) 协助建设单位配合政府审计部门完成对项目的审计。

(15) 负责对质量不合格工程组织返工,并使建设单位免于承担相应修复费用。

(16) 协助建设单位开展针对本项目的专题科研研究。

(17) 协助建设单位开展征地拆迁、光缆搬迁等工作。

4. 项目运营维护阶段咨询内容

(1) 开展运营维护工作策划,编制《工程用户手册》。

(2) 推动交通工程建管养一体化,协助建设单位选择项目运营维护单位或在建设单位授权范围内开展工程设施的养护管理。

(3) 协助建设单位和运营维护单位建立健全运营维护阶段各种安全管理规章制度。

(4) 建立基于BIM的桥梁运营维护及健康监测系统,将设计施工阶段与运营维护阶段的BIM数据进行整合,提高桥梁的养护效率和智能化水平。

(5) 开展定期运营维护质量评估活动,向建设单位或项目法人单位提供评估报告与合理化建议。

(6) 根据工程需要,对大修工程、改扩建工程等开展咨询管理。

(7) 服务期届满之前,对运营维护阶段咨询工作开展总结,向建设单位或项目法人单位提交服务总结报告并对《工程用户手册》提出合理化更新建议。

第四节 全过程工程咨询服务的组织系统

一、海南铺前跨海大桥项目整体组织结构

在项目整体组织层面,海南铺前跨海大桥项目建立了建设单位、全过程工程咨询单位和参建单位三级管理体系架构。海南铺前跨海大桥建设单位为海南省交通工程建设局、中国公路工程咨询集团有限公司提供全过程工程咨询服务,参与大桥建设的单位主要包括四家设计单位、五家施工单位、两家施工监理单位、一家施工监控单位、一家健康监测单位,以及多个科研单位和多个专题研究单位。项目组织结构图见图1.11和表1.1。

第一章 全过程工程咨询服务的"铺前大桥模式"

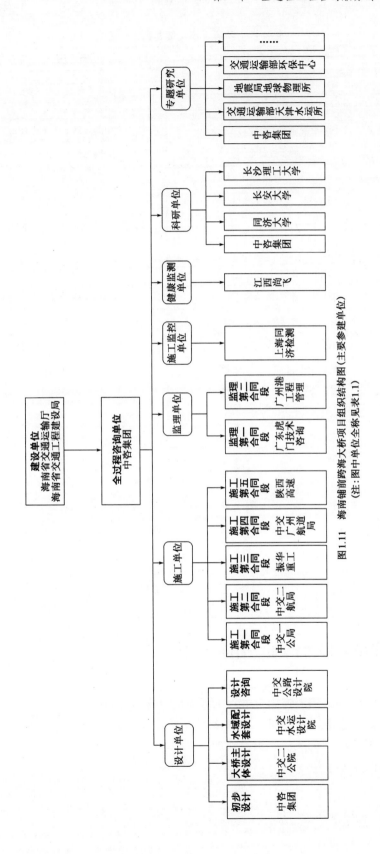

图1.11 海南铺前跨海大桥项目组织结构图(主要参建单位)
(注：图中单位全称见表1.1)

海南铺前跨海大桥主要参建方一览表　　　　　表1.1

建设单位		海南省交通工程建设局
全过程工程咨询单位		中国公路工程咨询集团有限公司
预可行性研究		中国公路工程咨询集团有限公司
工程可行性研究		中国公路工程咨询集团有限公司
设计单位	初步设计	中国公路工程咨询集团有限公司
	大桥主体工程施工图设计	中交第二公路勘察设计研究院有限公司
	水域配套工程施工图设计	中交水运规划设计院有限公司
	设计咨询	中交公路规划设计院有限公司
监理单位	监理第一合同段(主体工程)	广东虎门技术咨询有限公司
	监理第二合同段(水域配套)	广州港工程管理有限公司
施工单位	施工第一合同段(大桥1标)	中交第一公路工程局有限公司
	施工第二合同段(大桥2标)	中交第二航务工程局有限公司
	施工第三合同段(钢箱梁)	上海振华重工(集团)股份有限公司
	施工第四合同段(水域配套)	中交广州航道局有限公司
	施工第五合同段(交通工程)	陕西高速交通工贸有限公司
施工监控单位		上海同济检测技术有限公司
健康监测单位		江西飞尚科技有限公司
科研及专题研究单位	科研单位	中国公路工程咨询集团有限公司、同济大学、长安大学、长沙理工大学
	专题研究单位	中国公路工程咨询集团有限公司、中国地震局地球物理研究所、交通运输部环境保护中心、交通运输部天津水运工程科学研究所等

二、全过程工程咨询服务组织结构

全过程工程咨询服务涉及的专业面很广,对团队和组织架构的要求非常高。海南铺前跨海大桥建设过程中,中咨集团作为全过程工程咨询单位,咨询管理的内容跨越了从项目前期咨询到项目建成投入使用的整个过程,并逐步形成了"总部整体统筹支持+常设项目管理指挥部+专项团队适时介入"的三层组织模式如图1.12所示。

1. 总部整体统筹支持

在中咨集团层面,成立了中咨集团董事长任组长的项目领导小组,领导小组的主要职责是调配集团内部的优质资源为项目提供服务,并指导、监督项目管理指挥部或专项服务团队的工作。领导小组为项目全过程工程咨询服务的成功提供了重要的组织保障。此外,中咨集团还成立了项目专家组,及时地为项目全过程工程咨询解决技术和管理难题。

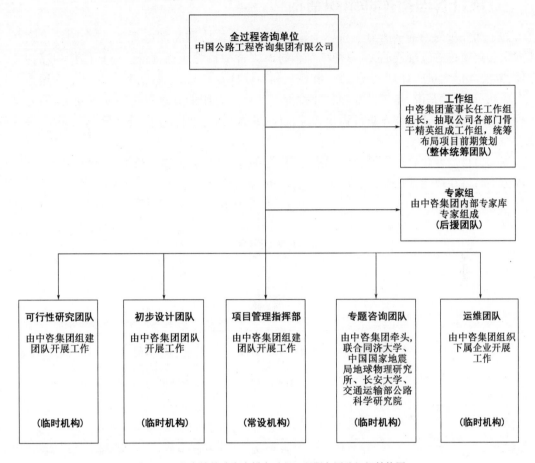

图1.12　海南铺前跨海大桥全过程工程服务团队组织结构图

2.常设项目管理指挥部

项目实施阶段,为更好地贴近现场提供服务,靠前指挥组织各项实施资源,中咨集团设立了海南铺前跨海大桥项目管理指挥部。指挥部"一套人马、一个方案、一干到底",前后近10年内保持了很好的人员稳定性,为项目的全过程工程咨询真正发挥串联各阶段的责任、任务和项目信息奠定基础。

3.专项团队适时介入

全过程工程咨询服务还包括了项目建议书(预可行性研究)、工程可行性研究、工程初步勘察、工程初步设计等工作,包括一些针对专项技术问题的咨询工作,专业性强、涉及专业面广,单由项目管理指挥部团队完成是不具备条件的,因此需要由具备全产业链整合能力的公司总部安排专项团队完成。专项团队在专项工作开始前介入,在项目管理指挥部的协调调度和公司总部的统筹指挥下完成专项任务,专项任务完成即解散专项团队。这种做法体现了对于复杂性很高的重大基础设施项目,具有全产业链资源整合能力的大型企业的综合优势,是全过程工程咨询取得成功的组织保障。

三、项目管理指挥部组织结构

为了加强对海南铺前跨海大桥整个建设项目的总体协调和现场管理，结合中咨集团在以往多个公路项目的管理经验，成立海南铺前跨海大桥项目管理指挥部。指挥部作为综合集成主体，需要承担大量的计划、组织、协调、控制和验评任务，完成这些任务需要每个管理人员处于专职状态，也就是说，指挥部在项目建设阶段是一个专职的管理机构。在空间上，因为要对工程活动中发生的任何突发事件做出快速反应，并做到对任何细节了然于胸，有必要将指挥部设立在工程现场。

依据项目专业化管理需要，在项目管理指挥部领导层面，设指挥长1名、副指挥长2名、总工程师1名。在职能部门层面，设立了综合事务部、总工办、合约部、工程管理部、安全环保部、财务部、征迁协调部7个部门，项目管理指挥部组织机构如图1.13所示。

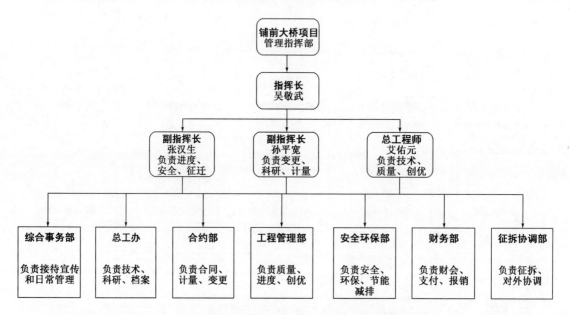

图1.13 海南铺前跨海大桥项目管理指挥部组织结构图

海南铺前跨海大桥项目管理指挥部对工程建设实施全面管理，制订一系列管理制度强化项目管理，严格执行制度，认真落实到位，对安全环保、工程质量、进度、计量支付、监理、试验等进行全面专业化管理。具体包括设计科研、计划合同、工程招标、工程控制、竣(交)工验收等工作的组织和执行，负责与相关单位的协调，负责项目科技创新计划的组织与执行。

由于海南铺前跨海大桥工程的复杂性，在建设现场始终需要管理、设计、施工、监理、科研、咨询、海事和航道等众多单位的密切配合。设计阶段任务的完成，并不代表整个设计工作的结束，还需要伴随建设过程不断完善和优化设计；施工单位要根据各种因素的变化，不断调整和优化施工技术方案；监理单位要时刻关注施工资源的配置，控制工程品质；科研单位要根据新的因素变化开展研究，为设计和施工提供科学依据；咨询单位要通过研究，对设计、施工和科研成果提出咨询意见和建议,提高设计和施工方案的可靠性;海事和航道单位要提供保驾护航的条件,确保施工方案的可行和执行;水文和气象单位要适时提供施工区域的水文和气象信息,为安全生产提供帮助。甚至,对材料和设备供应单位都需要作好协调工作。这种情况下,需要代表建设单位利益的全过程工程咨询单位将这些单位集成起来,形成合力,共同研究和实施设计、施工方案,项目管理指挥部承担了这些统筹、集成和协调任务,是项目实施阶段工程建设的主要推进力量。

四、项目管理指挥部各部门职责

1. 综合事务部职责

综合事务部主要职责如下:

(1)贯彻执行党和国家的方针、政策、法律、法规,及时做好指挥部工作计划、总结、报告、请示等综合业务工作。

(2)加强党的建设和精神文明建设,督查廉政制度的贯彻执行工作。

(3)负责指挥部各类会议的会务、接待工作。

(4)负责做好项目的宣传报道工作,负责指挥部内部规章制度的建立、完善、检查、督促工作。

(5)负责管理印章,承办上级机关的文件、电话、通知、指示及落实。

(6)负责指挥部文件的收发、整理、保管工作,负责指挥部进度、投资、安全环保、财务等工程报表的统一汇总上报工作。

(7)负责网站和办公自动化系统的运行和管理工作。

(8)负责指挥部员工的劳动人事、集体福利、生活服务和后勤保障等工作,负责指挥部资产和驻地、宿舍等日常管理工作。

(9)负责指挥部车辆的管理调配及对驾驶员的安全教育工作。

2. 总工办职责

总工办主要职责如下:

(1)贯彻执行党和国家有关工程技术等方面的方针、政策、法规和规范、标准,高标准、严要求建设本项目。

(2)负责本项目工程技术工作的指导和协调工作。

(3)负责组织设计文件审查及重大施工方案和关键施工工艺的审定。

(4)负责科研专题的提出和科研单位的协调管理,并组织实施科技攻关,负责科研成果的申报工作。

(5)负责重大工程变更方案和重大施工技术方案变更的审定,审查、报批新技术、新设备、新材料和新工艺的推广使用。

(6)负责设计单位及现场设计代表的管理和协调工作。

(7)负责组织项目参建单位做好交工、竣工技术档案文件的编制和归档工作。

(8)负责做好指挥部所属交工、竣工技术档案资料的收集、整理及立卷归档工作。

(9)参与各项招标工作,并负责提出各项招标的技术标准和要求。

(10)参与工程质量事故的调查、处理等工作;参与工程计量支付工作。

3. 合约部职责

合约部主要职责如下:

(1)贯彻执行国家和交通运输部颁有关技术标准、规范及项目专用规范。

(2)负责工程建设的计划统计、合同管理、计量支付工作,做好工程项目的造价控制工作。

(3)负责工程的招标组织工作,并参与工程项目的各种合同谈判、办理合同的审核、签订和建档管理。

(4)根据工程的实际进展进行合同调整,负责审核、编报工程投资季、月报表并上报建设单位。

(5)负责工程项目计量、工程进度款的计量及支付报表的审核工作。

(6)参与工程变更的处理,负责审核设计变更方案的经济合理性。

(7)负责变更方案单价的审核工作。

(8)检查合同的执行情况,审核对违约方的罚款和索赔;配合做好工程项目的中间验收、竣(交)工验收工作;负责收集、整理、保管本部门文书档案和技术资料,做好归档工作;负责整理汇总竣(交)工资料中的计量支付资料。

(9)负责做好项目竣工决算的编制工作。

4. 工程管理部职责

工程管理部主要职责如下:

(1)贯彻执行国家和交通运输部颁有关技术标准、规范及项目专用规范。

(2)负责工程质量的监督和管理工作,做好质量创优工作,做好与交通运输部质监局的工作联系,负责工程质量事故的调查和处理。

(3)负责工程的进度控制和计划管理,对工程进度进行动态监控,保证工期目标如期实现负责审核、编报全桥工程进度季、月报表上报建设单位,负责做好工程变更的牵头管理和协调工作,做好施工阶段工程造价的控制工作。

(4)负责工程计量支付中工程量的现场审核工作,负责工程变更中实际工程数量的现场审核工作。

(5)负责监理单位的管理和协调工作;负责监控单位的管理和协调工作。

(6)负责组织工程项目中间验收,各单项工程的验收及项目交、竣工验收工作。

(7)负责组织协调劳动竞赛的检查、考核、评比工作;参与工程项目的招标工作,并参与工程项目的各种合同谈判。

(8)协助做好征地拆迁和海上渔排的清理工作。

(9)负责收集、整理、保管本部门文书档案和技术资料,做好归档工作。

5. 安全环保部职责

安全环保部主要职责如下:

(1)贯彻执行国家有关安全生产的法律、法规和部门规章、制度。

(2)组织或参与制定指挥部安全生产规章制度、安全操作规程和生产安全事故应急救援预案。

(3)督促和指导各参建单位制定安全生产规章制度、安全操作规程和生产安全事故应急救援预案。

(4)把控项目各参建单位安全生产状况,履行现场安全、环保检查职责,坚持安全生产"三同时"规定,纠正违章指挥、违章作业、违反劳动纪律(三违)的行为,营造良好的安全生产和文明施工氛围。

(5)对检查发现的安全隐患,及时反馈项目相关参建单位,提出整改意见和建议,并监督指导整改措施的落实。

(6)组织重大隐患治理工作的评估、立项、审批及实施,并检查落实。

(7)督促和指导项目相关单位加强对重大危险源排查、监控和管理,落实对重大危险源管控的安全管理措施。

(8)组织对各参建单位负责人、专职安全管理人员的安全生产考核和奖惩工作。

(9)组织和参与安全生产事故调查处理,负责伤亡事故统计、分析工作,对事故的责任提出处理意见。

6. 财务部职责

财务部主要职责如下:

(1)贯彻执行党和国家的方针、政策、法律、法规,接受并配合政府相关部门做好审计工作。

(2)结合指挥部实际情况,制定有关财务管理与会计核算的办法和制度,使财会工作标准化、规范化;负责指挥部会计核算和资金管理,及时核对债权、债务和往来款项,编制指挥部财务报表。

(3)参与指挥部各类经济合同、协议及其他经济文件的有关财务条款的拟订工作。

(4)严格按规定及时支付计量款项,负责工程款项的决算及交(竣)工财务决算文件的编制。

(5)对施工单位的计量款项进行监管,严格执行专款专用原则;做好指挥部建设管理费用的预算控制和计划安排。

(6)配合有关部门做好财产登记、清查工作。

(7)办理指挥部日常费用的报销工作;负责指挥部财务资料的归档、汇总及管理。

7. 征拆协调部职责

征拆协调部主要职责如下:

(1)贯彻落实相关土地法律法规,做好项目征地拆迁、移民安置和地方协调工作。

(2)负责征地拆迁费用及预算管理,严格执行征地拆迁补偿标准,按期编制征地拆迁计划和资金预算,及时支付征地拆迁费用,缴纳有关规费。

(3)负责地方关系协调,协助地方政府调解纠纷,化解矛盾,保障良好施工环境。

(4)负责征地拆迁过程中的环境保护,严格控制树木砍伐,保护好植被。

(5)负责协调施工单位做好接水接路、便道及临时用地恢复等工作,负责征地拆迁资料的档案管理工作。

（6）负责水土保持、环境保护验收工作。

第五节 全过程工程咨询机构的团队建设

一、项目经理的能力建设

项目经理（在本项目中实际名称为"项目管理指挥部指挥长"）是全过程工程咨询服务的灵魂人物，在很大程度上决定了全过程工程咨询服务的成败。中咨集团非常重视项目经理人才的培养、选拔和任用，派出了强有力的业务骨干担任海南铺前跨海大桥项目管理指挥部的指挥长，保证了服务质量。在项目管理过程中，项目经理和项目团队会遇到各种问题，例如：如何组织项目的实施？如何确定项目的标准？如何在全过程提供正确的决策支持或开展决策？如何应对各种复杂干扰因素与外部环境变化？如何协调项目参与各方？如何确保实现项目预定目标等。为了带领项目团队顺利实现项目目标，作为项目总组织者、总集成者的项目经理，需要的素质和能力是多方面的、复合性的。

美国项目管理学会在项目管理知识体系指南（PMBOK）中对项目经理的定义是完成项目目标的负责人。项目经理是项目管理团队的关键岗位，是受企业法定代表人的委托，领导一个项目管理团队，全权负责完成本企业在授权项目中项目管理目标的项目管理专业人士。

项目经理是项目的总负责人或项目参与方合同履约的总负责人，是项目团队的领导者，是项目管理的总集成者，是项目管理的总协调者，是项目与组织对外联系、沟通协调的桥梁。通常而言，重大基础设施的全过程工程咨询服务项目经理应具备以下几方面的知识和能力：

（1）专业技术、经济、管理、法律和法规知识。

一定的专业技术能力是项目经理的基本要求。项目经理是项目目标完成的领导者，一个对项目技术一无所知的人是无法在日常工作中做出正确决策的，更无法在出现紧急突发事件时采取适宜的应变对策。项目经理要有一定的技术能力，但并不一定是技术权威。在项目团队内往往会有一些技术专家专门负责有关专业技术问题，因此项目经理不一定要求其技术能力特别强，但必须有一定的技术基础。

工程项目建设过程中，除了技术问题外，还涉及大量的经济、管理问题，项目经理的工作重点与管理，必须还应具备相关的经济、管理方面的知识。同时项目经理还要懂法，掌握与工程建设相关的法律法规知识，如《中华人民共和国合同法》《中华人民共和国招标投标法》《中华人民共和国建筑法》等，这样工作当中才能得心应手。

（2）管理能力。

管理能力包括决策能力、领导能力和组织协调能力等。

①项目经理的工作中决策是重要的一环，许多事情必须当机立断，立刻做出决策，即使有足够的时间进行讨论、征求意见，并请示上级决策者，但承担决策责任及后果的人仍可能是项

目经理。因此,较好的决策能力是项目经理人所必需的。

②领导能力主要表现在组织、指挥、协调、监督、激励等方面。项目经理是整个团队的负责人,需要独立地领导团队完成项目任务。项目的计划、组织、实施、检查和调整等都由项目经理领导完成,团队成员的积极性也需要项目经理来调动。因此,项目经理必须具备良好的领导能力。

(3)社交与谈判能力。

项目工作不可能是封闭在项目团队内部的,要与团队外部、公司外部甚至是项目外部发生各种业务上的联系,包括接触、谈判、合作等。所以,一定的社交与谈判能力也是项目经理所必须具备的。但对于不同的项目,社交与谈判能力的要求会有所不同,对于开放程度大、社会合作性强的项目,对项目经理的社交与谈判能力的要求可能就高一些,反之可能就低一些,要视项目具体情况而定。

(4)随机应变能力。

项目运作中的情况是不断发生变化的,虽然事先制订了比较细致、周密的计划,但可能由于外部环境、内部资源等因素发生变化,项目进展过程中必然会发生各种各样的变化。此外,出现一些突发事件,也可能在没有应急预案的情况下要求项目经理立即做出应对,所有这些都要求项目经理必须具备较强的应变能力。

(5)学习能力。

项目经理不可能对项目所涉及的所有知识都有完整的知识储备,相当一部分知识需要在项目工作中学习掌握,因此项目经理必须善于学习,包括从书本中学习、从团队成员身上学习,以及从相关参与单位处学习。

(6)项目管理经验。

项目经理除了具备以上的各项能力外,还应具有相应的项目管理经验,因为有些能力是不能通过书本学习的,只有通过实践才能掌握,比如如何应对突发事件、如何与各种人员沟通等。

除了专业知识和业务能力、管理能力外,重大基础设施工程全过程工程咨询服务的项目经理应具备以下几方面的个人素质:

(1)良好的社会道德。

项目经理是社会的成员之一,良好的社会道德作为公民基本要求,同时也是项目经理的职业要求。项目经理所完成的项目大都是以社会公众为最终消费、使用对象的,没有良好的社会道德作为基础,很难在利益面前进行正确的选择。

2001年,国际咨询工程师联合会出版了工程咨询业的廉洁管理指南,提出了廉洁管理的原则和工程咨询公司的廉洁管理框架,包括道德规范、政策宣示、检查表格等可操作的管理工具。如何设计并实践一套公开、公平、公正及高度透明的工程项目管理制度,以避免腐败问题的发生,也越来越受到工程项目管理者的重视。

(2)高尚的职业道德。

项目经理是在一定时期和范围内掌握一定权力的职业,这种权力的行使将会对项目成败产生关键性的影响。项目所涉及的资金少则几百万、几千万,多则上亿,因此要求项目经理必须正直、诚实,勇于负责、心胸坦荡,有较强的敬业精神和高尚的职业道德。

(3)良好的心理素质。

由于工程项目建设过程中不确定性因素多,所以项目经理在工作中经常会碰到技术上的、组织协调上的意外事件和风险。当面对这些事件时,项目经理必须处乱不惊、处变不惊,能够迅速地找到解决的办法,能游刃有余地处理突发事件,而不能在遇到事情后手足无措。因此要求项目经理必须具备良好的心理素质。

(4)高超的情商。

情商又称为情绪智力,是近年来心理学家们提出的与智力和智商相对应的概念。它主要是指人在情绪、情感、意志、耐受挫折等方面的品质。对于项目经理而言,情商则同时表现为能力素质结构中的品格素质和能力素质。项目经理的情商大致表现在诚实的态度、坦率和光明正大的心境、对过失勇于负责、言行一致、旺盛的工作斗志、面对挫折和委屈具有很高的抗压能力等方面。

二、骨干管理人员能力建设

精品工程创建离不开项目管理全体人员的努力,更要重视对管理人员素质的培养。主要从基本素质、专业技术素质和管理素质进行培养和加强,增强管理人员责任感、紧迫感,培养良好的职业道德。

工程实践表明,从事工程咨询业务的骨干必须具备相应的素质和能力,拥有良好的道德品质、健康的体魄、全面的理论知识、系统的思维能力、娴熟的管理能力、积极的创新能力、卓越的领导能力以及丰富的项目管理经验。

概括来讲,一名合格的咨询工程师应该具备以下四方面素质:

(1)政治素质:应积极贯彻党的路线、方针、政策。

(2)知识素质:应具有管理、技术两大方面的理论知识,培养终身学习的工作习惯和不断创新的工作意识。

(3)能力素质:必须在遵守科学规律及法律要求的前提下,具备解决问题的能力和以目标导向的工作作风,且有高超的洞察力和沟通能力。

(4)身体素质:必须要精力旺盛,拥有健康的身体和心理素质,可持续在高压状态下开展项目管理工作。

中咨集团下设30余家专业子、分公司,员工总数近2000余人,其中具有大学本科以上学历的占89%、具有高级专业技术职称的占37%,拥有几十位不同领域的全国知名专家,7位政府特殊津贴获得者和交通运输部"十百千"人才,300余位国家注册建筑、结构、土木(公路)、咨询、监理、造价、岩土、电气等注册工程师,形成了一支经验丰富、技术精湛、奋发向上、勇于开拓进取的优秀团队。正是中咨集团雄厚的人力资源保证了海南铺前跨海大桥全过程工程咨询服务的品质。

一个全过程工程咨询服务的团队必须要注意专业配套,年龄上老、中、青结合,使得项目团队可以全方位地把控工程技术和管理问题,保证团队成员既具有丰富的工程经验,又具有干事创业的充沛精力。

海南铺前跨海大桥项目筛选咨询工程师的要求极为严格,最终建立了一支具有战斗力的项目咨询团队,见表1.2。

海南铺前跨海大桥项目人员资质统计表 表1.2

人员	资格标准
项目经理(指挥长)	高级工程师及以上职称,具有10年以上(含10年)工作经验
规划咨询分项负责人	高级工程师及以上职称,近10年内担任过2座以上(含2座)公路特大桥梁工程可行性研究工作的负责人
勘察设计分项负责人	高级工程师及以上职称,近10年内担任过2座以上(含2座)公路特大桥梁勘察设计工作的负责人
桥梁工程师	高级工程师及以上职称,近10年内作为主要设计人员完成过2座以上(含2座)公路特大桥梁勘察设计工作
项目管理技术负责人	高级工程师及以上职称,具有10年以上(含10年)工作经验
项目管理工程师	工程师及以上职称,具有8年以上(含8年)工作经验
安全管理工程师	工程师及以上职称,具有8年以上(含8年)工作经验
工程造价分项负责人	造价工程师,近5年内负责过2座以上(含2座)公路特大桥梁的工程造价工作
财务分项负责人	会计师,有5年财务工作经验

第六节　全过程工程咨询服务模式下的海南铺前跨海大桥建设绩效

一、质量管理绩效

1. 桥体工程质量验收100%合格,顺利通过交工验收投入使用

海南铺前跨海大桥的工程质量由海南省交通工程质量监督管理局主管监督,在海南省质监局对大桥工程交工质量检测中,688根桩基Ⅰ类桩比例达到100%,大桥的各分部分项工程合格率100%。按照大桥质量检验评定标准要求,经施工单位自检、监理抽检和第三方检测,所有主体工程混凝土强度、断面尺寸等指标均满足设计规范要求,合格率100%。大桥钢箱梁分为主桥钢箱梁和跨断裂带引桥钢箱梁,其中主桥钢箱梁41节,共460m;跨断裂带引桥钢箱梁20跨,共581m。钢箱梁由工厂加工、通过船舶运输至施工现场进行吊装。施工单位按照规范要求进行拼装焊接工作,监理单位协同第三方检测单位对焊缝进行了100%的超声检测和10%的X射线探伤检测,底板处进行30%X射线探伤检测,检测结果全部合格。施工单位按照设计规范要求对高强螺栓进行10%的检测,监理单位协同第三方检测参照施工单位20%的比例对高强螺栓进行检测,检测结果全部合格。专业施工监控单位与施工单位、监理单位对主桥成桥的各项指标(包括斜拉索的索力、轴线偏位、梁顶高程等)进行了检测,检测结果满足设计和施工监控的要求。根据大桥的质量检验评定标准,经施工单位自检、监理单位和第三方检测单位的检测,钢箱梁制作和安装分项工程合格率为100%。大桥正在申请国家最高工程质量奖——鲁班奖。

2. 工程实体质量优异，质量管理过程和措施获多项奖励

在严格的质量管理控制制度下，海南铺前跨海大桥质量控制成效显著，打造出精品工程，多次获得省部级奖项。2017年4月17日，海南铺前跨海大桥被列为中国交建品质工程创建示范重点项目（重点项目仅有12个）。2018年5月，海南铺前跨海大桥QC（质量控制）成果"提高现浇箱梁护栏底座钢筋制安合格率"荣获2018年度中国交建优秀QC成果一等奖（省部级）。2018年12月，海南铺前跨海大桥"文耀海天"攻关QC小组荣获国家级称号——2018年全国优秀质量管理小组。

二、安全与文明施工管理绩效

1. 创建标准化工地，落实标准化管理

海南铺前跨海大桥作为迄今为止海南省最大的独立跨海桥梁工程，施工过程受到各方的高度关注。全过程工程咨询单位根据项目特点，在交通运输部、省交通运输厅、省交建局"人本化、标准化、专业化、信息化、精细化"（五化）管理的总体要求下，从场地标准化、施工标准化、安全标准化、标杆工程树立等方面推行标准化工地的创建，落实标准化管理。

中咨集团指挥部在编制各项招标文件时，把标准化建设和标杆工程建设作为一项重要内容考虑在内。在项目全面实施阶段，对标准化要求进行表格化，实行清单销项管理，严格执行标准，认真检查评比，并在2016年7月举行专门的标准化场站授牌仪式，根据评比结果，颁发标准化示范工程的牌匾，2017年10月进行标杆工程和最美班组的评比和表彰活动，切切实实把标准化建设作为一项重要内容纳入项目管理中。海南铺前跨海大桥标准化工地建设取得了显著成效，成为海南省交通建设管理的一个亮点。海南省委书记刘赐贵、省长沈晓明、省政协主席于迅、常务副省长毛超峰以及海南省交通运输厅领导等多次到项目视察，项目受到各级领导的高度评价，提升了工程形象，擦亮了中国交建的品牌。

2. 依托"平安工地"创建活动，确保安全生产

海南铺前跨海大桥项目建设涉及海上作业、钢围堰施工、主塔施工、大件钢箱梁吊装、高墩涂装等多种高风险作业类型，安全管控风险巨大，加之铺前湾典型半日潮、受强对流小气候影响大、位于台风频发区等自然环境因素更是加剧了项目建设的安全管控风险。中咨集团指挥部自项目前期阶段就高度重视高风险作业及不利自然环境因素的应对，多次组织专家进行安全评审，并委托独立第三方出具项目安全风险评估报告，用于指导项目安全管理工作的开展。

项目开工后，中咨集团以"平安工地"为依托，在项目各个合同段大力推行安全生产标准化建设，先后推行场站安全生产标准化建设、孔洞防护标准化建设、海上栈桥标准化建设、临边防护标准化建设等一系列措施有效管控安全风险。以危险源辨识和隐患排查治理为抓手，积极组织落实各项安全生产活动，项目开工至交工通车，共计组织开展各类隐患排查活动531次，排查隐患1495条，整改率100%，有效保障项目平稳、有序推进。

3. 坚持安全第一理念，实现零事故工程

大桥安全工作始终贯彻以人为本，教育为先，树立"安全第一"的理念，在高强度安全检查的基础上，项目还进行安全技术论证10余项，举办各种安全教育、培训、讲座106次，形成各类

检查通报、报告、通知、纪要等安全管理文件85份,组织施工单位举办安全知识竞赛66场,各类安全知识考试172次,考试人员达9500余人,设置工地各种安全技术操作规程牌400余块、安全警示牌750余块、安全宣传画400余张。

海南铺前跨海大桥工程规模浩大,施工环境恶劣,项目施工期间经历了19次台风的考验,转移人员1350余人次,无人员、船机设备损失,为海上桥梁安全施工积累了宝贵经验。

面对高风险作业类型多、气象条件复杂等严峻挑战,项目实现了1253天生产安全零事故,连续两年获海南省"平安工地"示范单位荣誉,安全管控成绩突出。

三、进度管理绩效

(1)制订详细的工程进度计划和管理程序。

工程项目建设总进度计划由指挥部制订。施工单位总体施工组织计划,季度、月度施工计划及单项工程施工计划由施工单位编制,经监理工程师审查批准后报项目管理指挥部核备,施工单位的施工计划必须符合项目管理指挥部制订的进度计划,同时也要符合投标文件中承诺的总工期要求和分阶段进度计划。任何工期总目标和阶段目标的变更均须得到指挥部的批准。

(2)分阶段工程进度控制目标,紧盯关键线路、精心组织施工。

海南铺前跨海大桥工程的桥梁工程计划在30个月的工期内完成,路基、路面、涵洞工程计划在30个月的工期内完成,交通工程计划在5个月的工期内完成。各合同段工程应分别按合同承诺的工期完成,并力争提前工期。在工程施工过程中,指挥部根据各合同段的具体情况,将分阶段进度目标细化为年度(季度)控制目标,施工单位必须按项目管理指挥部要求完成分阶段、年度(季度)目标任务,在合同总工期内全面完成建设任务。

(3)建立一天一报简报制度、每周进度分析调研制度。

每天将各合同段工程实际进展情况汇总成日报,上传到项目管理工作平台,并以短信方式发至相关人员手机上,以便其实时了解工程进度。以周报、月度简报分阶段统计全桥进度情况,及时了解实际进度与计划的偏差,分析超前或滞后影响因素,制订应对措施。对关键节点、重要节点、重点合同段或进度滞后合同段实时跟踪进展情况。

每周一指挥部都组织召开本部各部室工作会议,对现阶段的质量、进度、安全、计量等管理工作进行讨论。以最新的工程进度对比计划情况进行分析研究,寻找进度超前及滞后的重点项目,研究改进措施,及时纠正。

(4)加强合同管理履约和项目检查制度。

施工单位按合同文件的承诺进场管理、技术人员及机械设备,是保证工程进度的首要条件。施工单位必须严格履行合同,进场后的施工人员、机械设备,未经项目管理指挥部批准,不得擅自调离施工现场。为避免通过报表了解的进展情况的虚假性和滞后性,指挥部进行不定期巡查,核实人员(项目经理、技术负责人以及监理人员等)的到位情况、机械设备的数量及运行状况、计划落实情况。每季度组织设计单位、监理部门、施工单位进行一次综合大检查,包括质量控制、施工进度、施工安全、合同管理等。

(5)建立月度、季度劳动竞赛考核制度。

月度考核由总监办负责,指挥部参与;季度考核由指挥部组织对各合同段进行考核。由总监办负责,指挥部主管人员参加,每月对承包人、驻地监理组进行一次工程进度考核,考核结果汇总上报到海南铺前跨海大桥项目管理指挥部,指挥部予以通报与奖罚。同时总监办配合指挥部对施工单位、驻地监理的阶段性工程或关键工程的进度进行工程进度考核,根据实际完成情况并结合相关文件规定予以奖罚。

通过一系列有效措施,以及各参建单位和参建人员的密切配合,大桥工程进度取得满意进展,大桥主体工程各合同段均提前完工,一些合同段完工时间大幅提前于合同工期,为大桥工程整体施工进度的提前奠定基础。

海南铺前跨海大桥于2015年10月正式开工,于2018年11月3日实现了主桥钢箱梁合龙,于2018年11月27日完成文昌侧引桥整体上部结构,并于2019年3月15日完成交工验收,2019年3月18日举行通车仪式。海南铺前跨海大桥建设实际工期41个月,比批复工期48个月提前了约7个月。

四、投资管理绩效

1. 工程资金及时安排到位,保障工程顺利推进

海南铺前跨海大桥属于非经营性交通运输基础设施工程,项目建设资金来源于政府投资。大桥主体工程政府投资266938万元,其中中央投资占10%,地方投资占90%;大桥连接线政府投资34553万元,其中中央投资占25%,地方政府投资占75%。

项目实施过程中,依托每月进行现场确认、按合同段建立计量台账、严格按规定进行计量、工程变更计量合理规范、计量工作季度检查、加强计量人员能力等手段,保证各施工合同段在施工中资金及时到位,使工程按指挥部总体计划目标顺利进行。

2. 严格工程款计量支付管理,控制工程造价

海南铺前跨海大桥工程严格进行工程款计量支付,为项目提前按质按量完工奠定了基础。项目计量周期为月度,在月末前及时将计量报表申报并审批完成。每期计量根据相关规定及建设单位要求并经指挥部审核后进行上报,低于进度付款证书最低金额的,按月结转,直至累计应支付的工程价款额达到投标书附录中列明的进度付款证书的最低金额为止。大桥建设工程中,集中组织计量人员学习本项目计量技术规范,加深计量人员对施工图纸的理解,以保障计量人员能承担本项目计量工作,并能结合现场工程实际情况进行准确、合法合规的计量,确保大桥计量工作顺利实施。

通过全过程工程咨询服务,在工程前期、设计、招标采购和施工各环节优化工程实施方案,通过市场竞争保持各项施工资源价格在合理水平,严格控制设计变更,最终实现工程投资大幅节约。当前工程结算正在办理过程中,与工程概算相比,预计可节约投资额超过1亿元人民币。

五、可持续发展绩效

海南铺前跨海大桥项目荣获中国交建第三批节能环保与循环经济示范项目,成功实现将全过程工程咨询模式运用到工程绿色环保管理工作中。从项目立项、工可、设计及咨询、招标及施工建设等一系列阶段进行全过程、全方位的管理,有力保障了生态环保方案和措

施在工程建设各个阶段的延续性和执行力度,在工程建设周期内大力推行标准化绿色环保措施。

全过程咨询单位从明确和细化生态环保方案和目标入手,完善生态环保责任,制定生态环保管理制度,设置生态环保管理机构和人员,为各项生态环保措施提供组织机构和制度保障。采取优化设计方案、增设红树林与鸟类影响评估报告、增加施工临时栈桥、统一收集和利用钻渣、引入高压线路、合理规划永临用地、加强水质监测等具体措施,有力地保障了工程周边生态环境保护工作的顺利进行,取得了良好的生态环保效果。

在工程立项阶段,全过程工程咨询单位就将大桥毗邻红树林保护区这一敏感环境因素作为工程建设重大技术难点,为工程生态环保理念确定"绿色、环保"基调。在工程可行性研究阶段,中咨集团除组织完成"海南铺前跨海大桥海洋环境影响报告""海南铺前跨海大桥(引线)环境影响报告"外,还专门组织红树林保护区管理局、海洋生态专家、鸟类专家等编制"海南铺前跨海大桥对东寨港国际重要湿地和清澜港与文昌国家重要湿地红树林与鸟类影响评估报告",并得到了政府各主管部门的高度认可和批准。

初步设计中,设计单位明确了桥位选址与红树林保护区保持充分的安全距离,从空间上减少和避免大桥建设期和运营期对红树林生态系统的环境负面影响;确定利用护栏灯和反光警示标志替代高杆灯方案,最大限度地减少光污染对周边鸟类活动的干扰;为防止桥位设置钢箱梁加工厂产生大量固体垃圾、防腐化学污染物等,避免污染物对海洋和红树林生态系统的威胁,将生产基地布置到振华重工南通车间,充分利用钢箱梁加工制作"自动化、标准化、工厂化、装配化"理念,促进环保管理工作水平不断改进。

工程招标过程严格审查设计、监理、施工单位竞标资质,将生态环保方面先进理念、突出成绩作为竞标优选因素;招标文件明确要求大桥监理合同段设置环保专监,并在工程量清单中固化环保专项经费4724276.05元,为生态环保工作推进提供经费和人员保障。

项目建设过程中,充分考虑环保要求,不断优化方案。为了加大对工程红线内浅滩的保护力度,大桥建设中对施工通道原有方案进行优化,将海上栈桥设置在远离红树林一侧,增加栈桥长度96m,花费153.6万元,最大限度地保持了海域生态原貌,减少对红树林保护区的人为干扰;景观绿化优化过程中,在原有设计方案基础上充分考虑红树林及工程周边植被特点,增设绿化乔木532株,灌木1278株,土地整治面积11700m^2。

在土地节约方面,全过程工程咨询单位依托其总部具有的全产业链资源整合优势,利用丰富的施工经验指导项目施工前期策划工作,通过提前筹划项目驻地和场站的"永临结合",合理利用大桥一期养护工区、二期养护中心和停车场等大桥配套设施用地,作为施工单位项目驻地、拌和站、钢筋加工场等用地,减少施工临时用地100余亩,大大减少了工程建设对土地资源的占用。

施工过程中,一方面,通过长距离引入高压临时用电,减少发电机及施工船舶的使用。项目在全线引入临时高压专线共计33km,投入费用1100万元,大大缩减项目海上作业用油设备的数量,减少对海洋污染的潜在风险。另一方面,海上作业的全部机械设备、施工船舶严格进行环保标准化验收,并对海上作业用油设备设施定制防溢油的托盘,严防污染海洋事件发生。中咨集团项目管理指挥部积极组织参建单位配合红树林保护区管理局完成对施工现场与保护区缓冲带护栏的设置工作。采取在红树林保护区警戒线外设置物理屏障隔离、大量环保宣传标语和警示牌等措施加强对红树林的保护。项目开工以来累计设置各类环保宣传标志标牌500余个,未发生任何破坏红树林、伤害鸟类等环保事件。项目成立了青年志愿者环保小组,三年来累计组织各类环保活动50余次,捡拾海岸线垃圾超过3t,向学校、渔民发放各类环保宣传材料500余份,环保成绩得到红树林保护区管理局的高度肯定。

中咨集团还积极与独立第三方机构海南大学海洋学院合作,委托其作为本项目的环境监测单位,对施工水域水质、微生物和红树林生长进行长期不间断的监测,以便于对现有环保措施起到预警和指导作用。结合开工过程中的历次监测报告显示,工程水域水质各项指标无异常现象,红树林生长状态良好,生长范围逐年外扩增大。

六、工程创新绩效

中咨集团作为全过程工程咨询单位,牢牢把握"创新支撑创优、创新创造价值"的理念,在履行项目管理职能的同时,大力推进科技创新工作,解决项目设计和施工中遇到的难点问题,为项目保驾护航。

中咨集团共协助建设单位开展18项专题研究,7项科研课题研究。主要的科研课题包括"近断层桥梁地震动反应及活断层勘察研究""强震区跨断层、近断层桥梁抗震性能及设计关键技术研究""海南铺前跨海大桥抗风性能研究""海南铺前跨海大桥强震区近断层、跨断层特大型桥梁大直径深长桩基础施工关键技术研究""海南铺前跨海大桥施工抗风控制研究""强震区近断层、跨断层桥梁健康监测系统研究"等,为项目高质量建设提供坚实的智力支撑。

项目各项科研工作取得积极成效。海南省交通运输厅和中国交建重点课题"强震区跨断层、近断层桥梁设计关键技术研究"评价意见为:项目研究成果在跨断层桥梁设计方法和振动台模型试验方面处于国际领先水平,建议加强本项目研究成果的推广应用。"海南铺前跨海大桥抗风性能研究"评价意见为:主要技术指标及研究成果总体上达到国际先进水平,其中六分量气动导纳识别方法达到国际领先水平。

项目建设过程中,全过程工程咨询单位非常注重参建人员的创新意识,将创新创意转化为具体成果。据统计,截至大桥通车,海南铺前跨海大桥项目各参建单位依托项目研究成果已累计申请专利60余项(发明专利18项),发表学术论文60余篇,出版专著3本,编制指南规程及修编建议书4项,部分获奖情况见表1.3。

项目部分获奖情况一览表(截至2019年8月) 表1.3

序号	获奖时间	获奖主体	奖项名称
1	2015年1月	中咨集团"海南铺前跨海大桥跨越断裂带桥型方案研究报告"	2014年北京市优秀工程咨询成果二等奖
2	2017年2月	中咨集团海南铺前跨海大桥建设指挥部	海南省交通工程建设局2016年度"优秀项目管理单位"
3	2017年2月	中咨集团海南铺前跨海大桥建设指挥部总指挥	海南省交通工程建设局2016年度"优秀项目指挥长"

续上表

序号	获奖时间	获奖主体	奖项名称
4	2017年2月	中咨集团海南铺前跨海大桥建设指挥部总指挥	中国海员工会2016年度全国交通基础设施重点工程建设劳动竞赛优胜单位
5	2017年4月	海南铺前跨海大桥项目	中国交建品质工程创建示范重点项目
6	2018年1月	海南铺前跨海大桥项目	2017年度海南省公路水运工程"平安工地"建设标段示范单位
7	2018年3月	中咨集团海南铺前跨海大桥建设指挥部	海南省交通工程建设局2017年度"先进集体"
8	2018年3月	中咨集团海南铺前跨海大桥建设指挥部总指挥	海南省交通工程建设局2017年度"优秀项目指挥长"
9	2018年4月	中咨集团海南铺前跨海大桥建设指挥部总指挥	海南省五一劳动奖章
10	2018年5月	海南铺前跨海大桥QC成果"提高现浇箱梁护栏底座钢筋制安合格率"	2018年度中国交建优秀QC成果一等奖
11	2018年7月	中咨集团海南铺前跨海大桥建设指挥部总指挥	中交集团暨中国交建"优秀党务工作者"
12	2018年12月	海南铺前跨海大桥"文耀海天"攻关QC小组	2018年度全国优秀质量管理小组
13	2019年1月	海南铺前跨海大桥项目	中国交建第三批节能环保与循环经济示范项目(生态环保类)
14	2019年2月	海南铺前跨海大桥项目	海南省交通工程质量监督管理局2018年度"平安工地"示范单位
15	2019年3月	中咨集团海南铺前跨海大桥建设指挥部	海南省交通工程建设局2018年度"先进集体"
16	2019年8月	中咨集团、同济大学	中国交建2019年度科学技术进步奖特等奖

七、工程创优

海南铺前跨海大桥工程建设连续克服众多技术难关,工程创优取得丰硕成果。海南铺前跨海大桥建设创造了7项全国纪录和7项海南省纪录。

海南铺前跨海大桥是国内首座跨越活动断层的跨海大桥,是国内抗震设防烈度最高的跨海大桥,是国内设计基本风速取值最大的跨海大桥,是国内第一个采用全过程工程咨询模式的特大型桥梁工程。海南铺前跨海大桥在国内第一次采用三维可调跨断层桥梁体系,第一次采用跨断层简支钢箱梁桥面连续结构体系,并使用了国内规模最大的钢管复合桩基础(32根直径4.3m钢管复合桩)。

海南铺前跨海大桥是海南省内最长的跨海大桥,是海南省内第一座独塔斜拉桥,是海南省内第一座全过程采用BIM技术的桥梁工程,是海南省内第一座开展全过程海上环保监测施工的桥梁工程。项目在海南省内首次采用STC(超高韧性混凝土)轻型组合钢桥面铺装,海南铺前跨海大桥还建设了海南省内最大的基础及最大的承台。

第七节 "铺前大桥模式"的基本特征

中咨集团"十年磨一剑"的海南铺前跨海大桥全过程工程咨询之路,服务过程涵盖了项目策划、前期研究、工程设计、招标采购、工程施工和运营维护等阶段,还承担了可行性研究、初步设计和多项专项技术研究咨询工作。本书将中咨集团为海南铺前跨海大桥建设提供的全过程工程咨询服务模式称为"铺前大桥模式",它在工程实践中取得了优异的绩效,为同类重大工程建设积累了宝贵的经验。概括来说,全过程工程咨询服务的"铺前大桥模式"包括以下八大特征。

一、咨询服务对象——工程实体的复杂性

海南铺前跨海大桥从项目本身、建设目标、建设环境、组织结构、建设过程来说,都是一项复杂系统工程。类似的重大基础设施建设项目相比于一般项目,结果不易预测、不确定性因素多,易造成投资超支和进度延期等目标失控的严重现象。究其原因,主要是由复杂建设项目的复杂性不断增大以及对复杂性的认识和驾驭能力不足造成的。因此,系统分析复杂建设项目的复杂性对项目管理者的决策与复杂建设项目目标的实现至关重要。在本章第二节中,已经详细阐述海南铺前跨海大桥项目复杂性六维度构成,此处不再赘述。

二、建设主体认识与驾驭复杂性能力的有限性

建设主体尤其是核心主体建设单位对复杂性的认识和驾驭能力是复杂工程成功的关键。在重大基础设施工程领域,工程建设的核心主体——建设单位对工程复杂性的认识和驾驭能力不足是项目的主要矛盾之一。

大型工程涉及经济、社会、技术、管理及人文各个领域。即使在一个领域内也不能指望只依靠一种理念、一个角度、一种方法、一种工具、一部分人就能解决全部问题,而需要把自然科学、社会科学与人文科学相结合、政府职能与市场职能相结合、专家经验与科学理论相结合、定性方法和定量方法相结合,并且使这种结合相互渗透,整合为一体,并产生系统"涌现",这一"涌现"就是对复杂工程新的驾驭能力。对于这样的驾驭能力,全过程工程咨询企业相对于建设单位来说,无疑具有天然的优势。

全过程工程咨询服务对咨询单位的技术、管理和资源整合能力要求非常高。全过程工程咨询服务作为建设单位委托、代表建设单位利益的咨询机构,其核心价值在于短时间、"成建制"、系统化地提升建设单位对工程复杂性的认识和驾驭能力。

三、咨询服务阶段的全生命周期化

传统的"碎片化"工程咨询一直存在着管理主体分权独立的特征，缺乏连贯性，管理效率低。设计单位、施工单位、供货单位、招标代理单位、造价咨询单位、监理单位等都在做着建设项目管理方面的工作，但是分别在不同阶段、不同时间点、不同领域参与，并没有一个综合性的机构来引领全过程全方位的工程咨询服务，因此易造成沟通不畅、信息失衡、造价超高、工期拖延等问题。

"铺前大桥模式"将全过程工程咨询服务贯穿整个工程生命周期。在工程前期阶段，中咨集团负责完成工程预可行性研究、可行性研究报告编制及初步设计（初勘）工作，协助建设单位做好工程前期各项专题研究报告的管理和协调工作，协助建设单位做好科研项目的立项和推进工作，协助建设单位做好项目预可、工可及初步设计的评审，并取得相应批复文件。在项目建设阶段，中咨集团成立项目管理指挥部，选派项目管理人员，制订项目建设管理计划，协助建设单位组织施工图设计、施工及监理招标工作，根据建设单位要求对项目建设实施进行全面管理和控制，严格按照全过程工程咨询管理合同要求，履行各项管理职责。在运营维护阶段，中咨集团还负责项目养护工作及运营维护阶段的工程咨询。

四、咨询服务主体能力的全产业链化

在传统的建设管理分工模式下，建设行业已形成规划、投资咨询、勘察设计、招投标、工程造价、工程监理、项目管理等多个业务分割独立的咨询企业结构，这使得许多工程咨询企业以专而精作为发展导向，但在项目全过程全方位的集成管理方面显得能力不足。全过程工程咨询服务企业究竟应当具备怎样的能力和资源禀赋？在海南铺前跨海大桥案例中，中咨集团展现了公路交通行业全产业链资源整合的超强能力，这是项目取得成功的重要因素。

"铺前大桥模式"要求开展全过程工程咨询业务，需要咨询企业利用已形成的自身核心优势、整合资源，为建设单位提供"更有价值"的集成整合的咨询服务。"全过程"是针对碎片化进行的整体性治理。"全"并不是强调一定要毫无遗漏地全覆盖，而是咨询企业提供覆盖"全过程"的咨询能力，把传统模式下的碎片化整合成有实质性差异、有机化的咨询产品。"工程咨询"则需要充分发挥咨询企业技术优势特别是工程设计能力的核心作用，引导其他工程咨询业务的推进，由懂技术兼具管理能力和经验的团队提供决策咨询，实现协助或代表建设单位对工程建设全局的有效管控。

中咨集团开展全过程工程咨询服务的突出优势在于：
（1）拥有核心技术能力和设计能力；
（2）具备包括甲级工程咨询资质、工程勘察设计甲级资质、工程监理甲级资质、工程总承包一级资质在内的全产业链资质；
（3）拥有一支经过20多年工程总承包项目锻炼的技术管理团队。

"铺前大桥模式"的经验告诉我们，选择全过程工程咨询单位应充分重视其技术能力、管理能力和产业链资源整合能力。

五、咨询服务团队的全过程稳定性和动态多样性

传统的碎片化咨询模式的一大弊病就是随着工程的深入开展，参与工程建设的主要咨询单位不断地转换。咨询单位不断转换，就意味着核心参建人员不断地更换。这种情况下，责任的转移、信息的遗失和业务流程的中断等问题，以及因为各咨询单位、各咨询团队"铁路警察、各管一段"式参与项目而导致的投机行为，广为学术界和工程界诟病。

全过程工程咨询模式下，具备了一个单位从项目策划到项目运营全程参与、主导，通过人员全过程"打通"，实现"责任全过程打通""业务流程全过程打通"和"信息流全过程打通"。海南铺前跨海大桥项目的全过程工程咨询团队在项目建设过程中"一套人马、一个方案、一干到底"，核心骨干团队十年没有换人，这是非常难能可贵的，也是全过程工程咨询服务的应有之义。

当然，由于全过程工程咨询涉及的面太广，要求所有参与咨询的人员都常驻现场是不现实也是不经济的。海南铺前跨海大桥项目的全过程工程咨询团队既保持项目建设各阶段"一套人马、一个方案、一干到底"的稳定性，又在项目建设各阶段整合中咨集团下属各板块的咨询、设计、专题研究资源体系，满足复杂工程对专业人才的多样化需求。

为了实现全过程工程咨询服务的人力资源优化配置，中咨集团展开了一系列的探索和实践。

（1）根据公司现有组织架构，建立符合开展全过程工程咨询业务需求的生产组织模式，成立专门负责全过程工程咨询业务的管理部门。

（2）为满足综合性、多元化服务及系统性问题一站式解决的需求，探索建立一体化、高效的生产经营平台，依托强矩阵项目部模式，组建以项目管理指挥长为核心的团队，配备结构合理的专业咨询人员，为建设单位提供"贴身"服务。全过程工程咨询项目部由项目管理指挥长牵头，选派懂技术、会管理且业务能力全面的咨询工程师担任团队各条线负责人，各专业咨询工程师分别承担相应专业咨询工作，为建设单位提供全过程工程咨询服务。在咨询管理服务过程中，一切围绕项目建设质量、安全、进度、投资等全面目标，提高工程现场技术管理水平，采取一个团队负责到底的模式。

（3）综合考虑业务开发、项目负责人及团队配备、人员培训和培养、业务板块间协同、成本控制等方面，建立与咨询业务市场需求相适应的全过程工程咨询服务管理体系及标准体系。

（4）根据建设单位的差异化需求，建立适应市场现状的菜单式服务产品体系。根据工程的不同阶段、目的、内容，建立全过程工程咨询服务产品菜单31项。通过菜单的定制，厘清服务内容边界，分清界面，提供一个完整系统的咨询服务。

（5）通过平台建设促进服务链延伸。依托"设计＋管理"的核心优势，通过业务平台的建设，加强前端参与投资决策过程、加强中后端提高项目策划、投资控制水平、项目运营能力，从而极大地发挥了全过程工程咨询在技术引领、风险控制、资源整合、统筹协调和目标控制等方面的优势。

（6）建立与建设单位的协调程序，为建设单位提供标准化高质量的咨询服务。在前期策划、合同协商阶段，通过对项目内容和范围、管理思路、管理模式、统一平台搭建标准、标准的选择和使用、投资控制原则、审批流程、成果交付、奖惩机制、双方权利及义务等内容进行约定，为

建设单位提供规范化、标准化的咨询服务。

（7）为建设单位提供增值服务的模式。利用自身厚重的工程设计技术储备和经验积累、成熟的全过程项目管理体系、丰富的工程建设经验和高度的企业宿命与高尚的职业道德，从投资策划或设计阶段开始，进行总体策划服务，按照建设单位的需求有效控制投资造价和平衡项目目标，对建设项目进行全过程风险管控、目标控制，保证建设项目利益和建设单位利益最大化。

六、"设计+管理"为核心功能的全过程工程咨询服务

全过程工程咨询服务究竟是否应该包含设计是当前讨论的一个热点。本书中，全过程工程咨询单位承担了预可行性研究、可行性研究和初步勘察、初步设计等通常由勘察设计单位完成的咨询工作。

事实证明，"设计+管理"为核心功能的全过程工程咨询服务效果非常理想。"铺前大桥模式"强调全过程跨阶段的整合服务，摒弃了我国传统思维下将建设工程的前期、设计、施工与运营各阶段割裂的认知，重视将建设项目各过程阶段贯通作为整体，并以此为依据提供相应的服务。全过程工程咨询向前延伸至前期阶段，进一步丰富和拓展了咨询工作的职责要求。同时，全过程工程咨询单位作为设计单位，使其对项目的控制权、管理力度都得到很大的提升，管理能力、工程经验和产业链整合能力都可以很好地在项目中得到落地。

"铺前大桥模式"强调了设计角色对于项目整体价值实现的重要性，体现了设计角色可以在项目全过程各阶段提供服务与支持，与国际全过程工程咨询业的发展围绕设计为核心不谋而合。美国 AECOM、荷兰 ARCADIS、瑞典 SWECO 等知名的国际工程顾问公司几乎都是以设计为主体开展工程顾问（咨询）服务，在工程设计的基础上，其业务范围涵盖运营开发支持、项目管理、施工管理、建筑设备系统协调、质检监理、资产管理等全过程阶段其他相关内容，这也从侧面证明了工程咨询与设计角色密不可分。

建设项目的灵魂在于设计，设计工作在项目实施过程中具有连续性，须确保设计理念、设计意图、技术指导在项目实施过程中得到不间断落实，从而实现建设项目决策的初衷、提高建设品质。

七、通过科技创新实现高质量服务

一流的工程品质背后都凝结着大量科技创新成果。重大基础设施工程一流的全过程咨询服务同样需要通过一系列的创新来实现。中咨集团非常重视重大基础设施项目的科技创新工作，以科技创新为支撑，推动实现咨询业务的高质量服务、企业的高质量发展和工程的高质量建设。科技创新是海南铺前跨海大桥全过程工程咨询服务工作的重中之重，在咨询过程中，中咨集团始终将其作为首要工作来抓。中咨集团共协助建设单位开展18项专题研究、7项科研课题研究，研究成果已累计发表论文60余篇、申请专利60余项、编制指南规程4项、出版专著3本，多个课题经专家鉴定达到国际领先水平。项目还在施工过程中全面应用了BIM技术。

科技是第一生产力。随着时代变迁，当今社会先进科技带来的竞争优势愈发明显。在新技术、新方法方面，设计院背景的咨询企业始终走在各类咨询单位前列，具有坚实的科研力量，

不断研发新型工法、高性能材料和工程组织、工程管理方法,并将其应用在实际设计和施工过程中。同时,在全过程工程咨询模式下,设计背景的咨询企业也能解决只做设计、脱离现场施工的问题,设计人员通过参与现场各项环节,可以对施工中存在的问题有着更深刻的了解,认识现场的技术需要,了解市场需求。设计人员深度参与现场收获的经验也有利于后续工程设计的改进、创新,提升设计水平,使工程实践起到推动技术进步和技术创新的作用。

目前,建筑业与先进制造业、电子产业、信息产业相比技术落后明显,主要体现在工业化程度不高、信息化运用不足、低端劳动力相对密集、作业环境较差等方面。随着信息革命的渗透,全过程工程咨询服务不应停留于传统智力型服务,应着力尝试和应用互联网+、物联网、大数据、云计算、BIM等技术手段提供科技化、信息化、智能化服务,实现建设项目目标控制的数据化、可视化,从而提升全过程工程咨询服务品质,促进整个建筑业创新发展。

八、通过合理的风险分担和收益共享创造价值

海南铺前跨海大桥项目设置了全过程工程咨询单位的奖罚条款,充分发挥了全过程工程咨询单位的主观能动性和工作责任心,最终实现项目、建设单位和咨询单位的多方共赢局面。全过程工程咨询企业提供工程建设全过程工程咨询服务,其资源投入是非常巨大的。咨询单位同时作为初步设计单位,对项目建设具有很强的主导权,因此也必须加强其投资控制责任,并且与建设单位进行合理的风险分担。

事实证明,合理的风险共担与收益共享机制提升了全过程工程咨询服务单位的责任心、工作主动性,通过专业、尽责的全过程工程咨询服务,在实现工程建设绩效全面创优的基础上,也实现了本单位的经济效益和社会责任。

第八节 "铺前大桥模式"的探讨与展望

"铺前大桥模式"是在交通基础设施重大工程领域中的一种以PMC管理服务为基本落地模式的全过程工程咨询服务,其服务的核心内容是"工程设计+工程管理",后续项目推进过程中,又增加了运营维护阶段的养护与管理服务。这种模式面对的是工程复杂性高、建设管理组织难度大、建设主体对复杂性认识和驾驭能力待提升等局面,是一项通过全过程工程咨询单位短时间、成建制、系统化提升工程建设系统内代表建设单位方利益的工程管理能力经典案例。

"铺前大桥模式"具有实施时间早、服务阶段全、服务范围广、工程效益好四大特色。本章还总结了"铺前大桥模式"的八项基本特征。这四大特色与八项基本特征构成了"铺前大桥模式"的基本内容。在"一带一路"倡议指引下,全过程工程咨询服务的"铺前大桥模式"具备很好的可复制、可推广性,可以成为交通工程咨询企业转型发展、走向国际的一种优势产品。

回顾"铺前大桥模式"以及总结海南铺前跨海大桥项目建设过程,作者认为重大基础设施领域未来的全过程工程咨询服务可以在"铺前大桥模式"的基础上,从以下两个方面进一步优化。

(1)可以进一步探讨施工图设计、工程监理等工作是否纳入全过程工程咨询合同包之内。

依据当前发改委、住建部等单位发布的全过程工程咨询服务相关文件,施工图设计、工程监理等工作内容是可以纳入全过程工程咨询合同包之内的。

作为先行先试的案例,海南铺前跨海大桥项目实施过程中,中咨集团作为全过程工程咨询单位,承担了工程初步设计,但没有承担施工图设计和施工监理任务,而是代表建设单位组织开展了施工图设计单位、工程监理单位的招标,进而在设计、施工阶段对这两家单位的工作开展管理。住建部文件明确提出设计可以成为全过程工程咨询的一部分,施工图设计任务能不能纳入全过程工程咨询合同的问题已经解决了。应该说,作为工程设计方承担项目的全过程工程咨询,其所需的知识和专业人才更有保障,而设计单位作为工程的关键参与方,全过程工程咨询服务的管控力度和话语权必然更大,使得其在工程实施阶段的管理行为落地性更好。对于工程监理,作者认为也可以完全纳入全过程工程咨询合同包范围内,国内含工程监理服务的全过程工程咨询服务已经比较常见,也取得了较好的实施效果。

(2)建设单位应该授予全过程工程咨询单位多大的自主权需要进一步研究探讨。

"铺前大桥模式"下的全过程工程咨询服务,是一种咨询属性的服务,在实施过程中,首先遵循的原则就是"忠实于建设单位",因此更多的是一种决策支持和管理支持行为,决策的权利仍保留于建设单位。

未来全过程工程咨询服务,建设单位与全过程工程咨询企业之间权、责、利的关系可以进一步研讨协调,根据项目的特征和参加方的差别,决定授予全过程工程咨询单位多大的自主权,"铺前大桥模式"没有给出标准答案,这也是今后全过程工程咨询服务行业发展需要探讨解决的重要问题之一。

第二篇
理论篇

第二章

全过程工程咨询的必要性论证

2017年,国务院办公厅发布《国务院办公厅关于促进建筑业持续健康发展的意见》(国办发〔2017〕19号),如同一声惊雷,打开了我国全过程工程咨询的实践之门,将此类旨在提升建设单位综合集成能力的解决方案上升至完善建设组织模式的高度。

至今,全过程工程咨询已轰轰烈烈地实施了三年有余,但行业中全过程工程咨询服务落地模式呈现多样化的趋势,服务内容差异很大,服务效果也不尽相同。究其原因,是参建各方对为什么要在重大基础设施建设中采用全过程工程咨询不甚清晰,本章旨在论证重大基础设施工程中采用全过程工程咨询的必要性问题。

第一节　重大基础设施工程的复杂性

科学范式的演进遵循经验科学、实验科学、系统科学和复杂性科学的演进路径。复杂性是世界运行的本质属性，也是重大基础设施工程的本质规律之一。重大基础设施工程具有根植于内核的复杂性。本节依托同济大学复杂工程管理研究院何清华教授、罗岚博士的研究，从复杂性测度的六个维度出发，系统梳理重大基础设施工程根植于内核的复杂性。

一、复杂性的来源

"重大基础设施工程具有相当的复杂性。"
"为保证大桥100年的使用寿命，需要采用复杂的技术手段。"
"大桥的成功建设离不开全国优质资源的合理选择与配置。"
……

在重大基础设施建设的全过程中，上述描述往往频繁地见于各类报道之中。但是关于重大基础设施工程的复杂性是什么意思、有什么内涵，目前其实并没有一个通用的说法，"复杂性"一词本身就具有抽象的复杂性。图2.1直观地体现了复杂网络与复杂交通枢纽的复杂性，但有时较难以用语言进行描述。在系统科学的基础上，通常来说都将重大基础设施工程看作是一个复杂系统，系统内部的各部分之间相互关联、相互依赖且相互作用，从而具有大量要素交互导致的复杂性。

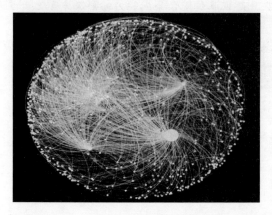

图2.1　复杂网络与复杂交通枢纽

规模、技术、社会影响等要素引致重大基础设施工程具有复杂性特征。总的来说，重大基础设施工程之所以具有复杂性，核心因素在于其规模巨大。

从规模上来看，重大工程往往横亘数公里，或在更大的区域范围内存在群体性协作特征。从投资额来看，动辄数十亿人民币的投入会影响到所处区域甚至一个国家的经济规划。从项目目标管理来看，由于其长周期及规模巨大的特征，如图2.2所示的重大工程有待达成的目标或各方的需求是很难确定的。除此之外，广泛且异质性的利益相关者、模糊的项目范围与交付成果、迥异的文化与行事风格等，均对重大基础设施工程的交付产生了难以估量的影响。

图 2.2 重大基础设施工程

巨型项目、大型群体项目、重大项目、大型项目等都是重大基础设施工程的相关概念,但在关注的重点方面略有不同,相关概念对比见表 2.1。

与重大基础设施工程相关的概念对比　　　　　　　　　表 2.1

名称	出处	标　准	举　例
巨型项目	Wikipedia（维基百科）	因其对社会、环境和政府预算产生巨大影响而吸引众多社会关注,投资超过 10 亿美元的建设项目	桥梁、隧道、高速公路、铁路、机场、港口、电厂、大坝、特殊经济区、石油和天然气、公共建筑、信息技术系统、航空航天、武器系统等
大型群体项目	Wikipedia	一组总投资超过 10 亿美元、建设期至少 5 年的项目群,可能包括多个利益相关者、国家和跨国财团	NASA（美国国家航空航天局）航天飞机、空客 A380、中国高速铁路、奥运会、世博会、新城开发、能源项目等
重大工程	美国联邦高速公路管理局	超过 5 亿美元的大型公共基础设施项目,或是由于其对环境、政府预算有巨大的直接和间接影响而吸引外界广泛关注和政府大量投资的项目	隧道、高速公路项目等

续上表

名称	出处	标准	举例
大型项目	国家发改委	国家重大建设项目,是指国家出资融资的,经国家计委审批或审核后报国务院审批的建设项目	三峡工程、国家大剧院工程、亚运会工程建设项目等
		《关于基本建设项目和大中型划分标准的规定》〔1978〕234 号	长度1000m 以上的独立公路大桥,总投资2000 万元以上的新建、改建机场等
	国家统计局	新开工大型项目为10 亿元以上项目	铁路、桥梁、煤矿、石化、汽车、环境等项目

资料来源:《大型复杂工程项目群管理协同与组织集成》。

从以上相关概念的总结来看,用投资规模角度对重大基础设施工程进行定义的较多,可见其复杂性离不开其规模。虽然规模确实是引致重大基础设施工程复杂性的重要因素,但是此要素只能刻画一部分,不能系统地反映复杂性的全貌。除了规模以外,结构也是复杂性的重要来源。一些结构简单的项目可能具有较大的项目投资规模,但是实施过程却难以称为复杂。而一些投资规模较小的项目,也可能具有较大的不确定性与风险。可以看出,重大基础设施工程的核心特性还在于不确定性导致的"时空耦合"的复杂交互作用。

学者对于重大基础设施复杂性的描述如下:
(1)拥有大量差异的系统以及大量要素的相互作用;
(2)项目涉及许多有限场地的施工工作,具有进入难度、涉及多个搭接;
(3)高度复杂以至于很难确定如何实现目标以及所需时间;
(4)项目实施需要更注重细节;
(5)从开工到完工都需要高效的协调、控制和监控;
(6)活动间存在复杂的逻辑链接。

二、复杂性的维度与分析框架

复杂性是一个抽象的、具有多维度的概念。为深刻理解复杂性概念,首先应选择复杂性分析的框架。通常来说,重大基础设施工程的复杂性包含6个维度,分别是目标复杂性(GC)、组织复杂性(OC)、任务复杂性(TC)、技术复杂性(TC)、环境复杂性(EC)、信息复杂性(IC),如图2.3 所示。

1. 目标复杂性(Goal Complexity)

目标复杂性通常是由各种项目参与者的需求、项目任务的复杂性和有限的资源造成。目标复杂性是一种结构层面的复杂性,因为几乎所有的项目具有多个相互冲突的目标。复杂建设项目涉及多个利益相关方的多重目标,必须考虑各目标的冲突与平衡,从而导致了项目复杂性的增加。这种复杂性可能源于各种潜在目标的歧义,如非共享目标和目标路径,可将其划分为管理层面目标、功能层面目标与其他层面目标。

2. 组织复杂性(Organizational Complexity)

组织是项目管理的载体。组织复杂性是构成组织的不同元素、不同层次之间的相互作用

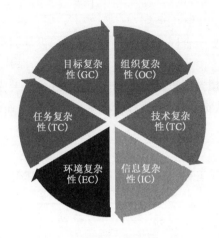

图 2.3　复杂性分析的维度与框架

使组织整体表现出多样性、动态性、变异性、不可预见性等复杂性特征。组织复杂性是项目复杂性的核心部分,组织复杂性在过去的二十年已经受到越来越多的关注,主要包括组织成员、组织结构和项目团队等方面,如组织的成员经验不足、组织结构层级和职能部门数量增多都会增大组织复杂性。此外,文化被认为是组织思想的软因素,体现在团队信任、认知灵活性、情商和系统思考方面。复杂建设项目常常涉及多个不同文化和视角的国家参与,文化的多样性加大项目复杂性,从而影响项目的成功交付。

3. 任务复杂性(Task Complexity)

大量复杂建设项目往往由成百上千家单位共同参与,由成千上万项在时间和空间上相互影响、相互制约的任务活动共同构成。此外,在项目系统中数以万计的任务活动涉及多个专业领域且跨度较大,既包含工程技术、资金融集、组织管理等方面,又可能包含生态保护、社会安定、能源节约等方面,这些任务之间并不是彼此孤立的,而是有着显性或隐性的多种联系,每一项任务的变化都会受到其他工作任务变化的影响,并引起其他工作任务的相应变化。任务复杂性增加了项目执行中的不可控性,使项目变得更加复杂。

4. 技术复杂性(Technological Complexity)

复杂建设项目通常具有高度技术复杂性,如工程类型、设计与施工的搭接、项目操作的相互依赖性。在施工中,创新技术和绿色技术逐渐增多,如三维技术、节能技术和新建筑材料等,也增加了复杂建设项目的技术复杂性。一些学者研究了项目管理中各种技术复杂性,如王润良和郑晓齐从产品复杂性和过程复杂性两个维度探讨了技术复杂性。技术复杂性包括项目中技术的多样性、技术流程的相互依赖、技术系统和外部环境之间的交互作用和高难技术的风险等。

5. 环境复杂性(Environmental Complexity)

项目管理者在决策时需要考虑环境复杂性。环境复杂性是指复杂建设项目运作环境的复杂程度,包括自然环境、市场经济环境、政策法规环境等的复杂性。除此之外,还必须考虑所有项目利益相关者的复杂性。由于各利益相关者的利益和需求都受环境的影响,从而导致环境复杂性。"社会复杂性"的概念也可以表示利益相关者的数量和多样性导致的复杂性。

6. 信息复杂性(Information Complexity)

信息复杂性来源于各种复杂合同关系下,整个复杂建设项目管理过程中涉及的多个利益相关方之间的复杂沟通交流。由于复杂建设项目规模的不断提升,不同参与方之间、不同过程和流程之间的信息依赖度和相关度也逐渐增加,从而导致信息复杂性的增加。信息复杂性的影响因素包括信息系统、信息获取程度、信息处理水平和信息传递能力等。

三、复杂性的表现

为深入理解重大基础设施工程所具有的复杂性,本段尤其聚焦于长大桥梁建设,深入说明重大基础设施工程的复杂性。

1. 目标复杂性因素:交付组织问题

目标指实施项目所要达到的期望结果,即项目所能交付的成果或服务。目标管理是美国管理学大师德鲁克奠定地位的重要成果,也被视为管理学成为一门独立科学的立身之本。一般来说,项目的目标应该被明确地定义并能够在项目结束时实现,以达到项目作为临时性组织的终止条件,这也是项目管理与一般企业管理所区别的重要特征之一。但受规模巨大、经济-环境-社会影响广泛以及实施周期远超一般项目的基本特征影响,重大基础设施工程的目标需要满足项目内外部的广泛利益相关者带来的目标多样且不一致、模糊且难量化、相互冲突且动态变化等复杂性特征的要求。

(1)重大基础设施工程的目标多样且不一致。

以海南铺前跨海大桥为例,要在管理层面上实现质量、成本、资源、进度目标,又要在功能层面上实现跨地震带技术突破、零安全事故等目标,同时还要满足国家或海南区域的自贸区经济发展、海口与文昌的社会效益、红树林生态保护等层面的目标,呈现出目标的多样性,从而增大了海南铺前跨海大桥的项目复杂性。

更进一步,复杂建设项目往往涉及多个利益相关者,其建设主体一般是由不同利益关系人组成,如建设单位、设计单位、施工单位、供应商、监理方等,他们一方面因共同参与工程建设而具有共同的基本目标与利益诉求,另一方面在许多具体问题上,有各自不同的目标与利益,而使彼此的关系错综复杂,甚至产生冲突。这种由于自我效用最大化而引起的本位主义,增加了项目管理的复杂性。

(2)重大基础设施工程的目标模糊且难以度量与控制。

海南铺前跨海大桥从最初构想提出到前期工作、项目实施以及最终交付横跨约10年,建设周期长,加之我国正处于社会经济高速高质量发展的转型时期,导致在建设周期内随时发生变化的环境因素将会给对外界环境敏感的目标施加持续不断的影响。如随着海南自贸区定位的"渐变"及"突变",海南铺前跨海大桥作为"海澄文"一体化与自贸试验区的重要门户,其目标因素会增多/减少,指标水平也会随之调整。这样的变化会直接影响到设计方案变化、合同变更、实施方案调整等。因此,重大基础设施工程的目标往往处于一个动态的发展变化过程中,目标的不明确性成为项目复杂性的影响因素之一。

(3)重大基础设施工程的目标相互冲突且动态变化。

重大基础设施工程一般会涉及众多利益相关者之间的目标冲突以及目标的动态变化问

题。在海南铺前跨海大桥建设过程中,需要统筹考虑工期、成本与质量等传统的工程绩效问题,也需要考虑红树林保护作为环境目标对工程传统绩效的影响。有的项目,前期研究不充分、需求不明确会造成前期设计遗留大量问题,如设计的无休止变更、缺漏的事后补充、深度的不够细化等都会给现场进度和质量控制增加难度,从而增加项目复杂性。

重大基础设施工程具有目标复杂性的特征也在港珠澳大桥的案例中表现得淋漓尽致。由于该工程广泛的影响以及目标的抽象性,首先提出了"为'一国两制三地'的伶仃洋海域架设一座融合经济、文化和心理之桥梁,使得香港、广东、澳门成为世界级的区域中心"的管理愿景。其次进一步提出了"建设世界级跨海通道、为用户提供优质服务、成为地标性建筑"的建设目标。最终在建设目标基础上进行了一定的细化,比如说"设计使用寿命达到120年"等。可见建设者对工程目标的复杂性有一个长期的认识过程。

2. 组织复杂性因素:人的组织问题

组织论是项目管理学的母学科,组织因素是导致重大基础设施管理绩效"悖论"的主要因素之一。重大工程是一类经典的组织间项目,也即需要各类异质性主体之间良好协调、协作与协同,主体之间的合作往往决定了项目建设的成败。重大基础设施工程的复杂性体现在组织结构层级、职能部门以及跨组织依赖等特征上。

(1)组织结构层级数。

在复杂建设项目的复杂性方面,结构效应比规模效应更为重要。海南铺前跨海大桥的复杂性出现于等级层次结构的系统中,从中央直接领导的决策管理层延伸到最底层的操作层,层级越多、差异越大,从而导致项目复杂性增加。

(2)正规组织单位和职能部门数。

海南铺前跨海大桥的组织不仅涉及土建、市政、信息、环保等众多专业,组织专业分工精细,也涉及资源开发、工程建设、项目融资、公共关系等职能,部门化现象明显。正规组织单位和职能部门数直接影响各层级之间进行信息交换的方式及信息交换的频率,从而影响复杂建设项目的复杂性。

(3)跨组织的相互依赖性。

许多复杂建设项目分段在不同的区域同时开展,相应地,需要对空间分布广泛的组织部门进行跨组织管理,因此项目管理的复杂性加剧。复杂建设项目跨组织的相互依赖性主要体现在组织结构类型上。组织结构类型的依赖关系分为联合型、连续型、交叉型三种。在复杂建设项目系统中,往往同时呈现三种类型相互依赖、相互联系、相互制约的共存格局,从而增加了项目管理复杂性程度。

(4)项目参与方的经验。

复杂建设项目参与方过去的工作经验在一定程度上反映了项目团队的工作能力和合作能力,这是项目复杂性的一项重要影响因素。

(5)项目组织的变动。

复杂建设项目全生命期的不同阶段涉及不同的项目参与方,因此复杂建设工程项目组织架构在项目不同实施阶段呈现出多变、各异的特性。海南铺前跨海大桥的前期策划与建设过程中,仅建设单位就变动了三次,即由最初的文昌市发展和改革委员会到之后的海南省交通运输厅,再到最后的海南省交通工程建设局。另外,复杂建设项目涉及的参与方众多,导致组织变动加大,从而加大了项目管理的难度。

(6)项目组织间的信任度。

海南铺前跨海大桥工程的参与单位众多,又分属不同系统、部门,各单位对项目管理的理解和管理方式具有多样性和差异化,因此这些组织间的信任度会影响参建单位之间能否在短时间内尽快相互配合、协同作战。

(7)项目组织间合作意识。

海南铺前跨海大桥的建设过程涉及上百家施工单位、成百上千家材料设备供应商合作共同参与工程项目建设,这些来自不同地区的施工单位或供应商,有着不同的文化和行为模式,使得各参与方具有不同的行为模式和行为偏好。由于项目的一次性特点,很多参与方第一次合作,缺乏必要的了解,这增加了组织管理的难度,从而增加了项目的复杂性。

(8)项目组织文化差异。

复杂建设项目组织文化是指众多的参建主体在工程建设实践中形成的,受到工程建设成员普遍认可、共享和遵循的价值观念、思维模式以及建设实践中的管理方式、员工行为等方面的总和。由于海南铺前跨海大桥工程的参与方众多,导致项目的组织文化差异显著,从而导致项目复杂性加大。

(9)合同关系复杂。

复杂建设项目因参与单位众多,各单位合同关系复杂,致使项目之间的指令关系、任务分工与协作、信息沟通和交流等具有极大的复杂性,从而导致项目复杂性增加。

3. 任务复杂性因素:工作组织问题

在重大基础设施工程建设的长周期内,一方面需要完成由于规模巨大带来的工作量的大量增长,另一方面需要引入更多的专业主体去完成高精尖的技术任务。更重要的是,繁多且技术要求高的各类任务在重大项目的范围内发生"时空耦合"的交互,导致了其任务复杂性的增加。具体来说,建设任务的多样性与关系依赖性构成了重大工程技术复杂性的基本条件,而任务的动态变化更是推波助澜地使其超过了当下的管理能力,加之项目管理方法不适应以及资源获取困难,化解任务的复杂性千难万难。

(1)任务的多样性。

海南铺前跨海大桥工程建设任务的多样性对复杂性的影响主要体现在任务数量众多引起的任务之间的差异性。这种差异性导致管理者针对不同任务需采用不同策略,进而造成项目管理的复杂性。

(2)任务之间的关系依赖性。

海南铺前跨海大桥工程建设系统中数以万计的任务活动涉及多个专业领域且跨度较大,既可能包括工程技术、资金融集、组织管理等方面,又可能包括生态保护、社会安定、能源节约等方面,这些任务之间并不是彼此孤立的,而是有着显性或隐性的多种联系,每一项任务的变化都会受到其他工作任务变化的影响,并引起其他工作任务的相应变化,从而导致项目复杂性的增加。

(3)任务活动的动态变化。

海南铺前跨海大桥项目的各项任务活动始终处于动态变化之中。项目中的构成要素在不断受到外界环境影响的同时,其自身也在不断地发展变化,这种发展变化有时超出了最初的预期而无法控制,增加了项目执行中的不可控性,使项目变得更加复杂,因此任务活动实施过程中的动态变化是项目复杂性的重要影响要素之一。

(4)项目管理方法和工具的不确定性。

海南铺前跨海大桥工程的建设周期近十年,在项目的实施过程中不确定性因素多,导致项目管理方法和工具的不确定性增大,从而增加了项目管理难度。

(5)所需资源与技能的可获得性。

海南铺前跨海大桥工程的建设主体不具备完备的工程资源,工程主体需要首先通过各种方法获取所缺资源,再进行整合。如需要通过创新平台获得原本不具备的工程建设关键技术,再进一步与已有成熟技术进行整合以满足工程建设的技术需求,所需资源与技能的可获得性增加了项目复杂性。

4. 技术复杂性因素:技术创新问题

与任务复杂性类似,由于重大基础设施工程往往为实现更高的创新目标而实现技术跨越,从而导致项目内使用多样且互相依赖融合的各类高难技术。由于此类技术必须采取团队攻坚的方式,导致其技术复杂性进一步增加。

(1)项目中使用技术的多样性。

海南铺前跨海大桥是我国唯一跨越地震活动断层的跨海大桥,它不仅是海南省有史以来投资规模最大、桥塔最高、跨度最长的独塔双索面钢箱梁斜拉桥,也是国内防震、抗风级别最高的跨海大桥,故涉及的技术多样、投入的资源种类众多、产出物的类型也多种多样,从而增加了项目的复杂性。

(2)技术流程的依赖性。

为完成多样性的技术要求以及实现多元目标,技术间的相互融合、互相借鉴就显得尤为重要,而且这种技术交叉尤为频繁,技术流程依赖性增强,技术间的边界变得更为模糊,这些都增加了项目复杂性。

(3)高难技术的风险。

不少建设项目特别是复杂建设项目在实施中会遇到前所未有的技术难题,比如海南铺前跨海大桥中对于跨越地震活动断层与抗风的高等级要求。攻克这些难题不但需要团队协作、技术融合,而且还需要技术的创新。创新活动并不服从确定性的投入产出规律,创新思想的产生因个体、环境、时间地点而异,是在创造性思考过程中突现的结果,这些高难技术的风险会导致项目复杂性的增加。海南铺前跨海大桥的建设十分重视对高难技术风险的突破,这表现在联合同济大学在内的众多科研单位对重点问题提出针对性的解决方案上。

(4)新技术所需要的知识水平。

一项新技术所包含的知识和技能越难以掌握、融合的学科越多,该项技术的复杂性程度就越高。复杂性程度较高的新技术往往不能被某一个专家甚至某一个团队完全掌握,而需要融合不同学科的专家、不同团队的知识和技能,这些都增加了项目复杂性。

5. 环境复杂性因素:自然环境、开放特性与制度环境复杂性

重大基础设施工程所面对的环境复杂性主要分为由自然环境条件引起的复杂性、由政治经济环境变动频繁而导致的复杂性、由外部利益相关者广泛且异质性导致的复杂性以及由我

国"政府-市场"二元体制所代表的制度复杂性。

(1) 自然环境条件所引起的复杂性。

自然气候环境的变化主要包括复杂建设项目所在地的地质、资源、气候等，这些都会影响项目实施的开展，从而影响项目复杂性。复杂建设项目的地质条件复杂，复杂的地质条件不仅造成工程施工困难，而且对工程结构也产生较大影响，同时还会引发工程系统可靠性、稳定性成本、人员安全等一系列新问题，充分体现了复杂系统的"问题倍增"现象。一些复杂建设项目的地理位置较偏僻、交通运输不方便、信息沟通不发达，导致项目管理的复杂性增加。复杂建设项目往往工期要求紧，施工环境复杂，项目规划阶段及勘察设计阶段的质量控制结果间接影响施工阶段质量、进度、成本及安全目标的实现。施工阶段每一施工工序的实施受到紧前工序施工进度状况、项目环境、气候状况等的影响，同时项目在施工过程中环境不确定性因素多、变动大，这些都增加了项目的复杂性。

(2) 政治经济环境变动频繁而导致的复杂性。

政策法规环境的变动主要包括政府对复杂建设项目的支持力度、政策透明度、法律法规完善程度、政策执行程度、知识产权保护程度、税收政策等，这对复杂建设项目的复杂性具有重要的影响作用。市场经济环境的变动主要包括国内外的当前经济形势以及未来几年内的发展走向、利率、税收等因素，这些因素都会增加复杂建设项目管理的难度，从而增加项目复杂性。

(3) 外部利益相关者广泛且异质性导致的复杂性。

复杂建设项目涉及多个外部利益相关者，如拆迁腾地涉及复杂的社会问题，项目实施涉及城市中心区扰民问题，建设过程涉及扬尘、噪声、垃圾等环境污染问题，施工过程涉及保护农民工利益问题，还有反恐、防台风、防汛、人身安全、社会和谐等各类问题。由于涉及以人为本的社会属性，因此增加了项目管理的复杂性。

(4) 我国重大基础设施工程具有"政府-市场"二元的环境复杂性。

重大工程多为公共工程，投资大、影响大、技术复杂，与社会、经济、环境、政治等紧密相关，是一个开放的社会经济系统，涉及历史、环境、制度、政策、个人价值观以及更广泛的社会结构框架。因此，重大工程的战略意义和公共产品属性决定了其治理环境具有一个突出特征，即"政府-市场"二元性。

在政府作用方面，政府在重大工程建设中的角色及重要性是不可取代的，尤其是在基础设施领域，政府必须起到主导作用。在这一背景下，政府对资源的控制、政府的直接干预都会对重大工程的组织模式产生影响。尤其在我国，指挥部等准政府组织仍然是重大工程建设的重要组织模式，在推进工程进度和提高工程效率上具有显著成效。但同时，过度的政府参与也遇到了如权责分配失衡、以权谋私、社会矛盾激化以及寻租等政府作用失灵现象。因此，如何通过制度安排构建重大工程的顶层治理机制、平衡工程效率与抑制行为异化之间的关系，就成了重大工程组织模式设计的关键制度性问题。

在市场作用方面，市场多元化对工程建设企业组织模式、组织资源分配以及组织不同参与方的风险均有直接影响。由于重大工程的规模巨大、技术复杂，需要调用大量的社会资源来完成，又往往具有一次性，因此有研究提出过度的政府参与会降低项目的成功率。基于契约的市场机制被认为是资源高效配置的基础性治理手段，但这一机制同样是复杂的。基于交易成本理论的研究认为，单纯的合同治理（正式治理）无法有效解决重大工程的不确定性问题，会带来项目决策和实施的低效率,基于信任和合作的关系治理(非正式治理)是提高项目绩效的重要中介变量。但是,市场手段在工程组织中的应用必须有相应的配套制度条件来保障,当市场制度环境不完善时,一些大型企业会通过加强内部关系来确保其竞争优势,并可能出现信息不对称、公平失范、寡头垄断和项目低效等市场失灵现象。因此,需要通过组织间良好的治理设计,来构建高效的重大工程组织运作机制,以提高项目的综合绩效。

从重大工程的制度理论视角看,重大工程组织管理需考虑行政、市场以及二者的综合作用的影响,是垂直治理和水平治理的整合。在重大工程治理方面,政府行政性、指令性运作机制在逐渐减弱,市场运作机制在增强,运作机制从政府直接实施、组织、管理,向中央顶层决策、政府行政协调、同时充分运用市场机制转变。

6. 信息复杂性因素:协同组织问题

信息复杂性主要体现在组织协同中,包含信息的不确定性、信息处理水平的差异、信息传递能力的不足、信息获取程度的欠缺等方面。

(1)信息的不确定性。

复杂建设项目具有建设周期长、参与方多、技术工艺复杂等特点,因此在建设过程中会产生大量的不确定性信息,这些都会导致项目复杂性增加。

(2)信息处理水平。

由于复杂建设项目信息涉及面广、周期长,其针对某一事件产生的信息量较之以前有了级数的增长,这就必然加大了信息分析处理的难度。因此,确保指令的快速和通畅、信息的透明和共享、遇突发事件能快速响应和应急处置等加大了项目管理的复杂性。

(3)信息传递能力。

由于复杂建设项目要受到各种外部因素的影响,项目及其任务与外界环境随时进行着物质、能量和信息的交换。项目在实施过程中不断受到外界因素的影响,信息传递能力会影响项目复杂性。

(4)信息获取程度。

从复杂建设项目系统内部来讲,相关信息主要来自建设单位、设计单位、承包单位、施工单位、供应单位及监理单位等;来自可行性研究、设计、招标、施工及运营等各个阶段中的各个环节、各个专业,以及质量控制、成本控制、进度控制、合同管理等各个方面;从复杂项目系统外部来讲,信息主要来自政府、银行、税收、区域环境、社会文化、市场状况等各个方面。信息的获取在时空上具有不一致性,这样就必然加大了信息获取的难度,从而增加了项目复杂性。

(5)信息系统或平台数量。

复杂建设项目的建设是集团军作战,分属不同的系统、不同的单位、不同的部门,项目之间的信息沟通与交流体现出前所未有的复杂性。信息系统或平台越多,使得信息沟通变得更加复杂。

(6)信息系统之间的依赖性。

复杂建设项目的不同参与方之间、不同过程和流程之间的信息依赖度和相关度逐渐增加,从而导致项目复杂性增加。

第二节 复杂性的认识与驾驭

项目管理起源于北极星计划的策划与实施,以往的项目管理在还原论视角下基于各类控制工具的发展而发展。而此类程序性的项目管理方法难以应对重大基础设施工程根植于内核的复杂性带来的实践问题,需要以复杂性管理为核心的针对性解决方案。认识与驾驭重大基础设施工程的复杂性是项目成功的关键。

一、还原论视角下的项目管理

项目管理的技术与方法充斥着各类结构图与表格,彰显出还原论的基本指导思想,即很多项目管理的内容都是把问题分为"集合穷尽且互相排斥"的若干部分,在清楚界定各部分的属性与内容的基础上,分别解决各部分的主要问题。

通过一层一层向下分解,问题的内容与边界越发清晰,得以参与整个问题解决的力量也逐渐增强,但是对于重大基础设施这样具有复杂性的项目来说,传统基于还原论的项目管理方法表现出很大的不适应性。总体来说,还原论视角下的项目管理无法解耦重大工程管理复杂性。

重大基础设施工程的管理中,需要考虑管理环境的各种不可预知的不确定性变化对管理的巨大影响,尤其在管理与环境相互交互耦合的内容上。如果割裂环境与管理的关系,则不能够系统地解决整个问题。

任何具体的管理活动与过程如同一个有人、有物、有事、有关联、有因果、有变化并依时空顺序展开的,相对独立又有整体性与连贯性的故事。大多故事都有背景、情节与情节的发展,即都有情景。越是复杂性问题,它越和情景有着"基因"与"血脉"的关联,越需要人们在问题所处的情景中看问题、想问题、分析问题,找出解决问题的方案,这就要求人们在情景整体性中,通过对情景自上而下和自下而上地分析和汇总才能解决问题,而不能肢解情景,使情景支离破碎,或者让问题与情景分离。

复杂性的特征,如突变、涌现、湮没、演化等的机理非常复杂,究其原因,许多时候都是问题要素之间存在紧密、复杂的显性或隐性关联,各类的机理在时间维度上会发生变化并传导至其他要素,而问题正是这类复杂关联作用造成的。因此,无论在物理层面上还是在逻辑层面上切断这些关联,问题的整体行为的规定性就会受到极大的损害。

如果对于这一类构成要素众多、关联和结构复杂、与环境之间又有着各种相互作用的"复杂性问题",在研究和解决问题过程中运用还原论把整体问题分解为各相互独立的部分,再一步一步单独研究各个部分,这势必就把问题各部分之间的复杂关联与结构切断了,原有的涌现机理也被破坏了,这样即使把每个部分都研究清楚,也解决不了整体性问题。重大基础设施工程的管理需要解决跨领域、跨学科、跨专业的技术、手段和方法。因此,一个能够综合集成、资源齐备、机制有效的整体性解决方案就成为解耦重大基础设施工程复杂性的重要方向。

二、整体论视角下的项目复杂性

与还原论相反的是整体论,整体论认为还原论将系统打碎使其成为组成部分的做法是受限制的,对于高度复杂的系统,这种做法不可行,因此应该以整体的系统论观点来考查事物。比如考查一台复杂的机器,还原论者可能会立即拿起螺丝刀和扳手将机器拆散成几千、几万个零部件,并分别进行考查,这显然耗时费力,效果还不一定理想。整体论者则不采用此种方法,他们采取比较简单的办法,不拆散机器,而是试图启动运行这台机器,输入一些指令性的操作,观察机器的反应,建立起输入-输出之间的联系,这样就能了解整台机器的功能。整体论基本上是功能主义者,他们试图了解的主要是系统的整体功能,但对系统如何实现这些功能并不过分关心。这样做可以将问题简化,但也有可能会丢失比较重要的信息。

整体论还是还原论的争论已经进行多年,最初对于整体论的乐观看法也逐渐归于理性。对于重大基础设施工程来说,采取整体论视角可能会忽视管理过程中的一些重要细节,这样的细节可能会被这个复杂系统放大,从而造成巨大的损失。相比于还原论,整体论所关注的要素变得更少,但是更少的要素是否就真的可以解决系统要素之间的关联问题,这是值得怀疑的。在还原论和整体论都不能完全指导对复杂性的认知和化解的背景下,综合集成方法论应运而生。

三、综合集成方法论视角下的项目复杂性

重大基础设施工程的复杂性需要综合集成的管理能力。综合集成管理的核心在于协调不同专业的要素,以促进协同工作的效率。从管理的本义出发,可以发现其系统科学的本性。进一步分析,重大基础设施工程的管理已进入复杂性管理的范畴内。

1. 协调各类要素以实现目标是管理的本义

人类的工程活动具有改造世界的目的性,如制造、构造或者改造等。为实现人类生产活动的各项目标,"市场"与"组织"两种机制成为必要的协调资源的手段。在一些专家学者的论述中,交易费用最小化驱动了组织的出现,分离了市场与组织两种机制。一般来说,市场机制是经济学的学科基础,而组织机制是管理学的学科基础,即解决组织内部的资源协调与分配以及组织与外部环境(市场)的资源调整过程。从这个视角来看,管理是一种协调、组合、优化各类为完成目标所需的要素的过程。

基于管理的本义进行思考,可清楚地给出管理的核心,即:任何管理活动都有若干部分组成,如管理环境、主体、对象、目标、组织和问题等;这些部分在管理中缺一不可且相互作用与相互依赖;管理的全部意义在于它具有"使生产更为有序和有效"这一特定功能;任何管理活动既是一个完整的整体,又是一个完整的过程。

2. 重大基础设施工程的复杂性需要针对性的复杂的管理

多年来,建设项目的范围与规模越来越大、涉及的要素越来越多、活动内部的关联越来越多元化,人们有了"普通建设项目"与"复杂的重大基础设施建设项目"的抽象感知,进而也开始思考二者管理的差异。

(1)关于重大工程的目标复杂性。

在"复杂的生产"目标理念下,"复杂的管理"目标的顶层设计上需要更多领域、更多层次、更多维度、更多尺度、更多视角地全面思考,需要主体基于复杂思维进行目标的集成与凝练,需要主体掌握更强的目标分解、分析和综合的能力。例如有些目标具有不同的空间和时间尺度,这就要求管理主体考虑是把大空间、大时间尺度压缩至小空间、小时间尺度,或者相反。特别

是在对整个目标群进行综合评价时,如何在不同尺度之间均衡和处理好目标之间的非可加性与冲突性,这些本身就是一个复杂的科学问题。"复杂的管理"目标设计与选择不像传统的结构化的"多目标优化"那样简单。

(2)关于重大工程的组织复杂性。

"复杂的管理"问题类型多而且复杂,并且管理主体常感能力不足甚至欠缺,在实际中很难一次性构建一个管理组织,使其在"复杂的管理"全过程中都拥有对所有管理问题的分析、处理与驾驭能力。相反,这时要管理组织在管理过程中表现出充分的结构"柔性"和行为"适应性",以某种管理"平台"的模式与功能释放方式(包括变动主体构成、改变管理机制与流程)来提高其整体驾驭能力。

(3)关于重大工程的任务与技术复杂性。

在"复杂的管理"中除了一般管理活动中的各类简单性问题外,还出现了一类具有复杂性的管理问题。关于这一点,可以根据生产自身复杂程度与生产环境复杂程度这两个维度对复杂的管理问题进行简略分类。有的问题由于生产和环境复杂程度都不高,属于简单问题,基本上可以运用人们成熟的经验与知识来解决。有的问题由于环境复杂程度较高,因此管理问题将呈现明显的不确定性与动态关联性;有的问题由于生产复杂程度高,生产内部结构复杂,即使生产环境相对简单,也可能出现"规矩的"不确定性与不稳定性问题,而且由于生产内部要素之间的强关联而容易导致要素之间相互影响的隐性传导和演化。但对于这两类在自身复杂程度和环境复杂程度两者中具备一个维度复杂性的问题,总体上仍可以通过制订管理规则并利用成熟经验与知识来解决。但是,对于生产与环境复杂程度都高的某一类问题,如异质主体管理组织平台的设计、深度不确定决策与决策方案的"迭代式"生成方法、复杂性引起的生产风险分析与防范、生产现场多主体协调与多目标综合控制以及生产关键技术创新等,必须根据复杂系统思维才能有效地解决它们。

(4)关于重大工程的环境复杂性。

一些工程的供应链由成百上千的企业组成,而这些企业分布在全国甚至全球范围。有的工程的本体就很巨大,如中国的天然气"西气东输"工程,西起新疆塔里木气田,东至上海市,干线全程超过4000km,这样巨大尺度的空间环境必然会呈现社会、人文、自然形态的多样性并对实际管理活动产生复杂影响。同时,当今我国正经历着历史上最为广泛而深刻的社会变革、进行着全面的实践创新,人们的理念与行为也正在发生空前的变化,这些因素对"复杂的生产"的管理模式、方式与方法创新既提供了平台条件,也提出了更加规范的行为约束要求,如生产的环境责任将越来越成为生产主体的刚性行为。

(5)关于重大工程的信息复杂性。

复杂性问题的解决涉及多个学科和领域的知识,需要多个领域的专家运用多学科、多领域的知识才能解决。但是,根据人的认识规律,管理主体对这类问题的认识必然是一个由不知到知、由知之不多到知之较多、由知之片面到知之全面、由知之肤浅到知之深刻的过程。因此,"复杂的管理"的管理主体对这类问题解决方案的产生将表现为一个不断探索的试错过程。在这一过程中,管理方案通常不是一次优化形成的,而是根据对问题认识的深度和准确度,通过对备选管理方案的多次比对、修正与完善来确定的。

从总体上讲,这是一个由阶段性中间方案沿着一条从比较模糊到比较清晰、比较片面到比较全面、品质较低到品质较高的有序路径,不断迭代、逼近,直至收敛得出最终方案的过程。在复杂性问题解决方案的形成过程中,必然会出现和增加许多新的、复杂的环节与接口,如管理主体之间需要更多的协调与沟通、方案迭代过程中需要有更多的前后完善与比对、保证对不同类型信息的有效融合和对方案形成进行整体(综合成本、时效与品质等)评估与优化等。

四、职能与组织的综合集成

职能与组织的综合集成是重大基础设施工程成功的必要条件。为提升建设单位的集成管理能力,主要特别关注集成的主要内容。作者认为,对于重大基础设施管理来说,集成管理活动的管理职能与管理组织是两个重要的方面。

1. 复杂管理职能体系

复杂管理职能体系是主要职能模块及模块关联形成的架构,主要包括决策模块、总体决策支持模块和总体执行模块三部分,见图2.4。

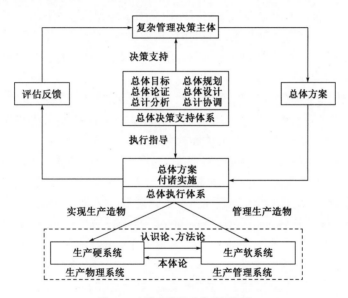

图2.4 复杂职能管理体系架构图

在复杂的生产活动初期,人们首先是产生某种生产的意图,这时有一批人,可能就是产生上述意图的人,也可能是受他人委托,先要在宏观上研究并决定这一生产活动究竟要不要、能不能、在什么地方、在什么时候、怎么开展等,这实际上就开始该复杂生产活动的前期决策,这一批人就是复杂生产的决策人,一般称为复杂生产决策主体体系,简称决策主体。

决策主体的主要任务与职能是要在宏观和全局上明确生产活动的总体规划、目的目标等重要方案的分析与选择,决策主体必须拥有对决策问题做出决定的事权。另外,复杂生产的决策是一项复杂的实践活动。决策主体必须拥有对这些决策问题做出正确、恰当决定的本领与能力,即要求决策主体拥有必要的经验、知识与智慧,这一点与决策主体拥有必要的事权同等重要,否则决策主体即使有了决策权,也可能因为缺失必要的决策知识与专业能力而做出错误的决策。

在实际中,任何个人,其个体的决策水平都是有限的,而复杂生产决策问题太多、太专业,特别是其中有的复杂决策问题,由于其跨专业、跨学科、跨领域的特点,不是某一个个体,也不是某一、两个领域的决策群体所能完成的,需要把一批必要的不同学科、不同专业、不同领域专家组织起来,形成一个具有有效工作机制的专家群体,依靠他们在该机制作用下发挥出集体智慧帮助决策主体完成决策任务。

那么,对于决策主体来说,由一批多领域专家组成了一个总体决策支持体系,他们的主要任务是在决策过程中为决策主体提供必要的智力支持。总体决策支持体系有以下基本职能:

(1)该体系在跨学科、跨专业、跨领域基础上,运用定性、定量、科学实验与计算机模拟等手段与方法,通过分析、实验、建模、仿真、评估与优化方法为决策主体服务,并通过反复比对、逐步迭代逼近,得出备选决策方案供决策主体参考。

(2)该体系在工作中不仅研究、分析复杂生产问题,如生产硬系统的物理结构与功能、生产技术方案、生产经济效益以及生产活动与环境的相互影响等,也研究、分析如何整合和配置生产资源以及如何以较低的成本在较短的时间内高质量地完成生产任务。这就需要该体系在对复杂生产硬系统进行总体规划与论证的同时,也要对复杂管理体制、机制、流程、计划、办法等复杂管理软系统进行总体规划与设计,更要把这两个系统紧密关联、耦合在一起,形成这个整体系统的总体规划、总体认证和整体设计。

(3)如果说,决策主体的资源主要是事权,那么总体决策支持体系的资源主要是多领域专家群体以及由他们所产生、涌现出来的决策智慧,前者保证了决策活动的权威性,而后者则保证了决策方案的科学性。在总体决策支持体系的支持下,决策主体最终形成了关于复杂生产的整套决策方案,随后,将要由一个总体执行体系部门将这套方案付诸实施。其中,决策主体关于生产硬系统总体结构、功能、技术等的决策方案将由总体执行体系组织生产活动主体(施工单位、供应商等)形成现实生产能力和完整的造物功能;决策主体关于管理软系统总体体制、机制、战略规划、协调方法等则由总体执行体系(或者他们的代理人)形成现实管理能力与管理过程。如果把后者(软系统)理解为复杂生产管理体系,前者(硬系统)理解为复杂生产管理对象,它们之间的集成与耦合就组合成为完整的复杂生产活动。这样,从复杂生产活动的全过程而言,决策主体体系、总体决策支持体系与总体执行体系的全部活动都包括在复杂生产管理活动范畴之内,并以这三部分管理活动为基础形成了复杂生产整体管理活动。为方便起见,决策体系与总体决策支持体系的活动称为复杂生产决策活动。综上分析,得到如图2.5所示的复杂管理职能体系架构图。

2. 复杂管理组织平台体系

明确了复杂管理的整体活动,自然要有实施这些活动的主体和由主体群构成的管理组织。那么,复杂管理活动中的管理组织形态会有哪些新的特点呢?在一般管理活动中,因为管理活动比较简单,人们只要根据管理任务的需要,对管理组织进行岗位设计,确定每个岗位的职能以及相应的运行机制,就完成了一个结构固化的管理组织,这样的"刚性"管理组织在全部管理的所有过程中一般能够具备所有必要的管理能力。

但是,面对复杂管理活动中的各类复杂性问题,已经不是一个这样的"刚性"管理组织能

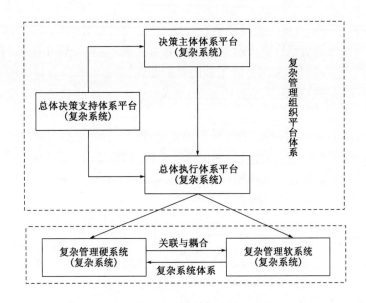

图2.5　复杂管理职能体系架构图

够完成所有的任务,而是需要管理组织设计者特别是有序主体根据复杂性问题的内容动态地变更和优化组织主体群中的单元主体、重构管理组织结构与运行机制,这充分反映了复杂管理的组织功能主要已不是直接为解决复杂性问题提供具体的方法和方案,而是以其柔性与自适应性能力来提供形成解决方法与方案的环境与条件,再由相应的环境与条件"涌现"出不同的功能来,这实际上是复杂管理组织平台的思想。"平台"一词借喻计算机科学,如软件开发平台、运行平台等,它主要指一种环境和条件。有了平台便可以支撑、扩展和重构新的功能,复杂管理组织模式需要的正是这样一个平台。依据此认知原则,复杂管理的组织体系模式的本质是一种管理平台设计,具体地说,就是选择和优化平台主体要素、制订平台相应的机制与流程,以保证平台涌现出必要的能力。

第三节　建设单位的集成能力

一、建设单位是重大基础设施工程的总集成者

将重大基础设施工程的管理作为一类复杂性管理的典型来看,其管理职能体系与组织平台体系均需要在系统性视角下进行综合集成管理。作为整个重大基础设施构想提出、前期决策、实施控制、运营维护的全生命周期的核心主体,建设单位对于这类复杂性管理的认识与驾驭能力就成为重大基础设施工程成功的核心。

考虑到建设单位在整个重大基础设施工程的全生命周期的重要地位,由其作为核心主体对整个工程进行综合集成,担任重大工程的总集成者就非常有必要。建设单位的总集成地位表现在以下方面。

(1)建设单位负责项目构想推进、前期决策与落地实施,是重大基础设施工程的总决策与

总策划者。

在海南铺前跨海大桥的全生命周期中,项目的全过程决策虽然根据不同阶段的需求进行了适应性演变,但这样的演变恰恰体现出了建设单位在整个项目决策中的核心地位。

(2)建设单位负责项目各分部分项工程的目标管理,是重大基础设施工程总计划者。

建设单位是重大基础设施工程的需求单位,负责项目的投资、质量与进度等方方面面。

(3)建设单位负责项目的过程控制,是重大基础设施工程的总控制者、总管理者。

从整个重大基础设施工程的管理控制权角度来说,建设单位与各单位签订合同确定权责利关系,是整个项目层面具有最大控制与管理权限的单位,在整个项目的社会网络中具有最大的中心度,是项目的总控制与总管理者。

一方面,建设单位通过自身的组织结构设计与管理职能分配,对整个重大基础设施工程实施总体控制。建设单位拥有总体控制的需要、权力与权能。在海南铺前跨海大桥的建设过程中,海南省交通运输厅、海南交通工程建设管理局等在整个大桥的总体控制中起到了关键的作用。另一方面,建设单位通过制订各类相关的管理制度,对项目实施总体管理。

(4)建设单位负责项目的沟通、协作与协同,是重大基础设施工程总组织者、总协调者。建设单位不仅对上负责与政府部门之间的协调,还对下负责各种利益相关方之间的沟通协调,是项目建设的总组织者和总协调者。

二、建设单位的管理普遍存在局限性

分析我国重大工程建设行业的体制演变,从行业整体上看,建设单位在整个项目的综合集成能力方面尚有所欠缺,对重大工程复杂性的认识与驾驭能力存在不足。

1949年以来,重大工程一直在中国的经济和社会发展中处于关键地位,但受到政治和经济体制改革的外部情境影响,其治理机制一直在不断演化。我国重大工程治理模式是随经济体制改革而变迁的,从1949年到现在,中国经历了计划经济、体制转轨和社会主义市场经济初期3个阶段,不同阶段对应了不同的政府投资项目管理模式。

1949—1978年是中国的计划经济时期,实行计划经济体制。中华人民共和国成立后,由于自身技术体系和工业体系存在着结构缺陷和规模限制,中国借助苏联援助进行了156项工业和国防的重大工程建设,这些项目以苏联模式为蓝本,建立了政府主导的建设模式,利用"集中力量办大事"的计划管理办法保障"计划体制的工业革命"。20世纪60年代后,中国开展以"三线"建设为代表的有组织、有计划和有规模的国防、科技、工业和交通基本建设,主要管理组织模式是"基本建设指挥部"模式。在这一时期,重大工程建设仍然采用由中央政府直接主持、中央财务拨款以及倾全国之力进行的国家集中开发和管理体制。

1978年以来,中国通过改革开放,建立起社会主义市场经济体制。国务院在总结过去历史经验教训的基础上做出了一系列关于基本建设管理体制改革的决定。1982年的鲁布革工程中,中国首次利用世界银行贷款进行建设,率先采用招标承包和以建设单位为中心的项目管理模式,并取得了投资省、工期短、质量好等效果。鲁布革工程的成功拉开了我国工程管理模式改革的序幕。1984年9月,国务院印发《国务院关于改革建筑业和基本建设管理体制若干问题的暂行规定》,明确指出各部门、各地区都要组建若干个具有法人地位、独立经营、自负盈亏的工程承包公司,并使之逐步成为组织项目建设的主要形式。1988年,国务院颁布《关于投资管理体制的近期改革方案》,将拨款改为基金并通过新成立的六大投资公司投放。1992年,党的十四大召开,决定建立社会主义市场经济体制,明确了企业作为投资主体的改革方向。在此背景下,重大工程的管理体制开始了一系列改革,如项目经理负责制(1983年)、招标投标制(1985年)、建设监理制(1988年)、建设单位责任制(1992年)、项目法人制(1996年)、合同法(1999年)和重大项目稽查制(2000年)等法律和制度相继推行。因此,在1979—2003年的20余年间,重大工程的投资管理体制和治理模式开始探索由政府直接投资和管理转变为投资主体多元化、资金来源多渠道、投资方式多样化和建设实施市场化的新模式,中国工程治理制度日益丰富和规范化,这标志着中国重大工程治理模式处于"行政-市场"二元共同作用状态,政府和市场共同治理呈现一定程度上的均衡。

2004年,《国务院关于投资体制改革的决定》印发,强调在国家宏观调控下充分发挥市场配置资源的基础性作用,确立企业在投资活动中的主体地位、规范政府投资行为等,并推行代建制,引入社会资本,试行特许经营。2014年颁布的《国务院关于创新重点领域投融资机制鼓励社会投资的指导意见》要求建立健全政府和社会资本合作(Public-Private-Partnerships,PPP)机制,这标志着中国重大工程项目PPP时代的到来。2016年发布的《中共中央 国务院关于深化投融资体制改革的意见》提出着力推进供给侧结构性改革,充分发挥市场在资源配置中的决定性作用和更好地发挥政府作用。至此,中国重大工程"行政-市场"二元作用机制向纵深方向发展,市场将起到越来越重要的作用。

图2.6对中国不同历史时期的工程治理体制及重要制度进行了梳理总结,可见中国重大工程治理的外部制度环境变迁具有以下特征:

(1)制度情境的特殊性。

中国重大工程治理机制具有历史特殊性,也具有独特优势,和欧美国家有着根本性的区别。随着社会经济变化,过去几十年的成功经验无法再简单复制,而需要立足中国国情进行突破性创新和改革。

(2)制度体系的路径依赖性。

中国重大工程投融资和管理制度脱胎于苏联体制特别是"斯大林模式",在很大程度上决定了其具有强烈的路径依赖性。从长周期看,重大工程投融资模式和治理体制一直以来"锁定"在政府财政发挥主导作用的"源初环境",具有一定的路径依赖性和制度惯性。受此制约,虽然中国近几年改革力度不断加大,但政府和市场的关系改革依然未达到预期,社会资本"挤出效应"和"国进民退"的问题依然普遍存在。

(3)制度的阶段跃迁性。

改革一直是中国经济和社会发展的根本动力,在重大工程领域同样如此。外部社会和经济体制的重大改革、重大典型事件和标志性工程的最佳实践等往往成为制度突变性跃迁的诱因。例如,供给侧改革对PPP的推动以及"4万亿计划"对基础设施投资的刺激等。

(4)制度体系的成熟度及差异性。

任何新制度体系的成熟都有一个过程,甚至是相当漫长的过程。

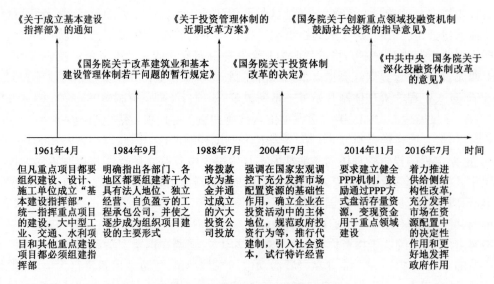

图 2.6 中国不同历史时期工程治理体制

通过分析我国建设项目投资体制的变迁，目前我国重大基础设施工程的建设总体来说还处于向更开放的市场机制转轨的过程中，建设单位往往在整合项目的综合集成能力方面存在不足与局限性，提升与之相关的能力具有必要性和紧迫性。

三、国际与国内形成提升工程集成能力的共识

工程建设过程的集成、建设单位整合能力提升已经成为当前国际、国内工程建设领域发展的重要趋势。

1. 全过程工程咨询：代表建设单位利益的管理集成

建设单位是重大基础设施工程的总集成者，是整个项目在组织、管理、控制、协调等方面具有最高的权力。但是，一方面由于我国市场机制发展不成熟，作为建设投资主体的建设单位在重大工程的整体综合集成能力方面存在一定的欠缺；另一方面，通常而言，政府部门的建设单位也没有必要采用自建力量的方式来进行公共产品的提供。所以，对于重大基础设施工程来说，建设单位的整合集成能力不足是最大的短板，全过程工程咨询服务是当下通过代表建设单位利益的管理集成进而实现工程绩效提升的最重要方式，也是在当下的技术与组织条件下的现实途径。

2. 工程总承包（EPC）：聚焦于设计与施工的乙方集成

工程总承包是指工程公司受建设单位委托，按照合同约定对工程建设项目的设计、采购、施工、试运行等实行全过程或若干阶段的承包。通常 EPC 公司在总价合同条件下，对其所承包工程的质量、安全、费用和进度进行负责。工程总承包模式实现了设计、采购与施工过程的集成。

3. 集成项目交付（IPD）：聚焦于工程项目的甲乙双方集成

当前，IPD 的研究已经成为国际上工程管理研究的热点之一，这种模式更进一步，实现了建设项目最基本的两大参与方——建设单位（甲方）与实施单位（主要包括设计、施工等乙方单位）之间的集成。IPD 是一种整合体系、人力、实践和企业结构为一个统一过程，通过协作平

台充分利用所有参与方的见解和才能,通过设计、建造以及运营各阶段的共同努力,使建设项目结果最佳化、效益最大化,增加建设单位的价值、减少浪费的项目交付模式。根据 IPD 的定义可知,IPD 主要涵盖了四方面思想:集成的思想,即集成了人、各系统、业务结构和实践经验,促进工程建设一体化;合作的思想,即组建了一个基于信任、协作和信息共享的项目团队,使各参与方风险共担、收益共享;全生命周期的思想,即参与各方可在各阶段共享知识;精益的思想,即最大限度地减少返工和浪费、降低成本以及缩短工期,达到最优项目目标。

在 IPD 模式中,包括项目的初期规划设计、施工建造再到最终的项目竣工交付,建设单位、设计院和施工单位、分包商等参与方通过实现高效地协作,进而达到项目目标的整体实现。

IPD 模式的特征有以下几个方面:

(1) 参与方早期介入。

IPD 模式要求建设项目的主要参与方在项目前期尽早地参与到项目中,能在项目初期把各自的知识和经验充分运用到建设项目中。项目参与方尽早参与,一方面可减少错误在整个项目过程中各阶段的发生概率,另一方面还可以将项目的整体执行效率提高。在建设项目的前期,主要项目参与方的经验、社会关系和知识等都是项目实施的重要资源,可以为项目的顺利起步和成功实现提供有力保障。

(2) 团队合作。

IPD 模式要求,项目所有参与方在建设项目的全生命周期内能够密切地合作,将共同制订的项目目标完成,并努力促使项目收益达到最大化。与传统的项目交付模式相比,IPD 最大的不同点便是试图在建设单位、设计单位、施工单位和其他项目参与方之间搭建起一种密切合作关系。通过这种合作关系的构建,能够使项目各方利益趋于一致,进而降低甚至消除建设项目的风险,而不像传统交付模式一样致力于如何将项目风险转移。

(3) 各参与方拥有共同利益。

在 IPD 模式中,项目各参与方被要求早期介入项目并进行相互合作,因此利润分配机制必须随之形成,将项目整体的利润分配机制与项目各参与方对项目的贡献值相联系匹配,这样可以使项目的成功与每个参与方各自的成功有机统一。

IPD 的概念体现出建设行业对于建设方、设计方与施工方整体集成的兴趣。但是由于目前协调与管理能力的不足,以及各方利益分配与风险分担的制度缺失,国内真正采取 IPD 模式进行建设的重大基础设施项目并不多。

第四节 传统咨询服务对提升建设单位集成能力的局限性

由于建设单位的集成整合能力十分重要但尚存在一定程度的欠缺,因此工程咨询服务就被寄希望于提升建设单位的集成整合能力。本节主要讨论国际与国内的咨询行业发展,解答如下问题:传统碎片化服务情境下,我国的咨询行业是否能够有效提升重大基础设施工程建设单位的整合集成能力,持续输出人才且为整合行业的知识与经验积累贡献力量。

一、国际工程咨询行业发展的启示

从国际工程咨询行业的发展来说,其体现了帮助建设单位提升其综合集成能力的特性。

1. 国际工程咨询行业概况

工程咨询诞生于18世纪末至19世纪初的第一次工业革命，它是近代工业化进程下的产物。19世纪初期，工程师一般受聘于政府部门和工厂企业，从事工业生产、工程设计和施工管理。19世纪上半叶开始，随着西方国家工业革命和社会经济技术的发展，一部分工程师从建筑工程建设中脱离出来，凭着自身的专业技能和丰富经验，提供建筑工程咨询服务。

随着从事工程咨询人员的增多，建筑领域开始出现行会组织。1818年，英国建筑师约翰·斯梅顿组织成立了第一个土木工程师学会。1852年，美国建筑师学会成立。参加这些学会的土木工程师和建筑师，虽然没有冠名为咨询工程师，但他们从事的却是工程咨询性质的业务。1904年，丹麦成立了国家咨询工程师协会。随后，美国、英国、比利时、法国、瑞士等国家也相继成立工程咨询协会，这表明工程咨询作为一个独立行业已经在欧美一些国家形成。1913年，国际咨询工程师联合会成立，由此标志着工程咨询作为一个独立行业，已经在世界范围内形成。

由上述分析可知，国际工程咨询业的发展大致经历了四个阶段：个体咨询阶段、合伙咨询阶段、综合咨询阶段、全球一体化咨询阶段。

（1）个体咨询阶段。在19世纪，土木工程师和建筑师独立承担从建筑工程建设中分离出来的技术咨询，这一时期的工程咨询活动带有分散性、随机性、经验性的特点。代表性事件是19世纪90年代由美国建筑师梅斯丁成立的土木工程协会独立承担土木工程技术业务咨询。

（2）合伙咨询阶段。工程咨询已从建筑业扩展到工业、农业、交通等行业领域，咨询形式也由个体独立咨询发展到合伙人公司，技术咨询水平进一步提高。20世纪，个体咨询逐步消失，咨询单位形式也由个人咨询转向合伙咨询。

（3）综合咨询阶段。工程咨询业又发生了三个变化，即从专业咨询发展到综合咨询，从工程技术咨询发展到战略咨询，从国内咨询发展到国际咨询。同时，出现了一批著名的工程咨询公司，如福陆公司、柏克德公司（Bechtel）、奥雅纳工程顾问公司（ARUP）、艾奕康公司（AECOM）等。

（4）全球一体化咨询阶段。20世纪50年代信息技术的产生和发展掀起了第三次产业革命的热潮，促进了工程咨询业的进一步演进，各行各业使用工程咨询服务越来越普遍，使得工程咨询业在数量和规模上均出现了新的飞跃。此外，经济发展突破民族经济和地缘经济的概念而变得日趋国际化，工程咨询服务也逐步走向国际化。随着国际经济技术交流与合作不断加强，发展中国家的工程咨询业也迅速崛起。

不同于国内咨询企业多以专业咨询模块进行业务区分，国外并没有把咨询业务人为分割，而是建设单位根据项目特点选择合适的咨询公司参与阶段性或全过程的工程咨询。随着项目规模增大、技术复杂程度上升、项目参与主体增多以及项目管理越来越精细化，全过程工程咨询业务在市场竞争中自发形成。从事全过程工程咨询的服务机构往往通过兼并重组等方式，拓展业务范围、延长产业链、满足客户多样化的需求。一些技术实力雄厚的公司逐渐转型为国际工程公司，它们既可以为客户提供工程咨询、工程项目管理，也可以提供设计、采购、施工服务，甚至是项目总承包服务。

同时，国外工程咨询的市场化程度高，政府对咨询市场的管理主要通过行业协会进行自律性管理，行业协会在行业中具有很大声望和权威，例如国际咨询工程师联合会（FIDIC）、美国建筑师联合会(AIA)等,它们一方面代表咨询机构和咨询者个人利益,负责与政府和有关团体联系,另一方面又负责把政府的法律法规、政策变成具体的制度、方法和标准。在市场准入方面,国外对咨询市场的管理主要体现在对个人执业的管理,而对企业的准入一般不设置门槛。例如,在美国,工程咨询师可由建筑师、土木工程师和有注册执照的营造商担任,也可以是注册的咨询工程师,但是都必须有注册执业资格。在项目管理取费上,有的国家通过制定条例等方式形成一定的取费标准,服务范围也涵盖了项目的全过程。例如,德国的咨询工程师对项目管理的取费主要依据《建筑师和工程师咨询服务收费条例》(HOAI),该条例由建筑师和工程师协会制定,并经过政府认可。

由于各国的法律体系和市场环境不同,全过程的运作模式表现出一定的差异。德国自1996年以后,设计类任务和项目控制类任务逐渐分开,HOAI(2009年版)不再把项目控制和项目管理作为建筑师和工程师酬金的有关任务。目前,建设单位主要和承担全过程工程咨询的联合体或合作体签约(由设计和管理咨询组成),或是建设单位分别和承担全过程工程咨询的设计企业和项目管理咨询企业签约。美国是建筑管理(CM)模式的发源地,也是成功应用建筑管理模式的典范。在美国建筑市场上,针对项目规模的大小、复杂程度、建造模式等因素,建设单位决定是否聘请工程咨询单位以及委托的服务范围。美国的小项目一般不聘请咨询单位,大的复杂项目经常采用CM模式。CM模式下,CM公司承担了全过程工程咨询中的大部分工作内容,同时还为建设单位提供一些管理增值服务,例如通过自身在施工和管理方面的丰富经验加快工程建设进度、帮助建设单位缩短工期等。

2. 欧美国家的工程咨询业

本部分将以美国与英国的咨询服务业为主,对比分析整个国际工程咨询行业的发展情况。

(1)美国的咨询服务业。

美国咨询业十分发达,其咨询营业额占全球咨询市场的比重很大。美国工程咨询业针对客户的经营环境日趋复杂多变且存在着管理水平低、人员素质低、技术人员和管理人员缺乏等问题,依靠自身对问题专业化研究的优势和长期咨询服务积累的丰富经验,为客户提供具有独立性和客观性的建议,同时可为企业提供专项研究方案、专门技术以及新的管理方法、经营经验等。美国的咨询业注重服务的策略性与实用性,成为美国企业越来越依赖的重要智力支持力量。

在美国,一般将工程建设领域分为两个行业:一个是工程施工行业;另一个是将项目施工以外的所有环节都划归为工程咨询服务行业。美国工程咨询业具有以下特点:

①政府扶持力度大。美国政府十分重视工程咨询业的市场需求,其主要做法是:帮助咨询公司打开业务渠道,充分保证咨询公司的业务来源;在咨询公司的管理方面,政府除了从税收、保险等方面通过经济手段加以调控外,还从审计等方面进行严格管理;美国政府提倡用外脑、政府部门及企业习惯找咨询公司为其服务,咨询项目在招标的基础上公开竞争。此外,为鼓励咨询业发展,政府还采取将企业的咨询费用可计入成本的方式来刺激企业的对咨询的需求。

②私有化程度高。从美国工程咨询业的发展规律来看,咨询业的主要动力是具有"企业性质"的民间咨询机构介入,它们直接接受市场的考验,并将成为国家咨询产业的主要力量。例如,美国80%的咨询公司具有私营企业性质,它们一般不隶属于政府部门或企业单位,而是独立地选择或承担咨询项目,客观、中立地开展咨询业务,为企业提供具有"高附加值"的咨询服务。

③具有完善的服务体系。美国工程咨询业的构成比较合理,既有世界一流的大型咨询公

司,又有众多专业分工非常细的小型咨询公司,已经形成了市场运作规范、专业化程度高、收费合理、相对稳定的服务体系。

④完善的人才资源管理机制。美国工程咨询业在人力资源的建设与开发方面也有许多成熟的做法。例如严格的资格认证制度,人力资源的目标管理制度,为专业人员营造的客观性、公正性和科学性工作氛围,强调遵守其职业道德,以及设立相对独立的项目进度及质量的审查小组等。另外,通过采用激励机制、约束机制与良好文化氛围的互相作用方式,使得美国咨询业在人力资源管理方面的机制更加完善。

(2)英国的咨询服务业。

英国咨询业历史悠久、经验丰富,服务范围大致可分为工程咨询以及产品、技术、经营管理咨询两大类。目前,全英国有900余家工程咨询公司,涵盖90多个专业,分别从事着工程咨询全过程的各项服务。英国工程咨询主体包括咨询工程公司、咨询合伙人公司和独立咨询工程师。主要的大中型咨询工程公司有近300家,在设计和项目管理方面有着丰富的实践经验和人力资源,客户群也比较广泛。咨询合伙人公司一般是由多名有经验的和有资质的工程师合作经营的咨询实体,他们的客户大多来自当地或英国国家范围内,客户群相对稳定。独立咨询工程师是即将退休或已退休的、有着丰富咨询经验的工程师,他们多是在项目中以顾问或第三方咨询工程师的身份出现。

从咨询的业务权重来看,土木工程设计、房屋建筑设计、基础工程设计、路桥设计、现场勘查、渠务工程设计、水处理系统设计、防洪工程设计、交通规划、施工安全咨询和铁路设计等业务占了整个英国咨询业务的75%,其余的25%包括电力系统设计、隧道工程、防火工程、石油管道工程和防震工程等。有时在建设单位委托下,咨询服务业也涉及工程项目管理或施工过程中的监理。

由于英国国内咨询市场已被充分开发,咨询主体的利润率已被压缩到1%~3%,近年来,一些颇具规模的咨询公司已把业务重点放到远东环太平洋地区和中东的迪拜,中国市场也是他们争夺的重中之重。

(3)其他发达国家的咨询服务业。

德国、法国两国工程咨询业都有着悠久的历史,在本国和世界多数国家的建设活动中起着重要作用。目前,这两个国家的咨询机构规模呈两极分布状态,以大型或小型公司发展。日本咨询业虽在20世纪60年代才兴起,但目前已进入稳步发展的阶段,日本政府成立了日本海外工程咨询公司协会,着力开拓海外咨询业务。此外,其他一些欧洲国家以及澳大利亚也都拥有实力强劲的工程咨询行业,并积极参与国际市场竞争。

3. 国际工程咨询企业的类型和特点

在国际工程咨询市场上,工程咨询企业大体上有下列三种类型。

(1)专门的工程咨询机构,如独立的顾问公司、工程咨询公司等。

(2)工程咨询和工程设计二者兼营的咨询设计机构。这类咨询机构既承担项目前期工作,又承担项目设计和有关技术文件的编制,包括完整的分段深度设计图纸和相应的方案资料,还可提供现场设计服务和项目监理。

(3)集咨询、设计、采购、建设于一体的工程公司。其服务范围包括项目建设的全过程,即从项目投资前期工作开始直至建成投产(或交付使用)为止,也就是所谓的"交钥匙"方式。这也是一段时期内国际建筑市场上受推崇和应用较多的方式。国际工程咨询企业,特别是大型工程咨询企业,具有规模特大、经验丰富、跨国性的特点。经营和发展模式为利用金融手段进行企业兼并和重组;吸收多国人才,全球布点,构建网络型组织,开展多种国际合作模式,实现全球化服务;提供全生命周期咨询服务,系统性问题一站式整合服务;提供综合性很强的多元化服务,涵盖各种类型工程的咨询服务,包括房屋建筑、工业建设、基础设施(公路、铁路、地铁、航道等)、建筑设备、环境工程和水务工程等;拥有国际著名的规划和建筑设计团队;拥有一批设计、施工和工程管理经验非常丰富的咨询工程师。

4. 国际工程咨询业的发展趋势

通过对比分析,可以发现国际工程咨询行业内在发展的规律如下。

(1)开拓更广泛的专业咨询服务。为了生存与发展,一些国际咨询工程师将业务重点转向专业咨询业务,并努力开拓更广泛的专业咨询领域。国际咨询工程师常以专业咨询服务为先导,以此进入新的咨询服务市场,并在专业咨询服务基础上进一步开辟全方位、全过程的工程咨询服务。

(2)加强与当地咨询工程师的合作。在许多国家,由于地方保护政策的原因,外国咨询工程师一般很难单独被委托从事项目的咨询服务工作。即使在国外咨询工程师可以自由地从事咨询业务的地区,也经常遇到外汇的短缺和对可汇兑货币的汇款限额问题,对外国咨询业进入当地造成一定困难。所以,目前国际咨询工程师常常采取与当地的咨询工程师合作、合资经营的方式承担项目的咨询服务工作,或是为当地的咨询工程师或建设单位提供各专业的技术专家来进行技术服务。

5. 国际工程咨询行业的全过程服务

由于国际工程咨询行业的发展,全过程工程咨询的模式自然形成,具体来说主要是采购模式、运作模式、取费标准、服务范围与建筑师职责等方面。

(1)国外全过程工程咨询服务的采购模式。

创建于1911年的美国工程公司协会(American Council of Engineering Companies,ACEC)原名美国工程咨询协会,是美国最大的工程咨询行业协会,由52个州和地区协会组成,协会聘用的专业咨询员工总数有60多万人。美国工程咨询协会推动美国国会众议院在1972年通过了著名的布鲁克斯建筑师-工程师法案(The Federal Brooks Architect-Engineer Act),对美国工程咨询业的稳定发展起到了法律保障作用。该法案规定,联邦政府的工程咨询服务采购必须采用以服务质量为基础的选择法(Qualifications-Based Selection),而不采用以价格为唯一衡量标准的竞争招标法(Competitive Bidding)。所以,目前美国联邦政府对工程咨询服务的采购模式,一般采用需要综合考虑工程咨询公司服务质量和所报价格的QCBS(Quality and Cost-Based Selection)法或者以工程咨询服务质量为唯一标准而较少考虑价格的QBS(Quality-Based Selection)法。联邦政府相关部门对工程咨询服务的采购模式进行了大量研究后,认为以价格作为唯一衡量标准的采购模式不适用于工程服务采购领域,也是非常容易理解的。因为相对于整个项目建设总造价,一般工程咨询服务的费用占比不大,且在具体工作内容、范围以及工作量上不易确定,没有必要在工程服务价格上锱铢必较而降低工程咨询服务公司的服务质量。所以,美国的绝大多数州都采用了布鲁克斯法案采购模式。美国律师协会编制了一个工程服务采购合同范本,很多地方政府采用该工程服务采购合同范本进行合同的签订。

(2)国外全过程工程咨询服务的运作模式。

值得关注的是,工程咨询公司的全过程工程咨询服务模式需要与施工单位的工程总承包模式互相配合,才能相得益彰。美国1972年通过的布鲁克斯法案也对联邦政府基础设施建造模式作了规定,主要的建造采购模式为DBB(Design-Bid-Build)。在DBB模式下,需要建设单位介入非常多的管理职能,联邦政府的建造管理费用也大幅增加。因此,美国1996年发布的《联邦采购条例》开始允许联邦政府公共部门可以采用DB(Design-Build)模式进行公共设施建造采购。相对于DBB模式,DB模式下的建设单位需要介入的管理职能要更少。DB模式类似于我国目前推广的工程总承包模式。不同的工程项目建设模式,造就了美国不同的全过程工程咨询服务的运作模式。目前,美国工程项目建设模式主要可以分为DBB、DB、CM(Construction-Management)三种模式。在非住宅市场中,三种模式在1990年的比例为72:15:13,在2000年为54:35:10,到2015年已经变成了40:50:10。美国DB建设模式的快速发展,对我国建设模式的发展也有很大的启发。

当建设单位采用DBB模式时,设计师根据与建设单位的合同约定,对设计进行自我监管。建筑方案初步设计得到建设单位认可后,设计方会指派资深建筑师担任项目经理,协调深化设计和施工图设计。在招标阶段,设计项目经理会协助建设单位完成招标,招标书由施工图、技术说明(Specification)和招标书组成,设计项目经理也会对投标单位的价格进行分析并提供建议。在施工阶段,设计项目经理需要定期对施工进行质量观察(Observation),审阅(Review)施工方的施工图设计和所使用的材料是否符合原定的设计要求。需要特别指出的是,设计项目经理对施工质量是观察(Observation)而不是监管(Administration)。设计项目经理是不常驻施工现场的,比如会两周去施工现场观察1次,每次2h。建设单位有时也会聘用另外的工程咨询公司进行施工质量监管(Administration)。这种情况对设计会有一定的监督作用,便于分清设计单位与施工单位各自的责任界限。DBB模式下的建筑师角色,与国内目前对建筑师在全过程工程咨询服务中担任的角色预期有所不同。

当建设单位采用DB模式时,设计方和建造方是一个整体团队,团队的负责人一般由建造方担任。在这种模式下,设计和施工的管理主要依靠DB承包人自身的内部控制,对DB承包人本身的服务质量有较高的要求;建设单位也会雇佣另外的工程咨询公司进行设计或施工质量的监管,但不常见。美国大型工程咨询公司除了有设计和工程管理等工程咨询服务业务外,也都有建造施工业务,因此工程咨询公司需要从满足顾客需要和市场趋势的角度来配置自己的业务模块。在DB模式下,建设单位也会只让承包人承担一定比例的设计任务,而非全部承担设计工作。比如除了概念设计、初步设计会由建设单位找另外的设计单位设计外,也有在DB合同中建设单位直接指定设计单位的情况。

一般来说,建设单位采用CM模式的主要原因是项目规模较大导致工期较长或者单纯为了缩短工期,此时项目需要分阶段发包,边设计边施工。CM管理分为代理型建设管理(Agency CM)和风险型建设管理(At-Risk CM)两种。这两种模式的核心区别在于项目CM公司与建设单位的合同中是否包含施工承包工作。在代理型建设管理模式下,工程咨询公司仅提供人员,为建设单位提供工程咨询服务并收取工程咨询服务费;建设单位需要与施工单位等签订另外的合同。代理型建设管理模式对工程咨询公司的设计管理能力有非常高的要求。而在风险型建设管理模式下,CM 公司签订的合同中不仅包含工程服务内容,还包含施工承包内容。CM 公司选择施工分包时,需要得到建设单位的确认,这是与 DB 模式中施工总承包的不同点。由于 CM 公司介入项目比较早,施工内容无法确定,所以施工费用也无法具体确定,但在建设单位与 CM 公司的合同中会有一个包括工程服务费和施工费用的总价(Guaranteed Maximum Price,GMP)。如果最终实际发生总费用超出 GMP,超出的部分需要由 CM 公司承担;如果最终实际总费用不超出 GMP 且有结余,则根据合同约定,结余归建设单位所有或建设单位与 CM 单位共同享有。可以看出,上述模式下,CM 公司承担较大风险,风险型建设管理名副其实。这种模式有利于承包人加强工程项目的投资和成本控制。

(3)国外全过程工程咨询服务的费用标准。

美国的工程咨询服务费用标准常用的一般有两种。一种是项目固定工程咨询服务总价。这种费用标准方式适用于工程咨询服务内容比较明确的情况,如果服务过程中出现合同中没有的工作内容,工程咨询公司需要额外收费。另一种是以工程咨询公司工程师每小时雇佣成本的 2.5~3 倍作为工程咨询公司的收费标准,具体工作内容由双方协商确定。

德国工程师协会法定计费委员会(AHO)制定的《建筑师与工程师服务费法定标准》也是德国国家标准,此标准将工程项目全过程划分为 9 个阶段,对各阶段的工程咨询服务内容都有详细的规定,并且规定了相应的基本服务费用标准和相应的酬金分布比例。

国外全过程工程咨询服务模式的流程、采购模式、运作模式和费用标准,有很多地方值得我国目前在大力发展全过程工程咨询服务模式时借鉴学习并结合国情加以运用。国外全过程工程咨询服务的发展经验表明,任何一家致力于发展全过程工程咨询服务的公司,都必须有一套自己的管理体系来控制项目工作,必须制订项目各项工作的程序文件,并且只有靠规范化的管理系统来管理各项目,工程咨询公司才能得到规模化发展。全过程工程咨询服务公司的项目工程服务必须制度化、程序化、标准化和模块化,才能应对市场的竞争和顾客的需求。

(4)国内外建筑设计服务范围的比较。

通常,国际通行的建筑设计咨询服务程序一般可划分为建筑策划、建筑设计、招投标、施工监理与运营维护五阶段。

国际上,建筑设计公司(事务所)通常可以向建设单位提供从建筑策划至设计全程(含策划、方案、扩初、招标图乃至施工图等)、招投标、施工监理等"一条龙"的全过程工程咨询服务,也可以根据建设单位需要,提供一个或数个阶段的"菜单式"咨询,如拿地策划、设计方案、施工图设计等单项服务,而我国的设计单位(院、所)只能提供图纸设计,这种现状已不能满足建设单位对工程建设组织方式的多样化需求,应该予以改革。

(5)建筑师责任的界定。

UIA 国际建协政策推荐导则中对建筑师职业责任的界定为:"包括提供城镇规划,以及一栋或一群建筑的设计、建造、扩建、保护、重建或改建等方面的服务。这些专业性服务包括(但不限于):规划、土地使用规划、城市设计、前期研究、设计任务书、设计、模型、图纸、说明书及技术文件,对其他专业(咨询顾问工程师、城市规划师、景观建筑师和其他专业咨询顾问师等)编制的技术文件作应有的适当协调,以及提供建筑经济、合同管理、施工监督与项目管理等服务。"由此看来,提供设计全程服务是国际化建筑师的天然职责,而其中的项目前期研究及全程业务是我国建筑师职业实践的短板。

6. 国际工程咨询的发展总结

20多年来,国际上尤其是工业发达国家在工程建设领域产生了一种区别于设计院和监理公司的新的公司类型,即国际工程顾问公司。正是工程顾问公司的出现和它所取得的成就促使中国开始推进全过程工程咨询。那么,国际通行的全过程工程咨询是如何定义的呢?以瑞典的 SWECO 公司为例,它是全球知名的国际工程顾问公司之一,其对全过程工程咨询概念的理解是提供全生命周期的工程顾问服务,以满足建设单位的需求。具体涵盖五方面内容:①前期研究和设计,包括项目定义、方案设计、编制功能描述书、可行性研究、投资规划;②项目管理,包括项目集成管理、设计管理、项目管理、财务法务管理支持;③工程设计领域,包括技术规格说明、设计、详细设计、施工图、工程概预算;④工程施工领域,包括监督、工料测量、施工管理、(项目总承包)合同管理;⑤资产管理,包括运维方案、监控、设施管理、样品测量、数据整理。

AECOM也是全球知名的国际咨询公司,是提供专业技术和管理服务的全球集团。近年来,AECOM在中国很多大型项目上都发挥了重要作用。AECOM公司的命名自有深意,其中A代表建筑设计(Architecture);E代表工程(Engineering);C代表咨询(Consulting);O代表运营(Operation);M代表维护(Maintenance)。所以,究其根本,AECOM与SWECO对全过程工程咨询概念的理解是一致的,即全生命周期的工程顾问。

作者对国际全过程工程咨询公司(提供全生命周期的工程顾问服务)的特征进行了分析,得到了10个共性特征:

①规模特大、经验丰富、跨国性工程顾问公司;

②经营和发展模式为利用金融手段进行企业兼并和重组;

③大型工程顾问公司吸收多国人才,全球布点,构建网络型组织,开展多种国际合作模式,实现全球化服务;

④以可持续建设指导工程顾问,积极开展创新研发;

⑤提供全过程工程咨询服务;

⑥拥有国际著名的规划和建筑设计团队;

⑦提供综合性很强的多元化服务,包括各种类型工程的顾问服务(房屋建筑、工业建设以及公路、铁路、地铁、航道等基础设施)、建筑设备、环境工程和水务工程等;

⑧提供以设计为主体的工程顾问服务;

⑨拥有一批设计、施工和工程管理经验非常丰富的顾问工程师;

⑩采用系统性、一站式整合的新服务模式。

这10个特征也可从侧面诠释全过程工程咨询公司的发展方向。

二、我国工程咨询行业的条块分割特征

工程咨询行业是为建设项目的建设单位提供立项研究、设计招标、施工监理等服务的知识集约型产业,属于现代经济活动中咨询业的一部分。我国工程咨询行业的最高权威是中国咨询工程师协会,国际最高权威机构为国际咨询工程师联合会(FIDIC)。工程咨询行业由具有法人地位的有能力、有资格向项目建设单位提供立项、设计、概算及监理服务的工程咨询公司组成。

中华人民共和国成立以来,我国工程咨询业从无到有、由小到大,取得了长足的发展。随着改革开放的深入和社会主义市场经济体制的确立,工程咨询产业化、工程咨询单位市场化步伐明显加快,行业规模显著扩大,人员素质不断提高,服务质量和水平稳步提升。总结中国工程咨询业发展历程,大致可以分为四个阶段:萌芽阶段、起步阶段、与国际接轨阶段和快速发展阶段。

随着建筑业的快速发展,传统的工程咨询模式已不能满足我国建筑行业持续健康发展的要求。发展国际通行的全过程工程咨询既是适应建筑行业发展的需要,也是"一带一路"建设的要求。全过程工程咨询本质属于工程咨询的范畴,是贯穿项目全生命周期的咨询服务。实际上,我国的工程咨询业务在计划经济时代就已经存在,随着市场经济的发展,全过程工程咨询这一成熟的国际通行模式将成为工程咨询行业发展的必然趋势。

1. 中华人民共和国成立初期:萌芽与起步阶段

"一五"期间,我国工程咨询业初步萌芽,当时我国的投资决策体制沿用苏联的模式,采用"方案研究""建设建议书""技术经济分析"等类似可行性研究的方法,取得了较好的效果,并由此成立了一批工程设计院,由这些设计院担任大量的工程设计及项目前期工作。但当时的咨询工作都是在政府指令性计划下完成的,服务内容和服务形式与现代化的咨询服务在深度和广度上均有所差异。

我国真正意义上的工程咨询业始于20世纪80年代初期,工程咨询业务大部分属于工程前期项目咨询,机构大体上可分为两个部分——绝大部分是当时计划经济体制下诞生的勘察设计单位,以及依托各级计经委等政府部门或建设银行等金融机构而成立的各类工程咨询服务公司。1992年中国工程咨询协会的成立及1994年《工程咨询业管理暂行办法》的颁布标志着我国工程咨询行业正式形成,国家产业政策也明确把工程咨询纳入服务业。然而,此时从事战略性规划和工程项目后评价等业务的工程咨询机构比较少,工程咨询主业仍局限于前期论证和评估咨询,综合性工程咨询公司极少,而工程勘察设计单位的业务范围还是以工程勘察设计为主。

2. 20世纪90年代之前:建设单位自管模式

20世纪90年代中期之前,受世行援助项目"鲁布革冲击"的影响,我国开始在工程项目中逐渐推行与国际接轨的四项重要制度,即项目法人负责制、招标投标制、工程监理制和合同管理制。由此,我国逐步确立了建设单位的项目法人地位,项目法人对项目投资、立项、设计、招标、造价、施工管理、竣工验收等全过程负责。在1996年强制推行工程监理制度之前,一个工程项目除了将投资咨询、勘察设计委托给咨询和勘察设计单位承担外,项目的招标、造价及项目管理一般都是建设单位的内部职能——这可以权且称之为"建设单位自管"模式。

3. 20世纪90年代:工程咨询业开始规范化发展

中华人民共和国成立初期,我国工程建设主要沿用苏联模式,基本是由建设主管部门直接成立建设管理团队负责完成项目前期的调研、论证、筹划、准备工作,只有少数项目的部分前期工作由勘察设计单位来承担。这成为我国工程咨询业服务体系的雏形。

1982年,原国家计委组建中国国际工程咨询公司,并于1983年2月正式颁布了《关于建设项目进行可行性研究的试行管理办法》,把可行性研究正式纳入工程建设基本程序中,并对可行性研究相关内容作了详细规定。随后由计委归口管理的41家省级工程咨询公司相继成立。1985年,我国又决定对项目实行"先评估、后决策"的制度,规定大中型重点建设项目和限额以上技术改造项目都必须经过有资格的咨询公司的评估。这一时期,承担工程咨询服务的主要有勘察设计单位和工程咨询服务公司两类企业,主要承担政府工程项目前期可行性研究、建设方案论证和技术经济评估等工作。

进入20世纪90年代,我国工程咨询行业正式确立并进入规范化发展时期。1992年,国家产业政策明确把工程咨询纳入服务业,标志着我国工程咨询行业正式确立。1994年,《工程咨询业管理暂行办法》颁布,工程招投标制度和建设监理制度的逐步推行和完善,工程监理、造价咨询、技术顾问等各种不同专业的中介服务组织应运而生,中国的工程咨询市场也日益扩大。但是,这一时期的工程咨询行业的市场认可度较低,业务主要是针对国家重点项目、政府投资项目和外资投资项目,工程咨询市场还没有实现真正意义上的市场化运作。

随着1996年中国工程咨询协会代表我国工程咨询业加入国际咨询工程师联合会(FIDIC)和2001年我国加入世界贸易组织(WTO),我国政府机构改革、科研设计单位全面转制,在此契机下,国内各类工程咨询单位也进行了与政府机构的脱钩改制工作,工程咨询市场进一步开放。与此同时,国外工程咨询机构也开始大力开拓中国市场,在中国设立办事处或公司。此外,国内工程咨询企业也开始尝试进入国际市场,我国工程咨询业进入了全面迎接国际竞争的时代。

此阶段工程咨询的一个突出特征是"碎片化"的服务模式。1988年我国开始试点监理制,1996年正式颁布《工程建设监理规定》,实行强制性监理制度。初期,监理职责曾体现出全过程项目管理的特点,即"三控制、两管理、一协调",初衷是希望在一定程度上代行"建设单位自管"职能。后来实施中,一方面由于没有坚持国际通行的以设计为主导,使得监理企业技术含量及权威性不足,另一方面由于后来推行造价咨询、招标代理制度,使监理的投资控制和项目管理职能被削弱,逐步导致监理形同虚设,演变成甲方的"质量员""安全员",设计单位也只是"画图的",造成了工程咨询服务的制度性分割——这被专业人士称为工程咨询服务"碎片化"模式。

大量"碎片化"模式的案例研究证明,在此模式下,描述标的物的"项目定义文件"由设计、招标代理、造价咨询等机构分别完成,建设意图由各家"分体式"表述,使得工程项目从源头上就存在大量的"错、漏、碰、缺",必然造成后期变更增多、工期延误、建筑品质降低等各种弊端。同时,五方乃至七方责任主体对工程共同负责却难以追责,造成建设单位疲于协调,各干系方内耗加大,项目利益受损。这种"碎片化"模式已进入到发展的瓶颈期,受到行业的诟病。

4.21世纪初:加快培育项目管理咨询服务

随着市场经济的发展和改革开放的深入,我国工程咨询行业取得了一定的进步,但同时也暴露出一些问题,如咨询业务各模块分割,企业数量多、综合实力强的企业稀少,行业集中度低、缺乏国际竞争力,行业整体认知度低等。针对这些问题,国家和地方政府对工程咨询行业加强引导并加快培养工程项目管理咨询服务。

2002年,我国第一版《建设工程项目管理规范》出台。2003年,建设部提出开展对工程项目的组织实施进行全过程或若干阶段的管理和服务的思路,在《关于培育发展工程总承包和工程项目管理企业的指导意见》中明确了工程项目管理的基本概念和主要方式。2004年,原建设部在《关于印发〈建设工程项目管理试行办法〉的通知》中对工程项目管理业务范围作出了明确划分，分别列举了工程项目管理在前期策划、项目设计、施工前准备、施工、竣工验收和保修各个阶段的具体工作，大力鼓励具有工程勘察、设计、施工、监理资质的企业，通过建立与工程项目管理业务相适应的组织机构、项目管理体系开展相应的工程项目管理业务。

2016年发布的《关于进一步推进工程总承包发展的若干意见》中明确提到，在工程总承包项目上应加强全过程的项目管理，建设单位可以自行对项目进行管理，也可以委托项目管理单位对建设项目进行全过程管理。

在地方，上海发布了《关于进一步加强本市建设工程项目管理服务的通知》，江苏省在《关于推进工程建设全过程项目管理咨询服务的指导意见》中提倡培养全过程项目管理咨询服务企业，为建设单位的项目管理提供咨询。

中国工程咨询协会启动了《工程咨询单位资格认定实施办法》的修订工作。2002年，人事部、国家计委决定对长期从事工程咨询工作、具有较高知识技术水平和丰富实践经验的人员，进行注册咨询工程师（投资）执业资格的认定工作。2005年，国家发展和改革委员会颁布实施《工程咨询单位资格认定办法》，并首次将工程咨询单位资格认定纳入行政许可。2008年，国务院正式明确了"指导工程咨询业发展"是国家发展和改革委员会的主要职能之一，在历史上首次明确中国工程咨询业的归口管理部门。随后，国家发展和改革委员会编制印发了第一个工程咨询业发展纲要——《工程咨询业2010—2015年发展规划纲要》。由此，标志着一个法律法规、运行制度日益完善的行业发展态势和政府指导、行业自律、市场运作的工程咨询市场正在形成。2010年，国际咨询工程师联合会和中国工程咨询协会共同正式启动了FIDIC工程师培训和认证试点工作，进一步加快了我国工程咨询行业的国际化进程。2012年，工程咨询行业成为国家鼓励类产业目录并被列入《服务业发展"十二五"规划》，并于2016年列入《中华人民共和国国民经济和社会发展第十三个五年规划纲要》加快发展的生产性服务业。2016年，中国工程咨询协会出台了《工程咨询业2016—2020年发展规划》，分析了我国工程咨询行业发展状况和面临形势，提出了工程咨询行业发展的总体要求、具体内容和政策措施建议。2017年，国务院《关于促进建筑业持续健康发展的意见》提出，完善工程建设组织模式，培育全过程工程咨询。鼓励投资咨询、勘察、设计、监理、招标代理、造价等企业采取联合经营、并购重组等方式发展全过程工程咨询，培育一批具有国际水平的全过程工程咨询企业。2017年，国家发展和改革委员会颁布《工程咨询行业管理办法》，取消行政许可和准入门槛。行业管理由行政许可模式转为政府监管、行业自律、企业自主的管理模式，由静态管理转为动态管理，由事前许可管理转为事中事后监督管理。

此外，一批涉及工程咨询行业管理、市场准入、市场监管、质量控制的规范性文件陆续出台，各项鼓励支持工程咨询业发展的政策措施进一步落实，使工程咨询的行业认知度有效提升，行业自律管理与服务有效加强，行业发展环境持续优化。

5. 2017年以来：全过程工程咨询落地生根

2017年以来，国家和地方陆续出台了关于推动全过程工程咨询的相关政策和制度并在全国开展试点，标志着这一国际成熟的建设模式已在中国落地生根。推行全过程工程咨询是深化工程建设项目组织实施方式改革、提高工程建设管理水平、提升行业集中度、保证工程质量和投资效益、规范建筑市场秩序的重要措施。鼓励发展全过程工程咨询是对工程建设全过程项目管理理念的深化,也将促进我国工程咨询行业的转型升级。勘察设计企业将借此转型升级、增强综合实力、加快与国际建设管理服务方式接轨。

2017年2月,《国务院办公厅关于促进建筑业持续健康发展的意见》明确提出"培育全过程工程咨询",鼓励投资咨询、勘察、设计、监理等企业采取联合经营、并购重组等方式发展全过程工程咨询,培育一批具有国际水平的全过程工程咨询企业。同时,要求政府投资工程带头推行全过程工程咨询,并鼓励非政府投资项目和民用建筑项目积极参与。

2017年5月,《住房城乡建设部关于开展全过程工程咨询试点工作的通知》发布,选择北京、上海、江苏、浙江、福建、湖南、广东、四川8省(市)以及40家企业开展全过程工程咨询试点,试点期为两年,探索全过程工程咨询管理制度和组织模式,为全面开展全过程工程咨询积累经验。随后,浙江、广东、福建等地积极响应,出台开展全过程工程咨询的试点工作通知,对全过程工程咨询的范围、资质要求、委托方式、收费标准和制度完善都提出了要求。

《工程勘察设计行业"十三五"规划》为不同规模和实力的勘察设计企业转型提供全过程工程咨询服务给出了方向和建议:大型企业向工程公司或工程顾问咨询公司发展;中小型企业向具有较强专业技术优势的专业公司发展;有条件的企业以设计和研发为基础、以自身专利及专有技术为优势,拓展装备制造、设备成套、项目运营维护等相关业务。

发展全过程工程咨询是国家宏观政策的价值导向,是工程咨询行业几十年积淀的必然发展要求,也是市场选择的结果,更是建筑业发展不可阻挡的必然趋势。全过程工程咨询服务试点推广,目的是深化工程建设组织管理模式改革,提升我国工程咨询行业"供给侧"的内在素质,让咨询回归咨询的本质,与国际模式接轨,参与"一带一路"建设。

6. 我国工程咨询行业的现状简析

传统建设工程的目标、计划、控制都以参与单位个体为主要对象,项目管理的阶段性和局部性割裂了项目的内在联系,导致项目管理存在明显的管理弊端,这种模式已经与国际主流的建设管理模式脱轨。"专而不全""多小散"企业的参与,通常会导致项目信息流通的断裂和信息孤岛现象,致使整个建设项目缺少统一的计划和控制系统,建设单位无法得到完备的服务。

现阶段建设工程普遍具有规模化、群体化和复杂化等特征,而通常不具备项目管理能力的建设单位必须参与建设过程,并需要承担许多管理工作和由此带来的责任风险,大量成本、时间和精力将被消耗在各种界面沟通和工作协调上,甚至会出现众多参建方相互制衡和各项管理目标失控等复杂情况。虽然随着市场的演变逐步发展出了类似"代建整合+专业服务"的管理模式,但从客观的角度来看,以代建方为主附带其他单项或多项的服务模式依旧没有从根本上解决传统建设模式之间分散和割裂的固有缺陷,这也导致建筑服务市场长期处在"小、散、乱、差"的窘境之中。

如果按照资质认定的不同管理部门进行划分,我国工程咨询企业主要分为两大类别。一类是由国家发展和改革委员会颁发工程咨询资质的企业或事业单位,主要为投资项目开展前期论证、评估等提供咨询服务,从业人员以注册咨询工程师(投资)为准入资格,此类称之为工程咨询(投资)机构。另一类是由住房和城乡建设部等其他政府部门颁发资质的工程咨询机构。其中包括投资建设项目的勘察设计、工程监理、工程造价咨询及工程招标代理等,从业人员也分别设置了相应的准入资格,如注册建筑师、注册结构工程师、注册监理工程师、注册造价工程师等。

如果按照工程咨询机构的性质和服务阶段划分,我国工程咨询机构主要由三类构成。第一类为综合性工程咨询机构,主管部门为各地发展改革部门,承接业务范围涵盖投资建设项目的前期决策、勘察设计及实施阶段的咨询服务。其中,服务内容以项目前期决策咨询为主,项目实施阶段咨询为辅。第二类为各行业的研究院、设计院以及咨询机构等,主管部门为国家各行业管理部门,承接业务范围涵盖从勘察设计到实施阶段的咨询服务。第三类为企业性质的工程咨询机构,企业规模通常为中小型,承接业务范围涵盖投资建设项目的前期决策、勘察设计及实施阶段的咨询服务。该类工程咨询机构普遍具有相对科学的企业管理体制、运营体制和高效的员工激励机制,具有较为广阔的成长和发展空间,未来发展趋势良好。

伴随着我国经济的快速发展、固定资产投资规模的不断扩大,我国工程咨询行业发展迅速,主要呈现以下特点和发展趋势:

(1)行业实力明显增强。我国咨询行业规模稳步扩大,可持续发展的人才队伍日益壮大,具有国际竞争力的工程咨询公司(集团)不断增加,工程咨询单位体制机制改革创新力度不断加大,工程咨询行业差异竞争、优势互补、协调共进的多元化发展格局逐步形成。截至2015年底,全行业年营业收入超过3万亿元,20家工程咨询企业进入"工程新闻记录(ENR)"全球工程设计公司150强,同时有21家工程咨询企业进入国际工程设计公司225强。

(2)市场化进程显著加快。2017年7月17日,国家发展和改革委员会投资司发布《工程咨询行业管理办法(征求意见稿)》,该意见中不再提"工程咨询单位应取得工程咨询单位资格证书,在认定的专业和服务范围内开展工程咨询业务"等条款,工程设计、工程监理等也从咨询业务范围中去除。此外,2017年9月,国务院印发《关于取消一批行政许可事项的决定》,该决定中也取消了工程咨询单位资格认可行政许可事项,放开工程咨询市场准入。由此,工程咨询行业的市场化、产业化进程进一步加快,并进一步激发了工程咨询单位及市场的活力,从而可以更好地为经济社会发展服务。

(3)业务范围有待充实。受我国特殊国情影响,我国工程咨询服务在长期的建设过程中逐渐形成了分阶段分部门的特点。根据项目的建设过程,工程咨询业服务的过程大体上可分为项目建设前期的策划、项目的可行性研究、勘察设计、招标和评标服务、合同谈判服务、施工管理(监理)、生产准备、调试验收与总结评价等。现阶段工程咨询单位主要集中在投资策划与可行性研究阶段,设计阶段还没有成形的咨询服务,而施工阶段由监理公司来承担建设项目的质量和工期的监督管理工作,造价环节由造价咨询公司来进行,其他阶段由其他单位完成工程咨询单位的工作分开开展,由此很难实现全过程的控制与管理。

与发达国家相比,我国工程咨询业起步较晚、基础薄弱,整体发展水平与经济社会发展的要求并不完全适应,制约行业发展的问题相对比较突出。我国工程咨询业面临如下问题:

(1)行业法律法规不健全。现有法规尚未形成体系,工程咨询的法律地位和法律责任没有得到明确界定。

(2)行业多头管理、政出多门,缺乏对全行业的统一指导。

(3)全社会对工程咨询认识不足。工程咨询概念模糊,与国际通行的"为投资建设提供全过程服务"理念存在差异。各类投资主体的咨询意识普遍淡薄,并且行业的社会认知度不高。

(4)行业发展的政策环境不够理想。收费结构不合理,对行业发展起引导、保障和扶持作用的相关政策缺位。

(5)市场发育尚不健全。市场分裂割据,行政干预与地方保护现象较多,市场机制难以有效发挥作用,无序竞争现象严重。

(6)缺乏统一的行业自律管理组织,行业自律管理与服务不完善。

(7)工程咨询单位自身建设的力度有待加强。创新动力不足,咨询服务质量有待提高,高素质人才匮乏,管理体制及运行机制不灵活,信息化建设滞后,国际化水平低。

7. 工程咨询业存在的差距

(1)认知方面的差距。

工程咨询行业目前主要的咨询业务还是一些国家投资项目和外资项目,对于国家投资项目由于投资体制的改革,在审批、基建程序上要求需要通过工程咨询提供可行性研究报告,对工程建设需要进行监理、造价、招标等一系列工程咨询工作,因而产生了工程咨询服务市场。初始市场的诞生来源于政策强制性要求而不是单纯的市场需求,许多咨询公司提供的咨询服务不是很严格的从专业上为项目法人单位把关,而是为了完成某种程序,因此一些可行性报告变成了可批性报告,影响了工程咨询的声誉。大部分的投资主体仍然没有意识到工程咨询的重要性。而一些外资投资项目,则由于对国内工程咨询公司的不信任而聘用国外的咨询公司。由于对工程咨询业缺少深入系统的研究和必要的传播,工程咨询业没有树立起应有的地位和形象,因此中国工程咨询业还没有得到社会各界的普遍认可。

(2)服务范围和质量方面的差距。

中国工程咨询业现阶段的主要工作还是一些单项的工作,如为项目的前期准备工作服务、建设阶段的施工监理等,工程项目全过程管理等工作尚未普遍开展,还缺乏提供全面工程技术服务的专业能力,工程咨询人员普遍缺少项目统筹管理和经济、商务、法律方面的系统知识和综合协调管理能力,导致在项目总体规划、全过程综合管理、市场调研、经济评价、风险分析等工作上仍有不足,影响项目咨询的整体性和科学性。

(3)咨询单位体制上的差距。

按照市场经济原理和国际惯例,工程咨询单位是提供专业技术服务的独立市场主体,即其客观独立性是第一属性,是科学、公正的基础和首要条件。纵观各国情况,一般都没有管理工程咨询的行政机关部门,而是通过法制来规范市场,借助自律性的行业协会来约束咨询工程师自身和整个行业的市场行为。中国的情况则不然,专业咨询公司、综合性咨询公司、监理公司等分属不同的部门管理,作为中介服务的工程咨询业不仅直接由行政机关部门来管理,而且目前还处于政出多门、管理多头、条块分割的状况。国际上工程咨询公司不论规模大小、实力强弱,都是独立的市场主体,既不属于行政机关部门也不依附于其他经济实体,不与承包人、制造商有利益关系,以其独立性、公正性享誉社会。

目前我国绝大多数工程咨询单位业务主要来源于国内市场,综合性工程咨询单位营业额与世界发达国家仍有差距。工程咨询的管理体制和机制还不完全适应形势发展的需要,工程咨询队伍的知识结构还存在缺陷,咨询的理念、理论和方法还不够先进,咨询深度和质量还存在一些不足。

(4)规模较小。

与国际水平相比,我国工程咨询业的发展还处在初级阶段,在国际市场上竞争力较弱。我国工程咨询占国际工程咨询市场的份额还不足1%,技术水平和服务质量也远不能适应我国现代化建设和市场经济改革的需要。

(5) 从业人员不能满足要求。

咨询业属于智力服务业,与其他产业的主要区别在于它的成果是在从业人员的知识、经验和智力中产生,因此从业人员的素质极为重要。这不仅要求从业人员有较高水准的专业知识,还要通晓有关法律、心理、社会及相关科学知识,要有较强的语言表达能力、敏锐的思维能力等,除此之外,还要勇于承担法律和社会责任。国外对工程咨询执业人员管理较严,从事工程咨询工作的人必须具有执业资格注册证书。

(6) 对工程咨询业的认识不足。

由于投资体制缺陷,部分项目的建设单位对工程咨询认识不足,有的本不想聘请工程咨询单位,只是迫于国家要求"不得已而为之";有的请工程咨询单位是为了项目包装,编制"可批性"研究报告。上述认识和做法严重损害了工程咨询业的独立性、公正性、科学性。

三、全过程工程咨询是提升建设单位综合集成能力的有效途径

发达国家工程咨询业的发展已有一百多年的历史,经过不断地改进与完善,已经形成了规范化的市场环境。国外先进的工程咨询公司依靠自身良好的经营模式与网络、高素质的专家队伍、有效的管理手段垄断了工程咨询业的国际市场。近几年,我国工程咨询业的发展虽然取得了不小的进步,但整个行业发展仍然处在初级阶段,与国外工程咨询业相比还存在很大差距。主要表现在表 2.2 中的几个方面。

国内外工程咨询比较 表 2.2

比较项	国　　内	国　　外
经营规模	规模较小,服务产品单一	规模较大,服务产品多样化
发展模式	以企业自主规模壮大为主	利用金融手段进行企业兼并与重组
服务内容	传统管理咨询为主	管理咨询+技术咨询
服务能力	碎片化服务为主,提供全生命周期咨询服务能力弱	提供全生命周期咨询服务
咨询手段	高科技、新技术、信息化手段应用程度低	高科技、新技术、信息化手段应用程度高
队伍建设	缺少复合型优秀咨询工程师	拥有一批设计、施工和工程管理经验非常丰富的咨询工程师
创新能力	缺乏产品研发与创新能力	以可持续建设指导工程咨询服务,积极开展创新研发
跨行业能力	单一行业服务特征明显,跨行业服务能力差	综合性很强的多元化服务,包括工程类型的咨询服务
国际化程度	国内为主,国际化程度低	全球布点,国际合作,全球化服务
其他	熟悉国情,了解国内政策及市场行情,更容易沟通协调,同时具有更多国内资源,能帮助建设单位解决更多问题	新的服务模式,即系统性问题一站式整合服务

可以看出,我国勘察设计、施工监理、造价、招标代理、设备监理等,同属于工程咨询范畴,但却由多头主管,组织管理碎片化。多头主管、管理内容重复交叉,导致工程咨询服务产业链条松散化和碎片化。理论上,解决松散化和碎片化的关键是整体治理。工程管理是一个整体性的、持续的、动态的过程。根据整体性治理理论,对于碎片化问题要进行有机协调和整合,不断从分散走向集中,从部分走向整体,从破碎走向整合,协调、整合、逐渐紧密与相互涉入,为工程建设单位提供无缝隙且非分离的整体型服务。

第五节　全过程工程咨询"成建制"提升建设单位集成能力

通过与国际工程咨询行业的对比,我国工程咨询行业呈现出分散的特征,不能有效提升建设单位的综合集成能力,从而未能提供相应的功能。本节采用系统视角,分析全过程工程咨询对建设单位整合能力的"成建制"提升方面的优势。

一、"成建制"的人才团队

大量的建设单位并没有持续的建设任务,因此为了一次性的项目建设配备强大的项目管理队伍往往是低效率的。根据以往的工程实践,建设单位会具有一定的管理能力,但是这样的管理亦不具备独立完成重大基础设施工程建设管理的程度。同时,考虑到重大基础设施工程的建设单位一般为政府部门或事业单位,在建立适应性的建设单位管理团队方面存在一定的限制。全过程工程咨询服务模式可以有效地解决建设单位人才团队不足的问题。

全过程工程咨询团队可以按照建设单位的要求进行专业管理团队的配置。如果建设单位能够提供较为全面的设计管理与项目管理团队,则全过程工程咨询团队将主要的工作重点放在项目整体的咨询决策上;如果建设单位不能或无法提供相应的管理力量,那么全过程工程咨询团队将以整体且系统的项目各专业团队配置完成建设单位管理能力的构建,从而"成建制"提升建设单位的管理能力。

二、"成建制"的专业水平

重大基础设施工程是一类规模特大、工期长达数十年、投资超过十亿元的工程项目,这样的项目会对所处的广泛区域或者整个国家的经济造成较大的影响。所以,重大工程一定是一类项目间差异特别巨大,且建设机会可遇不可求的工程项目。这一特点直接影响了建设单位在建设自有项目管理力量的必要性与有效性。

在自行管理的模式下,建设单位需要针对项目特征配备一个成熟项目管理团队,建设单位可能在很长一段时间内只负责建设一个超大型基础设施工程。在项目结束之后,项目管理团队一般会随之解散,建设单位通过整个过程培养的团队有时就这样浪费掉了。有的建设单位在某个重大项目开展之前以及在项目结束之后的很长一段时期内,都没有能够应用从此重大工程中积累的经验与技术的环境。跳跃式的知识与经验积累都影响了自建管理力量的有效性。

而全过程工程咨询单位可以在整个重大基础设施工程建设的行业内承接各种各样的重大

基础设施工程,降低了全过程工程咨询单位构建相应代表建设单位利益的管理单位的边际成本。同时,可以预见全过程工程咨询单位的各专业工程师在大量项目中也能够持续地积累丰富的隐性实战经验,并应用在不同的重大工程的建设过程中去。

三、"成建制"的组织体系

在重大基础设施建设的过程中,建设单位作为利益相关者构成的社会网络中的核心成员,几乎所有单位都要统一归口到建设单位来获得相应的授权以完成专业领域的相应工作,这大幅提升了建设单位管理复杂性,造成了建设单位管理的繁重与无效。而全过程工程咨询服务的实施,优化了组织体系,给建设单位的管理减压,如图2.7所示。

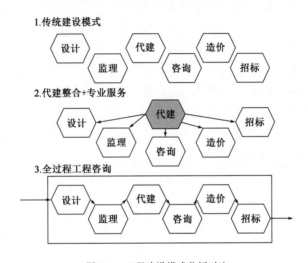

图 2.7 工程建设模式分析对比

四、"成建制"的统一主体

一般来说,可以将项目分为决策阶段、设计阶段、实施阶段、竣工阶段与投入使用阶段。在项目的全生命周期中,决策阶段的管理是前期开发管理,设计、实施与竣工阶段的管理是项目管理,投入使用阶段的管理是设施管理。具体划分如图2.8所示。

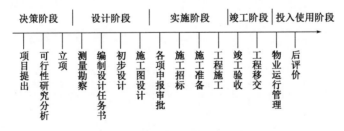

图 2.8 项目全生命周期的阶段划分

项目管理通常关注的是前期开发管理与项目管理,即项目从决策阶段到投入使用这段时间。人为划分项目的各个阶段一方面确实帮助了项目的管理与控制,但是也造成了生硬的阶段割裂。决策主体、设计主体、实施主体以及工程最终用户在各个阶段间一般会发生动态变化,有时甚至一个阶段内也会发生数次更改,这无形中就造成了阶段之间的信息传递压力,损害了工程整体优化的能力。

除了造成信息传递的压力之外,阶段分割所造成的参建单位变化与参建人员的调整也会对重大基础设施的整体运筹造成一定的影响,尤其蕴含在参建单位与参建人员围绕重大工程所积累的各种隐性知识与经验,会在这个过程中损失殆尽。

此外,由于项目管理的核心在于对决策阶段与实施阶段的关注,所以运营阶段的管理被认为是项目管理之外的内容。尽管近年来经常提到的概念是运维导向的项目管理,但是对于运维的"重维护、轻运营"问题仍然突出。这就造成了在前期阶段未能完全考虑运维的需要而进行设计与使用,割裂了项目迈向更为优化的方案的能力。

全过程工程咨询单位以单一主体连接项目的全生命周期,形成了"一个核心＋多个串口"的连续性服务模式,有助于构建一个能够帮助建设单位在项目整体层面考虑的参与主体,体现真正的"全生命周期管理"。

综上所述,在重大基础设施工程领域,全过程工程咨询的应用是转变建筑业经济增长方式的需要,是促进工程建设实施组织方式变革的需要,是政府职能转变的需要,是提升项目投资决策科学性、提高投资效益和确保工程质量的需要,是实现工程咨询类企业转型升级的需要,是推进工程咨询行业国际化发展战略的需要。

第三章

全过程工程咨询的政策环境

全过程工程咨询在国内的提出和推广都有较为明显的政府驱动特征。对这样一个新的制度来说，国家或省市地区层面的政策文件是最实际、最重要的理论指导。全过程工程咨询政策的出台离不开全过程工程咨询理论的相关研究，而政策在执行过程中的实际情况又会影响全过程工程咨询理论的修正。因此，对全过程工程咨询相关政策进行全面剖析、解读，不仅对建设项目实施全过程工程咨询模式有着极大的指导，对全过程工程咨询理论体系的进一步研究与完善也起到了指导作用。

第一节　全过程工程咨询政策基本情况

本节是对全过程工程咨询相关政策的梳理与初步剖析。首先从时间、空间两个维度对国家级、省市级各部门出台的政策进行整理，得出相应文件清单；之后对政策时间、政策内容进行初步分析，确定了全过程工程咨询政策的演变过程。

一、全过程工程咨询政策的时序梳理

通过作者对国家级、省级、市级等各级政府职能部门从2017年起出台的全过程工程咨询的政策进行分析、整理，得出了部分全过程工程咨询政策的时序总结示意图，如图3.1所示。

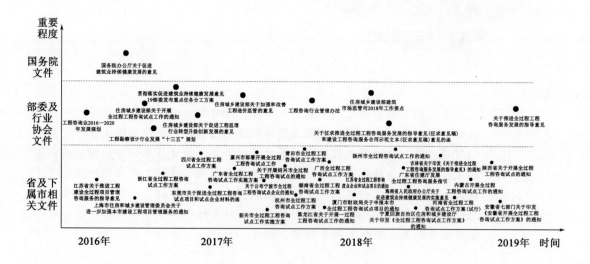

图3.1　全过程工程咨询政策时序图

将各级行政部门出台的全过程工程咨询文件按照级别、出台时间进行汇总，见表3.1。

全过程工程咨询政策汇总表　　　　表3.1

序号	政策名称	文件编号	实施范围	发布机构	发布时间
1	工程咨询业2016—2020年发展规划	中咨协政〔2016〕76号	全国	中国工程咨询协会	2016.12
2	国务院办公厅关于促进建筑持续健康发展的意见	国办发〔2017〕19号	全国	国务院	2017.2.21
3	住房城乡建设部关于开展全过程工程咨询试点工作的通知	建市〔2017〕101号	全国	住建部	2017.5.2

续上表

序号	政策名称	文件编号	实施范围	发布机构	发布时间
4	工程勘察设计行业发展"十三五"规划	建市〔2017〕102号	全国	住建部	2017.5.8
5	住房城乡建设部等部门关于印发《贯彻落实促进建筑业持续健康发展意见重点任务分工方案》的通知	建市〔2017〕137号	全国	住建部	2017.7.5
6	住房城乡建设部关于促进工程监理行业转型升级创新发展的意见	建市〔2017〕145号	全国	住建部	2017.7.7
7	住房城乡建设部关于加强和改善工程造价监管的意见	建标〔2017〕209号	全国	住建部	2017.9.14
8	住房城乡建设部办公厅关于定期报送贯彻落实促进工程监理行业转型升级创新发展意见进展情况的通知	建办市函〔2017〕744号	全国	住建部	2017.10.30
9	工程咨询行业管理办法	发展和改革委员会令第9号	全国	发改委	2017.11.6
10	住房城乡建设部建筑市场监管司2018年工作要点	建市综函〔2018〕7号	全国	住建部建筑市场监管司	2018.2.27
11	关于征求推进全过程工程咨询服务发展的指导意见(征求意见稿)和建设工程咨询服务合同示范文本(征求意见稿)意见的函	建市监函〔2018〕9号	全国	住建部建筑市场监管司	2018.3.15
12	国家发展改革委 住房城乡建设部关于推进全过程工程咨询服务发展的指导意见	发改投资规〔2019〕515号	全国	发改委、住建部	2019.3.15
13	江苏省关于推进工程建设全过程项目管理咨询服务的指导意见	苏建建管〔2016〕730号	江苏省	江苏省住房城乡建设厅	2016.12.30
14	上海市住房和城乡建设管理委员会关于进一步加强本市建设工程项目管理服务的通知	沪建建管〔2017〕125号	上海市	上海市住房和城乡建设管理委员会	2017.3.1
15	浙江省全过程工程咨询试点工作方案	浙发改基综〔2019〕368号	浙江省	浙江省住房与城乡建设厅	2017.6.13
16	四川省全过程工程咨询试点工作方案	川建发〔2017〕11号	四川省	四川省住房城乡建设厅	2017.7.17
17	云南省人民政府办公厅关于促进建筑业持续健康发展的实施意见	云政办发〔2017〕85号	云南省	云南省人民政府办公厅	2017.7.25
18	广东省全过程工程咨询试点工作实施方案	粤建市〔2017〕167号	广东省	广东省住房城乡建设厅	2017.8.7

续上表

序号	政策名称	文件编号	实施范围	发布机构	发布时间
19	福建省全过程工程咨询试点工作方案	闽建科〔2017〕36号	福建省	福建省住房城乡建设厅	2017.8.30
20	山西省人民政府办公厅关于促进建筑业持续健康发展的实施意见	晋政办发〔2017〕135号	山西省	山西省人民政府办公厅	2017.10.31
21	河北省人民政府办公厅关于促进建筑业持续健康发展的实施意见	冀政办字〔2017〕143号	河北省	河北省人民政府办公厅	2017.11.13
22	黑龙江省关于开展全过程工程咨询试点工作的通知	黑建函〔2017〕376号	黑龙江省	黑龙江省住房城乡建设厅	2017.12.12
23	湖南省住房和城乡建设厅关于印发湖南省全过程工程咨询试点工作方案和第一批试点名单的通知	湘建办函〔2017〕63号	湖南省	湖南省住房和城乡建设厅	2017.12.21
24	广西壮族自治区住房城乡建设厅关于印发《广西全过程工程咨询试点工作方案》的通知	桂建发〔2018〕2号	广西壮族自治区	广西壮族自治区住房和城乡建设厅	2018.2.1
25	江苏省住房城乡建设厅关于公布全过程工程咨询试点企业和试点项目的通知	苏建科〔2018〕79号	江苏省	江苏省住房城乡建设厅	2018.2.14
26	广东省住房和城乡建设厅关于征求《建设项目全过程工程咨询服务指引(咨询企业版)(征求意见稿)》和《建设项目全过程工程咨询服务指引(投资人版)(征求意见稿)》意见的函	粤建市商〔2018〕26号	广东省	广东省住房和城乡建设厅	2018.4.13
27	北京市住房和城乡建设委员会关于进一步改善和优化本市工程监理工作的通知	京建发〔2018〕186号	北京市	北京市住房和城乡建设委员会	2018.4.23
28	宁夏回族自治区住房和城乡建设厅关于印发《全过程工程咨询试点工作方案》的通知	宁建(建)发〔2018〕31号	宁夏回族自治区	宁夏回族自治区住房和城乡建设厅	2018.4.25
29	海南省人民政府办公厅关于促进建筑业持续健康发展的实施意见	琼府办〔2018〕32号	海南省	海南省住房城乡建设厅	2018.4.28
30	关于公布第一批全过程工程咨询试点企业和试点项目的通知	黔建建字〔2018〕229号	贵州省	贵州省住房和城乡建设厅	2018.5.4
31	天津市建委关于印发2018年工程建设标准和勘察设计管理工作要点的通知	津建设〔2018〕226号	天津市	天津市城乡建设委员会	2018.5.7
32	吉林省住房和城乡建设厅关于印发《关于推进全过程工程咨询服务发展的指导意见》的通知	吉建办〔2018〕28号	吉林省	吉林省住房和城乡建设厅	2018.7.2
33	重庆市人民政府办公厅关于进一步促进建筑业改革与持续健康发展的实施意见	渝府办发〔2018〕95号	重庆市	重庆市人民政府	2018.7.10

续上表

序号	政策名称	文件编号	实施范围	发布机构	发布时间
34	河南省住房和城乡建设厅印发《河南省全过程工程咨询试点工作方案(试行)》的通知	豫建设标〔2018〕44号	河南省	河南省住房和城乡建设厅	2018.7.25
35	关于印发《安徽省开展全过程工程咨询试点工作方案》的通知	建市〔2018〕138号	安徽省	安徽省住建厅、发改委、公安厅、财政厅、交通运输厅、水利厅、通信管理局	2018.10.12
36	陕西省关于开展全过程工程咨询试点的通知	陕建发〔2018〕388号	陕西省	陕西省住房和城乡建设厅	2018.10.30
37	内蒙古自治区开展全过程工程咨询试点工作的通知	内建工〔2018〕544号	内蒙古自治区	内蒙古住建厅	2018.11.1
38	东莞市关于报送全过程工程咨询试点项目和试点企业材料的函	东建函〔2017〕470号	东莞市	东莞市住房和城乡建设局	2017.7.26
39	广州市住房和城乡建设委员会关于报送全过程工程咨询试点项目和试点企业材料的通知	粤建市函〔2017〕1888号	广州市	广州市住房和城乡建设委员会	2017.8.15
40	嘉兴市部署开展全过程工程咨询试点工作		嘉兴市	嘉兴市住房和城乡建设局	2017.9.6
41	关于公布宁波市全过程工程咨询试点企业的通知	甬建发〔2017〕133号	宁波市	宁波市住房和城乡建设委员会	2017.9.11
42	韶关市全过程工程咨询试点工作实施方案	韶市建字〔2017〕215号	韶关市	韶关市住房和城乡建设局	2017.9.17
43	关于开展绍兴市全过程工程咨询试点的通知	绍市建设〔2017〕235号	绍兴市	绍兴市住房和城乡建设局	2017.9.18
44	杭州市全过程工程咨询试点工作方案	杭建市发〔2017〕395号	杭州市	杭州市城乡建设委员会	2017.10.27
45	莆田市全过程工程咨询试点工作方案	莆建科设〔2017〕77号	莆田市	莆田市住房和城乡建设局	2017.10.31
46	沈阳市人民政府办公厅关于印发沈阳市促进建筑业持续健康发展工作方案的通知	沈政办发〔2018〕27号	沈阳市	沈阳市政府	2018.1.20
47	厦门市建设局厦门市发展和改革委员会厦门市财政局关于申报本市全过程工程咨询试点项目的通知	厦建勘设〔2018〕11号	厦门市	厦门市住房和城乡建设局	2018.2.9
48	扬州市全过程工程咨询试点工作的通知	扬建科〔2018〕17号	扬州市	扬州市住房和城乡建设局	2018.3.26

二、全过程工程咨询政策的演变过程

通过上述文件的研读梳理，可以发现，全过程工程咨询发展具有鲜明的阶段性：大致可分为构想提出期、项目试点期、市场规范期三个阶段。

1. 构想提出期

我国提出开展全过程工程咨询不是一朝一夕决定的。这是我国对工程设计与工程咨询关系进行长期讨论，全面深化改革不断推进的结果。长期以来，我国的设计与咨询是分离的，分别由不同部门主管。从 1984 年到 2017 年，国务院、发改委出台了一系列文件，对设计与咨询的关系一直在进行探讨与协调：1984 年，提出工程咨询是工程设计的拓展和延伸；1994 年，工程设计被纳入工程咨询的范围；1998 年，形成固定资产投资全过程服务的咨询设计服务体系；2001 年，提出工程咨询服务范围的 8 个方面；2010 年，规定工程咨询业范围与 FIDIC 基本保持一致。

与此同时，诸如海南铺前跨海大桥等旨在实现全过程工程咨询目的一批重大基础设施工程也逐渐自发出现在工程实践中。在理论研究与实践均推进的基础上，2017 年 2 月 21 日，国务院办公厅印发了《国务院办公厅关于促进建筑业持续健康发展的意见》（国办发〔2017〕19 号），明确要求完善工程建设组织模式，培育全过程工程咨询，这是在建筑工程全产业链中首次明确提出"全过程工程咨询"这一概念，其主旨是为了适应发展社会主义市场经济和建设项目市场国际化需要，提高工程建设管理和咨询服务水平，保证工程质量和投资效益。

《国务院办公厅关于促进建筑业持续健康发展的意见》提出："鼓励投资咨询、勘察、设计、监理、招标代理、造价等企业采取联合经营、并购重组等方式发展全过程工程咨询，培育一批具有国际水平的全过程工程咨询企业。""制定全过程工程咨询服务技术标准和合同范本。"应该说，在明确提出要"培育全过程工程咨询"之前，国家已经就工程咨询服务研究实践、探索积累了很长时期。《国务院办公厅关于促进建筑业持续健康发展的意见》的出台，是长期以来对工程设计与工程咨询关系的讨论和全面深化改革的结果，它标志着全过程工程咨询政策的构想提出期的正式结束，开启了下一个阶段。

2. 项目试点期

2017 年 5 月 2 日，住建部下发了《住房城乡建设部关于开展全过程工程咨询试点工作的通知》（建市〔2017〕101 号），正式启动了全过程工程咨询试点工作，整个行业掀起了一股全过程工程咨询研讨热，各省（自治区、直辖市）也开始陆续出台适用于本地区的全过程工程咨询政策性文件。2016 年 12 月 30 日，江苏省住房城乡建设厅公布了《江苏省关于推进工程建设全过程项目管理咨询服务的指导意见》，初步规范了江苏省的全过程工程咨询秩序，该文件是最早出台全过程工程咨询政策的省级行政单位。同期，全国其他各省（自治区、直辖市）也大量的发布了各自的全过程工程咨询的指导意见、试点企业、试点方案以及示范文本。

在实践层面，2017 年 2 月至 2019 年 3 月，有大量的全过程工程咨询合同签订，大量的实践经验推动全过程工程咨询的试点工作在较大范围内开展。住建部于 2018 年 3 月 15 日发布《推进全过程工程咨询服务发展的指导意见（征求意见稿）》和《建设工程咨询服务合同示范文本（征求意见稿）》，更进一步推动了全过程工程咨询试点的热度。

3. 市场发展期

随着大量项目开始试点之路,市场逐渐积累了一些经验,当然也在这个过程中出现了一些问题,产生了一些讨论和意见。

2019年3月15日,国家发展改革委、住房和城乡建设部联合发布《国家发展改革委 住房城乡建设部关于推进全过程工程咨询服务发展的指导意见》(发改投资规〔2019〕515号),对全过程工程咨询服务的一些关键问题进行了规范。该文件提出,在项目决策和建设实施两个阶段,着力破除制度性障碍,重点培育发展投资决策综合性工程咨询和工程建设全过程咨询。由于发改委和住建部对工程建设领域的影响力巨大,这一文件也标志着全过程工程咨询进入了一个更高层次的市场发展期。截至目前,全过程工程咨询服务仍处于市场发展期之中。当前的政策文件多停留在"引导""鼓励""带头"层面,强制性、约束性的文件较少。可以看出,政策实施远远没有达到模式固定期的要求,还有待对试点项目或者相关项目的进一步总结提升,以形成固定的经验。所以,这种模式的成型还有待于市场的进一步发展,从而获取更多的实践经验推动理论的进步。

第二节　全过程工程咨询政策的内容分析

无论是对于建设项目实践的指导,还是通过指导实践完善全过程工程咨询服务的理论框架,全过程工程咨询政策都有重要的价值与意义。本节从国家及相关部委对全过程工程咨询服务的顶层设计出发,再到省市级的落地政策,对全过程工程咨询政策的发展历程做进一步分析。

一、国家及相关部委顶层设计政策

2017年前后,国务院各部门开始频繁出台各类政策,敦促各地方政府将全过程工程咨询早日落地、引导市场早日完成培育。

2017年2月,《国务院办公厅关于促进建筑业持续健康发展的意见》(国办发〔2017〕19号)中提出"培育全过程工程咨询。鼓励投资咨询、勘察、设计、监理、招标代理、造价等企业采取联合经营、并购重组等方式发展全过程工程咨询,培育一批具有国际水平的全过程工程咨询企业。制定全过程工程咨询服务技术标准和合同范本。政府投资工程应带头推行全过程工程咨询,鼓励非政府投资工程委托全过程工程咨询服务。在民用建筑项目中,充分发挥建筑师的主导作用,鼓励提供全过程工程咨询服务。"该文件在建筑工程全产业链中首次以国务院文件的形式明确了"全过程工程咨询"这一概念,并提出政府投资工程带头推行全过程工程咨询,鼓励非政府投资项目和民用建筑项目积极参与,推动的力度是非常大的。

2017年5月,住房和城乡建设部印发《住房城乡建设部关于开展全过程工程咨询试点工作的通知》(建市〔2017〕101号),选择北京、上海、江苏、浙江、福建、湖南、广东、四川8省(市)以及40家企业开展全过程工程咨询试点,探索全过程工程咨询管理制度和组织模式,为全面开展全过程工程咨询积累经验。随后,相关省(市)积极响应,浙江、广东、湖南、福建等地相应出台开展全过程工程咨询的试点工作通知,对全过程工程咨询的范围、资质要求、委托方式、收费标准、制度完善都提出了探索性的要求。

同样是2017年5月,住房和城乡建设部印发的《工程勘察设计行业"十三五"规划》中提出要"培育全过程工程咨询,鼓励投资咨询、勘察、设计、监理、招标代理、造价等企业采取联合经营、并购重组等方式发展全过程工程咨询,培育一批具有国际水平的全过程工程咨询企业。"并针对不同规模和实力的勘察设计企业转型提供全过程工程咨询服务给出了方向和建议,促进大型企业向工程公司或工程顾问咨询公司发展;中小型企业向具有较强专业技术优势的专业公司发展;鼓励有条件的企业以设计和研发为基础,以自身专利及专有技术为优势,拓展装备制造、设备成套、项目运营维护等相关业务,逐步形成工程项目全生命周期的一体化服务体系。

2018年3月,住房和城乡建设部建筑市场监管司公开发布《关于征求推进全过程工程咨询服务发展的指导意见(征求意见稿)和建设工程咨询服务合同示范文本(征求意见稿)意见的函》(建市监函〔2018〕9号)中提出:进一步完善我国工程建设组织模式,推进全过程工程咨询服务发展,培育具有国际竞争力的工程咨询企业,推动我国工程咨询行业转型升级,提升工程建设质量和效益;借鉴和参照国际通行规则开展全过程工程咨询服务,结合国际大型工程顾问公司的业务特征,培育既熟悉国际规则又能符合国内建筑市场需求的高水平工程咨询服务企业和人才队伍;鼓励有能力的工程咨询企业积极参与国际竞争,推动中国工程咨询行业"走出去",为实现"一带一路"倡议服务。

2019年3月15日,发展改革委、住房和城乡建设部联合印发《国家发展改革委 住房城乡建设部关于推进全过程工程咨询服务发展的指导意见》(发改投资规〔2019〕515号,以下简称《指导意见》),在房屋建筑和市政基础设施领域推进全过程工程咨询服务发展,提升固定资产投资决策科学化水平,进一步完善工程建设组织模式,推动高质量发展。《指导意见》提出有必要创新咨询服务组织实施方式,大力发展以市场需求为导向、满足委托方多样化需求的全过程工程咨询服务模式。《指导意见》鼓励纳入有关行业自律管理体系的工程咨询单位开展综合性咨询服务,鼓励咨询工程师(投资)作为综合性咨询项目负责人。《指导意见》鼓励实施工程建设全过程咨询,由咨询单位提供招标代理、勘察、设计、监理、造价、项目管理等全过程咨询服务。《指导意见》提出,工程建设全过程咨询单位提供勘察、设计、监理或造价咨询服务时,应当具有与工程规模及委托内容相适应的资质条件。《指导意见》对工程建设全过程咨询项目负责人的资格提出要求,即应当取得工程建设类注册执业资格且具有工程类、工程经济类高级职称,并具有类似工程经验;对工程建设全过程咨询服务中承担工程勘察、设计、监理或造价咨询业务的负责人,应具有法律法规规定的相应执业资格。《指导意见》规定全过程工程咨询服务酬金可在项目投资中列支,也可根据所包含的专项服务(投资咨询、招标代理、勘察、设计、监理、项目管理等)在项目投资中列支的费用进行支付。全过程工程咨询服务酬金既可按各专项服务费用叠加后再增加相应统筹管理费用计取,也可按人工成本加酬金方式计取。鼓励投资者或建设单位根据咨询服务节约的投资额对咨询单位予以奖励。

二、省市级落地实施政策

江苏省是最早公布本省全过程工程咨询文件的省级行政单位,2016年12月30日,江苏省住房城乡建设厅公布了《江苏省关于推进工程建设全过程项目管理咨询服务的指导意见》,

初步规范了江苏省的全过程工程咨询秩序,文件中的重点主要体现在以下几点:①明确规定全过程工程咨询业务涵盖勘察与设计;②明确允许具备一项资质即可开展全过程工程咨询服务;③公布了示范文本;④采用建筑师负责制的工程项目,监理、招标代理、造价咨询等技术服务可不另行招标。

在2017年发布全过程工程咨询相关文件的省份还有浙江省、四川省、云南省、广东省、福建省、山西省、河北省、黑龙江省以及湖南省;2018年发布的省份、自治区或直辖市有广西壮族自治区、北京市、宁夏回族自治区、海南省、贵州省、天津市、吉林省、重庆市、河南省、安徽省、陕西省以及内蒙古自治区,分别在资质要求、合同文本、分包发包、合同范围等领域根据自身情况作出了相应规定。

三、关于全过程工程咨询实施阶段的探讨

全过程工程咨询涉及建设工程全生命周期内的投资决策、招标代理、勘察设计、造价咨询、工程监理、项目管理、竣工验收及运营保修等各个阶段的咨询服务。严格按照项目全生命周期的"所有阶段"来组织实施全过程工程咨询服务固然是非常有意义的发展方向,但作者认为,基于工程咨询市场现实情境,更应该将全过程工程咨询服务涵盖"所有阶段"作为一种长期追求的理想信念,而不是执着于当前阶段即必须实现的现实主张。因为长期以来的碎片化咨询服务模式向纯粹的全过程工程咨询服务转变有一个过程,这个过程可能也是长期的。

从政策文件层面来看,全过程工程咨询服务也是采用分阶段组合的方式。如《国家发展改革委 住房城乡建设部关于推进全过程工程咨询服务发展的指导意见》中将全过程工程咨询分为项目决策阶段的投资决策综合性工程咨询和建设实施阶段的工程建设全过程工程咨询。当然也可以实施跨越这两个阶段的项目全生命期全过程工程咨询服务。

因此,咨询服务提供商可根据建设单位委托需要提供全部或部分阶段的咨询服务。住建部《关于征求推进全过程工程咨询服务发展的指导意见(征求意见稿)》中提出:"全过程工程咨询是对工程建设项目前期研究和决策以及工程项目实施和运行(或称运营)的全生命周期提供包含设计和规划在内的涉及组织、管理、经济和技术等各有关方面的工程咨询服务。全过程工程咨询服务可采用多种组织方式,为项目决策、实施和运营持续提供局部或整体解决方案。"局部或整体解决方案的提法也为阶段性的服务纳入全过程工程咨询服务体系留下空间。

四、不同省份全过程工程咨询文件差异分析

目前,已经有25个省(自治区、直辖市)颁布了本区域适行的全过程工程咨询文件。根据各省具体情况不同及相关政策制定者对全过程工程咨询服务理解上的差异,有些政策规则的细节也不尽相同。作者将各省(自治区、直辖市)相关政策差异分析如下,供读者参考。

1. 全过程工程咨询的业务范围是否包含勘察、设计

浙江省、福建省和吉林省将勘察管理及设计优化纳入了全过程工程咨询的业务范围,但勘察管理和设计优化并不等同于勘察、设计,因此上述三个省份并未明确规定全过程工程咨询业

务包含勘察和设计；此外，广西壮族自治区全过程工程咨询的业务范围也未明确包含勘察、设计。河南省和内蒙古自治区将设计纳入了全过程工程咨询的业务范围，但对于勘察并未明确规定。除上述6个省（自治区）以外，其余试点地区的政策均明确规定全过程工程咨询业务涵盖勘察与设计。需要特别说明的是，福建省在其试点方案中虽然未明确全过程工程咨询服务必须包含设计，但在试点企业资质要求中明确必须具备工程设计甲级资质，则可以通过推理、理解政策制定者的意图，认为全过程工程咨询服务是包含设计工作的。

2. 哪些项目适合采用全过程工程咨询服务

除上海市、内蒙古自治区以外，当前各试点地区的政策均明确以"政府投资项目"作为推动全过程工程咨询的主要方式；除上海市、浙江省和内蒙古自治区以外，各试点省份（自治区、直辖市）均明确鼓励非政府投资工程积极参与全过程工程咨询的试点工作。吉林省同时鼓励政府和国有投资项目开展全过程工程咨询服务，而其他省份均未提及"国有投资项目"。

此外，江苏省、浙江省、福建省、广东省、内蒙古自治区均鼓励房屋建筑和市政工程作为优先试点项目，但各省（自治区、直辖市）的规定有所差异。其中，浙江省试点项目原则上为通用技术的房建、市政项目；福建省则为综合性强、技术复杂、投资规模较大的房建和市政项目；广东省则优先选择代建、工程总承包、PPP等项目作为试点项目，试点项目原则上应为采用通用技术的房建和市政项目；内蒙古自治区支持采取代建、工程总承包、PPP等方式建设的房建和市政项目。

湖南省和广西壮族自治区均优先确定部分重点工程、PPP项目、工业园区等作为试点项目，均未将项目类型限定在房建和市政工程。

3. 全过程工程咨询单位应具备哪些资质要求

目前，明确允许具备一项资质即可开展全过程工程咨询服务的省份比较多，有上海、江苏、浙江、广东、宁夏、安徽、陕西等省（自治区、直辖市）。广东省要求全过程工程咨询企业，只要具有工程咨询、规划、勘察、设计、监理、招标代理、造价咨询等资质中任何一项，即可开展全过程工程咨询业务，这也表明，对全过程工程咨询服务的资质要求最为宽泛。四川省明确要求全过程工程咨询企业应具有与委托内容相关的工程咨询、工程设计、工程监理、造价咨询等工程建设类两项及以上的资质，是资质要求最多的省份。

广西壮族自治区与河南省的规定相对特殊，即在资质的基础上提出企业在行业排名中的位置要求。广西壮族自治区要求具备工程设计、工程监理、造价咨询两项及以上的甲级资质，或具备单一资质且年营业收入在行业排名全区前三名的企业；河南省要求具备工程设计、工程监理、造价咨询两项及以上的甲级资质，或具备单一资质且年营业收入在行业排名各省辖市、省直辖县（市、港区）前三名的企业。

福建省要求，省内具有建筑工程或市政基础设施工程设计甲级资质的勘察设计龙头企业，按照企业自愿原则列入全过程工程咨询试点单位。其他试点单位应具有工程设计甲级资质，且同时具有工程咨询、工程监理、招标代理、造价咨询等一项或多项甲级资质。可见，福建省十分重视设计资质对全过程工程咨询的重要性。此外，上海市、江苏省、福建省等地还从企业的业绩、信誉、管理体系等不同方面提出了有关资格要求。

4. 全过程工程咨询所涉各咨询业务是否必须单独招标发包

依法必须招标的项目，全过程工程咨询所涉及的单项咨询业务是否必须招标，各地方对此问题规定并不明确。上海、江苏、湖南、四川、宁夏、河南、安徽等省(自治区、直辖市)提出,在实施全过程工程咨询服务模式下,全过程工程咨询服务单位承担的部分单项咨询业务明确规定无须单独招标。如:

上海市规定,具有相应工程监理资质的单位,依法通过招标方式取得工程项目管理服务(至少包含施工阶段项目管理服务)的,经建设单位同意,可在其资质许可范围内承接同一工程的监理工作。

江苏省规定,采用建筑师负责制的工程项目,监理、招标代理、造价咨询等技术服务可不另行招标。

湖南省规定,对于已经公开招标委托单项工程咨询服务的项目,在具备条件的情况下,可以补充合同形式将其他工程咨询服务委托给同一企业,开展全过程工程咨询工作。

四川省规定,对于必须招标的项目,只需对勘察设计、工程监理其中一项进行招标即可,其他咨询服务可直接委托同一单位;而不需要依法招标的项目,可以直接委托实行全过程工程咨询服务。

宁夏回族自治区规定,政府投资或国有投资项目应按照《中华人民共和国政府采购法》《中华人民共和国招标投标法》组织全过程工程咨询招投标,社会投资项目可直接委托实施全过程工程咨询服务。选择全过程工程咨询企业时只需对设计、工程监理其中一项进行招标,其他咨询服务内容可委托给同一个企业,无须再对其他咨询服务内容进行招标。

河南省规定,经过依法发包的全过程工程咨询服务项目,可不再另行组织前期咨询、工程监理、招标代理和造价咨询等单项咨询业务招标。

安徽省规定,对选择具有相应工程监理资质的企业开展全过程工程咨询服务的工程项目,可不再另行委托监理单位。

5. 咨询服务酬金问题

除上海市以外,已出台文件的各地区均对服务酬金的列支与计费方式设置进行了规定,即江苏、浙江、福建、湖南、广东、宁夏、吉林、安徽、内蒙古、陕西、广西、河南等省(自治区)明确规定服务酬金应列入工程概算。

服务酬金计取方式的规定相对比较多样化。按各单项业务取费分别计算后叠加的省(自治区)有福建、湖南、广东、四川、广西、宁夏、吉林、河南、内蒙古、陕西等,如广东省服务指引建议采用"1+N"叠加计费模式,即"全过程项目管理费+全过程各专业咨询服务费"的叠加。四川、广西、宁夏、河南等省(自治区)提出酬金也可按人工成本计算。浙江、福建、宁夏、吉林、安徽、陕西等省(自治区)提出探索实行基本酬金加奖励方式。除河南以外,各地区均明确鼓励建设单位对全过程工程咨询企业提出并落实的合理化建议按照实际产生的效益或节约的投资额的一定比例给予奖励。

6. 承接全过程工程咨询业务的企业能否承担同一项目的设计、施工、材料设备供应业务

浙江省、广西壮族自治区相关政策文件明确禁止承担全过程工程咨询的企业与本项目的工程总承包、设计、施工企业以及建筑材料、构配件和设备供应企业之间有控股、参股、隶属或其他管理等利益关系,也不能为同一法定代表人。

上海市有关文件明确规定,项目管理单位不得存在以下行为:①与受委托工程项目的施工以及建筑材料、构配件和设备供应单位有隶属关系或者其他利害关系;②具有设计、施工资质的单位承接工程项目管理时,承接同一工程的工程总承包、设计或者施工等工作。

  福建省、四川省相关政策文件也规定,咨询服务单位不得与本项目的总承包企业、施工企业、材料(构配件、设备)供应单位之间有利益关系。允许承接全过程工程咨询业务的企业承担同一项目的设计,但不能承担施工和材料设备供应。

第四章

全过程工程咨询的理论基础

　　从辩证的角度来看，一切技术实践的出现都有一定的理论基础作为支撑。可以说，理论基础是技术实践解决问题的根本出发点，是影响一项技术能否适应事物发展需要的关键所在。当然，全过程工程咨询的提出和发展也不可能是一蹴而就的，必然是结合工程管理的问题背景以及工程管理与组织理论衍生而成的。

　　重大工程是在组织结构、管理思路、治理效能等方面都与常规项目有着很大的差异的一类项目。本章重点从重大基础设施工程的理论基础出发，阐述与全过程工程咨询相适应的工程管理理论，进一步探讨全过程工程咨询服务在重大工程中的适用性，从而使其应用更具说服力。

　　理论基础的分析从三个视角展开讨论，即重大工程管理相关理论、项目管理相关理论以及项目治理相关理论，分别从重大工程的复杂特征、组织管理以及整体治理的角度体现全过程工程咨询的理论意义。

第一节 重大工程管理相关理论

与一般项目相比，重大工程项目具有一定的复杂性，在组织、技术、环境等方面都存在多层次、多结构需要治理的复杂问题。因此，复杂性是重大工程治理过程中不可忽视的重要因素；建设单位作为重大工程的最重要的利益相关者，对重大工程治理起到至关重要的作用，而重大工程中的制度情境理论、组织理论及治理理论都为建设单位降解重大工程复杂性提供了理论支持。本节从重大工程复杂性出发，简要介绍制度情景理论、组织理论及治理理论。这些内容也可作为建设单位治理重大工程复杂性的背景知识。

一、复杂性是重大工程的重要特征

可以说，复杂性是各方开展项目管理工作的前提条件，要对项目进行有效管理，前提是做到复杂性的降解。因此，对项目复杂性进行清晰地界定尤为重要。同济大学复杂工程管理研究院副院长何清华教授及其博士罗岚针对重大基础设施的复杂性已经进行了系统地研究，主要成果包括对重大基础设施工程复杂性的识别、测度与管理等。

1. 复杂性的特征

复杂性的界定极为复杂，因此学术界目前还没有一个确切的定义。原因在于几乎所有领域都会涉及复杂性，但是学者只是从自身研究出发进行界定。《科学美国人》的高级撰稿人约翰·霍甘曾发文《复杂性研究的发展趋势：从复杂性到困惑》，其中提到对于复杂性的定义至少有31种之多（1994年以前）。根据约翰·霍甘提供的消息，塞思·劳埃德共收集了45种复杂性定义，还不包括钱学森的复杂性观点。广义上讲，系统复杂性可以界定为：系统各单元之间的联系广泛而紧密，构成一个网络。因此每个单元之间都会产生相互作用，从而引起其他单元的变化。系统具有多层次、多功能的结构，系统在实现某一系统目标的同时，可能也作为上一层次单元的基础。系统与环境有密切的联系，开放性很强，能与环境相互作用，并能适应环境，获得更好的发展。系统又与其他事物一样是动态的，不断处于发展变化之中，而且系统本身对未来的发展变化有一定的预测能力。系统在发展过程中能够不断地学习并对其层次结构与功能结构进行重组及完善，并对未来的变化有一定的预测能力。

2. 复杂性来源与构成

关于项目复杂性的定义和来源，已有部分研究。David Baccarini 对项目复杂性给出了一个建议性定义，他认为项目复杂性是由许多不同的相关部分组成，并且可以根据区别度（Differentiation）和相关度（Interdependence or Connectivity）进行对其结构进行划分，其中最常见的复杂性是组织复杂性和技术复杂性。De laCruz 考虑的是直接复杂性和间接复杂性，其中直接复杂性与 Baccarini 提出的项目复杂性的一般概念和 Williams 提到的结构复杂性相一致。Williams 还提出间接复杂性与那些最终导致项目系统要素之间相关度增加的因素有关，Williams 和 Alfredo del Cano 都认为不确定性（Uncertainty）是导致间接复杂性的最主要来源。另外、工期压缩、成本不超标的要求(Criticality of meeting cost objective)和过高的(Excessive)质量要求可能会影响间接复杂性。通过文献查找,笔者在此总结了工程项目复杂性的来源,包括组织复杂性、技术复杂性、不确定性、系统要素的复杂性、要素间作用方式(或称要素结构)的复杂性、环境的复杂性及系统要素与环境间作用方式的复杂性。

(1)组织复杂性。

组织复杂性描绘了工程项目组织的复杂程度。复杂的组织结构在各个部分都会产生差异,而这种差异演化为复杂。组织的差异性又可分为垂直和水平的差异性,分别取决于组织的层次结构以及水平部门之间的任务结构的不同。相互依赖性是指组织各组成要素在运转和相互作用时的相互依赖程度。不同学者将相互依赖性定义为三类,即共享型(Pooled)、连续型(Sequential)和交互型(Reciprocal),其中交互型又是复杂性最高的。

(2)技术复杂性。

技术由投入到产出的转化过程涉及材料、技术、知识和技能的使用。与组织复杂性一样,技术复杂性同样包括差异性和相互依赖性,但是侧重点不同。技术差异性是指任务的种类和差异。技术相互依赖性是指任务间、任务网络中、团队间、不同技术间和投入间的相互依赖程度,也具有共享型、连续型和交互型三类。

(3)不确定性。

项目不确定性包括目标的不确定性和实现目标的方法的不确定性。两者紧密联系,具有一定的逻辑顺序。

(4)要素复杂性。

工程项目的要素复杂性来源于工程项目过程与层次的复杂性、组织关系的复杂性、目标要求复杂性、项目管理过程的信息复杂性等。

(5)环境复杂性。

任何工程项目都是在一定的社会历史或时空环境中存在的,从而造就了项目的环境复杂性。环境复杂性包括开放性和动态性。开放性即与其他部分的联系程度,一方面,由于重大工程在社会中发挥着重要的作用,因此在信息、材料、资金的交换方面与外界有着很深的联系;另一方面,由于项目所在地的政治环境、法律环境、经济环境、国家政策、社会文化以及技术发展创新环境、气候等方面具有动态性,这些动态性通过层层关系造成了组织变革系统的不确定性。

(6)系统结构复杂性。

工程项目不同要素间、不同子系统间以及它们与系统环境间作用方式的多可能性和复杂性,统称为结构复杂性,会在相应的界面处有着重要的体现。例如,在项目实施过程中,环境不确定性的增加意味着更多的不可预见因素,从而形成对项目的外部干扰,这些干扰会使项目的目标、项目的成果、项目的实施过程有很大的不确定性。

3. 工程项目系统的复杂性

重大工程项目是一个庞大、复杂的社会、经济、技术相结合的系统。重大工程的系统复杂性体现在工程规模、工程环境、施工难度、工程技术等方面。重大工程项目建设与管理本质上是一个多维度、多层次、多界面、多子系统的开放式复杂形系统。其主要特征体现在如下方面:

(1)重大工程项目的整体性。

作为一个有着明确目标的整体系统,重大工程项目的整体行为并非简单地与子系统的行为相联系,不能简单地采用还原论方法,必须从整体上去把握系统的发展趋势和特点;亦不能简单地从局部个别行为细节去判断,系统整体行为绝不是所有局部行为的简单加和。因为重大工程项目中子系统行为之间也充满着竞争,它们的行为往往是共同竞争或合作的结果,且取决于诸多因素。因此,在对重大工程项目进行决策时,需要从整个项目的视角进行项目管理。

(2)重大工程项目的开放性。

作为对社会有着深厚意义的项目,重大工程项目的演化会受到外界信息的影响,从而呈现出丰富多彩的发展行为。同时,重大工程项目在环境的影响下,与周围环境不断进行物质交换、能量交换和信息交换,从而使得系统本身更容易为社会所接受。重大工程项目的开放性主要表现在以下两个方面:一是每一个重大工程项目都与其他系统交换物质、能量和信息,且项目的存在依赖于与外界物质和能量的交换;二是每一个参与重大工程建设的主体也是开放的,需要依靠其他参与方的协调配合来完善自身的决策机制,进而确保各参与主体视角下的工程项目目标的协同实现。

(3)重大工程项目的动态性。

重大工程项目中的系统随时间进行演变,其演变特征在于项目决策、项目管理与项目控制能力的波动和变化。重大工程项目的动态性主要体现在:一是基于重大工程项目的复杂、渐变式发展,项目各参与主体通过信息技术组建具有强大竞争力的动态战略联盟,共同形成一个目标趋同的利益整体;二是项目不同实施阶段的重大工程项目组织架构呈现出多变、各异的特性;三是项目管理者必须及时对项目的动态实时变化做出响应,并根据具体情况采取动态的项目管理调控措施。

(4)重大工程项目的层次性。

一是从重大工程项目的全寿命周期来看,重大工程项目全寿命周期的各个阶段(决策阶段、开发阶段、实施阶段和运营阶段)存在许多表面上连续但实质上离散的层次界面;二是工程建设的质量、安全、成本、进度等工程建设目标本质上构成若干个独立而又相互联系的管理层次目标网络系统,从而形成了多层次多功能的要素体系;三是工程建设需要消耗各种资源,包括人力资源、建筑材料、机械设备、动力能源、建设资金等资源子系统,子系统之间又存在相互的层次关联性,使得项目系统错综复杂。

(5)重大工程项目的自组织性。

重大工程项目存在众多不同、分散的子系统,这些子系统在不同的层次中进行相互作用,使得重大工程项目整体产生了自发性的自我组织。在这种自我调整中,它们不像通常认为的那样仅仅只是被动地对所发生的事件做出反应,而是积极地试图将所发生的一切都转化为对自己有利的因素,如对外部环境、技术变化、工程变更、价差调整等一些变化不断积极地做出反应,这样的自组织性为项目管理的推进增加了动力。

4. 工程项目复杂系统的特征描述

工程项目系统首先由一些具有智能性的主体组成,这些主体可以解释其所处的环境、预测其变化并按预定目标采取相应的行动,它们通过聚合形成多行为主体的聚合体,即供应链组织。新的聚合体在新的更适宜自己生存的环境中得到发展,在系统中可以像单一个体般进行运动。但并不是任意两个主体都可以聚集在一起,只有那些符合项目招标条件、有利于完成项目总体目标、诚心寻求合作的主体才存在这种聚集关系。

工程项目系统具有流动和非线性特性。工程项目各主体之间、各子过程之间、主体和各层次与环境之间都存在着物质、能量和信息流,而且由于系统的复杂性,物质交换以及信息流周转的频率都很高。物质、能量和信息流的存在使得在与系统的反复交互作用中,个体以及它们的属性发生变化,而且变化并非遵从简单的、被动的、单向的因果关系和线性关系,而是主动的适应关系,以往"历史"会留下痕迹,以往的"经验"会影响将来的行为,实际上是各种反馈相互影响、相互缠绕的复杂关系。

工程项目系统中的多样性特征是很普遍的,比如项目目标的多样性、信息来源和形式的多样性等。更为主要的是由于系统内部以及与环境之间的非线性作用使得工程项目管理的结果具有多样性和不稳定性。主体在适应环境、对外在刺激做出反应时都有其独特的内部机制和决策模式,反应的方式由内在模式所决定,对于整个系统来说,统称为内部模型,这也体现了工程项目主体预知环境变化并调整自身行为的能力。工程项目即使作为复杂系统,也是由相对独立的部分通过组合形成的。系统的复杂性往往不在于将各个独立组织的大小直接叠加,而在于重新组合的效果。相同的独立组织通过不同角度的管理,也会有着全新的结构模式。

5. 复杂工程项目存在的管理问题

在复杂之中,存在着包括信息管理、过程管理等在内的多种问题。

(1) 信息管理问题。

信息管理问题既是工程项目管理落后状况最直接的表现,也是其他问题的综合表现形式。大型工程项目具有建设周期长、参与方多、技术工艺复杂等特点,因此传统的信息保存不能实现有效沟通,参与方无法识别关键信息进而导致效率降低。而且,大型工程项目参与方的地理分布分散,传统的信息传递方式既耗费大量时间,造成信息传递内容的延误,又耗费大量费用。其次,传统的项目信息管理方式,没有对信息进行标准化、集成化处理,不能在储存时就对信息进行有效的分类、整理,给使用者提取使用信息造成了很大的不便。这就要求使用者通过自己的经验提取信息,信息沟通浪费了很多时间与成本。

(2) 过程管理问题。

工程项目一般由决策、设计、施工和运营等阶段构成项目的全寿命周期。传统管理模式按照全寿命期的不同阶段来划分,每个阶段都由不同的项目参与方来完成,不同参与方进行过程分割管理,其间并不存在直接的沟通关系,由于专业所限,跨越时段不同,上游的决策往往不能充分考虑下游的需求,而下游的反馈又不能及时传达给上游,上下游之间的信息交换存在严重障碍,不利于项目整体目标的实现。这种阶段分离的管理,不仅导致了各参与方在信息沟通和组织协调上的巨大困难,也让建设单位对项目失去了总体的把控,是造成信息冗余、沟通不畅、效率低下问题的根源。分散也使得项目缺少串联式的控制和目标,很难适应现代重大工程项目的管理需要。

(3) 组织管理问题。

传统的组织理论强调的是分工和集权,确立的是层层递进、等级森严的"金字塔"结构。

而对于大型工程项目来说,其参与方众多,往往不能实现有效的沟通,采用这种模式,组织规模必然庞大,结果会出现上级管理层少,下层结构复杂的锥形结构。管理层次过多不仅影响信息在各层传递的速度和导致信息在传递过程中的失真。而且造成大量的界面管理工作,使得监督协调困难,项目组织关系紧张,项目控制难度加大,难以调动各方的积极性和创造性。还由于传统组织的结构层层递进、缺乏横向联系,使用烦琐的纵向沟通方式,从而使得管理效率低下,管理成本过高。

二、制度情境为重大工程治理提供了环境条件

研究什么问题,都需要制度情境,都需要将事物的主要矛盾放在一个特定的范围内解决,不能脱离实际环境的影响。因此,制度理论就显得尤为重要。在当今的制度条件下,重大工程项目应该怎样进行治理,与制度情境存在密不可分的关系。

1. 制度理论的定义

由于重大工程突出的社会嵌入性,制度理论已成为研究和解释重大工程关键问题的新视角。研究认为,大型工程组织管理需要考虑行政、市场以及二者的综合作用。如果工程组织模式与制度环境不匹配,会出现许多意外事件、冲突争议、项目延误,甚至项目被取消等情形;即使是相同的工程组织模式,在面对不同的政治体制、产业结构、地方制度体系及不同的历史文化时,也会产生显著的差异。英国巨型项目研究中心在2010年通过对10个国家或地区的30个高铁、高速公路、地铁、隧道等项目的研究指出:制度环境要素对保证工程可持续性起到关键作用,需要政府层面制定政策整合公共部门及私人投资组织的资源。在"一带一路"倡议及"工程走出去"的背景下,中国会参与越来越多的国际工程,和一般性中国国内重大工程不同的是,这些工程所面临的制度差异更大,由此所导致的项目风险也更大。因此,研究制度理论对重大工程组织的影响,有着十分重大的意义。

制度理论采用了一个开放系统的组织观:组织深刻地受到环境的影响,而这个环境从某种程度上来说,是历史社会建设不断沉淀的结果。在这种环境里,制度是个人和组织治理社会交易的"游戏规则"。

组织行为和组织形式都是由制度塑造的,组织行为的同构性可能与组织内部的技术效率毫无关系。在社会环境中,制度要素强调通过形成新的承诺形式和规则遵守或规范服从来解决复杂组织情境中集体行动问题的协同机制。DiMaggio和Powell提出了制度化扩散和同构过程中的非正式力量,即模仿性同构、规范性同构和强制性同构。通过这三种途径,组织会产生相应的思想和行动。三种非正式制度力量构成了制度的三个既独立又相互关联的要素,即规制性要素、规范性要素和文化-认知要素。制度的三种要素对组织行为产生同构影响的过程是相互独立的,甚至可能相互矛盾。Zucker认为,制度化是层次化的过程,同构作用导致的组织行为扩散是制度化的结果而不是原因。关于这个过程,Galaskiewicz和Wasserman认为,组织之间的关系网络实际上为组织制度化的传播提供了一种渠道,如关于制度模仿的同构过程,社会关系网络是决定决策者究竟会模仿谁的重要因素,决策者将会去模仿他们基于关系网络认识和信任的人。

在重大工程领域,Scott从全球大型项目的跨国制度差异性等研究着手,提出应该关注外

部制度环境对重大工程项目参建方行为的影响,认为可以通过混合(hybrid)和匹配治理机制来应对制度变迁的挑战,如强化合同法律治理机制、规范和文化—认知治理机制,实现程序上的公平和打造强大的项目文化。Morris 在 Reconstructing Project Management(《再造项目管理》)一书中也明确指出,与制度有关的行为逻辑应当成为项目管理的基本问题,并认为制度理论视角是实现项目管理理论重建并使其发展成为一门学科的重要工具。这一点已经得到了其他学者的支持和发展。例如,Bresnen 指出,传统的项目管理思想长期以来一直是实践推动的,来自实践需求和从业人员的经验,Morris 的制度视角可以确保实践发展在严谨的学术研究中得到有力的支持;Mahalingam 和 Levitt 使用制度理论解释了印度地铁项目中的冲突行为,并强调从制度理论出发,可以清晰地识别重大工程中众多复杂问题的关键症结所在,从而相对容易地找到问题的解决方案。可见,制度理论关于外部环境如何驱动组织行为的观点具有较强的解释能力。

2. 重大工程治理的外部情境

重大工程不是一个孤岛,无法脱离行业情境的影响。对我国建筑业市场化演变的考察,有利于了解我国重大工程治理的外部情境变化,亦即政府与市场二元作用的趋势性变化规律。同时,作为重大工程治理的外部情境,建筑业市场化的演变对重大工程的治理结构和治理机制也有着至关重要的影响。建筑业是我国率先推进市场导向改革的行业之一。自 1984 年国务院发布《国务院关于改革建筑业和基本建设管理体制若干问题的暂行规定》以来,我国建筑业进行了长期而深入的市场化改革进程,一系列制度的制定使我国建筑业的管理模式发生了根本性的变化,相应的市场规则和运行机制也在不断地健全和完善。1992 年建设部发布了《建设部关于加快建筑市场改革步伐的通知》,旨在建立一个开放统一、平等竞争、规则健全、高效有序的建筑市场,使建筑市场在建设领域发挥主导作用。随着我国经济转型和市场化进程的加快,以及"新公共管理"思想的影响,政府不断放松对建筑业的管制,充分发挥市场主体的创造性和积极性。从实际效果来看,近年来建筑业已经成为继工业、农业和商业之后的第四大支柱产业,对我国国内生产总值增长的贡献巨大,从而检验了市场化改革的效果。本书试图通过构建一套适用于建筑业市场化进程测度的指标体系,对政府行为规范化、建筑业市场化进程状况和程度加以测度并分析其发展趋势。

三、组织理论为重大工程管理提供了系统网络

工程组织是为了实现工程目标,根据建设环境而建立的对工程建设实施管理和控制的系统。而重大工程组织则可视为由工程多主体在一定的规则和程序规定下,为了实施全过程中各种管理功能而形成的系统网络。其中,重大工程组织的参与主体既包括政府机构等公共权力部门,也包括投资主体、建设单位、勘察设计单位、施工单位、供货单位及专业咨询单位(如工程咨询、工程监理、招标代理)等工程建设参与主体,还包括社会公众等其他利益相关者及外部关联组织。

1. 重大工程组织模式的内涵

就组织模式而言,其概念有狭义和广义之分。狭义的组织模式即组织结构,是指为了实现组织目标,在组织理论的指导下,经过组织设计所形成的组织内部各个部门、各个层次之间固

定的结构方式。广义的组织模式还包括组织之间的无形的关系类型,这些类型依靠合同等界面进行维系,如经济联合体、专业化协作、企业集团等。在工程环境下,工程组织模式可界定为:在工程环境中,组织内主体关联结构、事权配置及各类管理资源整合转换方式等的规律和规则,包含了静态的组织构成、组织形态和组织要素,以及动态的项目交付和资源整合方式、治理机制和运作机制等方面。

总的来说,我国重大工程组织模式丰富且存在若干种组合模式。主流的组织模式包括项目法人制、工程指挥部模式以及代建制。

项目法人制,是指设立有限责任公司(包括国有独资公司)或股份有限公司,对项目的方案筹划、资金筹措、建设实施、生产经营、债务偿还和资产的保值增值等,实行全过程负责。项目法人制的提出,明确了我国政府投资项目建设过程中的责、权、利关系。工程建设指挥部负责制是我国计划经济体制下,大中型工程建设项目管理所采用的一种基本组织模式,它主要是以政府派出性质的工程建设指挥部形式对项目建设进行的管理和监督。工程指挥部模式是非法人模式的典型代表,也是我国特有的政府投资重大工程时代表建设单位利益的管理模式,是从我国当时的基本国情出发的。从20世纪60年代初开始实行至今,在此期间虽然出现过各类组织模式,但工程指挥部仍然是政府项目中较为常见的一种组织模式,如南水北调工程、青藏铁路、京沪高铁等众多跨区域的重大工程,以及一些大学城的建设等重要基础设施、重大片区、工业集中区、跨区域类重大工程,都是采用工程指挥部的管理模式。

2. 重大工程组织模式的特征

与一般工程组织相比,重大工程的战略意义和公共产品属性决定了其组织模式具有"政府-市场"二元性这一突出特征。实际上,二元性已经逐渐成为管理研究中的一种新范式。关于二元性的探讨最早可以追溯到Duncan的研究,他提出二元机制可以通过帮助平衡和协调不同的冲突目标或能力来提升绩效。随后,学者们开始将其运用在组织学习、组织适应管理活动中。现在,二元性已经逐渐拓展到组织行为、战略管理、组织变革、创新管理等诸多领域的研究中从而派生出"情境的二元性"这一概念,具体是指作为两种独立存在的情境相同的组织,会影响其他处于该情境下的组织的行为。然而,针对一些特定的组织行为活动,情境因素之间可能会存在一定程度的重叠,并形成较为复杂的交互关系。二元情境的假设前提是强调情境因素之间的交互关联,并通过有效协调共同促进二者的组织效益。

制度环境是基于组织外部的多边关系,以形塑组织运作方式和市场交易模式来影响其社会行为的规则集合。制度环境一旦形成,则可以在相应范围内约束组织参与社会活动的行为。在如今的中国社会,组织的多元化特征十分明显,即多种制度逻辑相互共存和竞争,最为鲜明的莫过于政府主导的计划经济思维和市场导向的市场经济思维的相互碰撞,政府和市场关系的处理是新一轮体制机制改革的关键。重大工程因其规模巨大、目标多元化、实施周期长、不确定性因素多、新技术集成复杂、创新性高和产业关联性强等特殊属性对经济、社会具有举足轻重的影响。一方面,受到政府的管控、调配和规范,政府的各项行政职能发挥了不可取代的作用。另一方面,我国重大工程建设组织身处于社会经济环境之中,其实施过程必然受到市场规律影响。因此,在重大工程建设领域,"政府-市场"组成的二元制度环境对组织模式起到的主导作用毋庸置疑,如何在中国独特的体制及制度情境下,解决政府与市场二元协同问题,是实现重大工程组织模式创新所面临的关键挑战。

3. 重大工程组织结构

重大工程往往是影响生产生活和社会秩序以及经济和环境可持续发展的"社会工程",对社会的发展有着重要的影响。除了安全、质量、投资、进度等目标外,还必须满足环境与可持续、社会稳定性与抗风险能力等社会发展赋予的新的目标的要求。同时,和一般项目不同的是,重大工程内外部环境变化极其剧烈,项目失败会对社会稳定产生不利影响,因此还要求组织必须具有极强的外部环境适应能力和变化的控制能力,这也是复杂适应性系统对重大工程组织提出的要求。因此,其组织体现出不同于一般工程的多层次功能,包括以下几个方面。

(1) 协同功能:宏观战略管理、顶层统筹和协同功能,如南水北调工程委员会组织需要与各地区政府组织进行协商以实施决策;

(2) 协调功能:各参建单位组织、协调和协作功能,如比一般工程规模更大、关系更为复杂、情景更为多变的勘察设计单位、施工单位、供应商和项目管理咨询单位的协调;

(3) 协商功能:外部单位和利益相关者的沟通和协商功能,如大规模征地拆迁、受影响居民及企业和团体的安置、确保社会稳定和避免恶劣国际影响等。

我国重大工程组织的多层次功能特征如图4.1所示。这种"协同-协调-协商"的总体框架形成了我国重大工程组织功能的基本框架,并在客观上反映了我国重大工程组织具有的"政府-市场"二元属性(如工程指挥部和建设单位的"两个牌子,一套班子"的典型模式)。此外,随着工程不断推进,在前期决策、勘察设计、招投标、施工、竣工验收和移交等不同阶段,上述功能内涵和重点将不断演变。

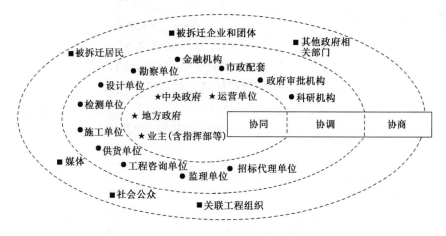

图4.1 我国重大工程组织的多层次功能特征

四、重大工程治理需要政府组织发挥关键作用

中国情境下的重大工程,政府作为特殊的建设单位,其行政指令作为项目治理机制具有明显的调节组织间关系的作用,政府必须根据城市的发展目标,对城市整体或某一片区

建设做出具有前瞻性和长远性的决策,发挥战略作用;重大工程建设主体之间可能会出现利益偏差,与重大工程的基本目标产生偏离,这就需要政府采用强制性手段进行治理,发挥相应的干预作用。同济大学复杂工程管理研究院的谢坚勋博士在其专著《重大工程项目治理机制及其对项目成功的影响机理》提出,如果模式得当,项目治理既能有效推进项目,也能有效平衡公共利益冲突。因此,从政府的角度研究重大工程中的政府治理模式是十分准确的。

1. 项目治理理论

随着建设项目的不断变革,当项目管理理论没办法解决制度层面的问题时,项目治理理论也就应运而生。与传统的强调在管理层面从技术方法出发对项目进行管理不同,项目治理基于合作原则,以用户的利益为中心目的,侧重对项目管理的制度基础进行探索,使所有项目参与者都能贡献其特有的知识和技能。项目治理与项目管理是相辅相成的。缺乏良好的治理模式,即使有健全的管理体系,也会基础不牢;同样,没有组织管理体系的顺畅和高效,单纯的治理模式也是难以实现的。项目治理的本质,即在于委托人(通常是建设单位),通过采取合适的治理机制,对代理人(通常是施工单位等供应单位)进行协调、控制和激励,促使代理人进行合作,避免投机行为。委托人所采取这些治理机制,总体上构成了项目的"治理结构"。但对于政府参与投资的重大工程来说,仅仅用基于信息经济学的代理理论来研究是不完善的,尤其在我国的建设环境下,完善的社会主义市场经济体制应强调完善的政府治理。

项目治理,特别是组织间关系治理,主要包括合约治理机制和关系治理机制。关系治理与合约治理在不同的项目中表现为互补关系或替代关系,组织之间的相互信任和沟通等非正式互动关系能一定程度上减少合约条款不完备带来的不确定性,在采用正式的制度治理出现问题时,信任是补充管理缺口的有效手段。

2. 重大工程治理

由于组织在重大工程中的重要地位,组织治理在重大工程的实施中扮演重要的角色,已经被看成影响项目绩效的决定性因素。重大工程组织治理存在多重困难,其中包括:项目参与方之间的差异和交互作用、组织关系的复杂性、建设周期较长带来的个人行为动态性和不确定性。不合适的组织治理会导致重大工程发生许多意外事件,如成本超支、进度延误或者失去控制。对于如何理解和定义项目治理存在广泛的差异,通常取决于研究者的技术背景和研究领域。Garland 将项目治理简单地定义为"项目决策制定的框架"。美国项目管理协会(Project Management Institute,PMI)将项目治理定义为"指导项目管理活动的框架、功能和过程,以创建独特的产品、服务或结果,并满足组织的战略和运营目标"。Müller 将项目治理定义为允许项目实现组织目标和促进内部、外部利益相关者及企业自身利益实现的价值体系、职责、流程和政策。有学者认为治理的目的是确保代理人能遵从委托人的利益,因此,谢坚勋博士认为,项目治理能够促进参与各方明确自身的任务目标,从而推动项目系统目标的实现。项目治理为委托人及代理人提供了一个结构,通过这种结构设定项目的目标,确定实现该目标及监督项目绩效的方法。

与一般项目不同,重大工程是较为复杂的,它们的治理有"例外"特性和"特别体制",甚至与国家的干预主义水平有关。重大工程治理的主要目标是在不明确的环境情境下提供确定性的管理过程,能够实现过程透明、引入问责机制和明确角色的作用,同时允许项目灵活地适应正在发生的变化。通常,治理结构不能提供足够的灵活性,因为它们受到传统公司治理形式的影响,关注的重点主要放在了监督和控制机制上。然而,重大工程和治理结构的配置应该是一致的,要为组织创造价值,并使具体的操作实践适应时下的变化。在重大工程中,良好的治理结构必须为项目组织中可能发生的冲突设置准备,这被称为"可治理性"。Lundin 等认为新制度理论应该被用于临时性的组织,如项目。

新制度经济学认为,制度安排的特征和方式要受到制度环境的作用和影响。一个重大工程包含了政治、经济、社会等复杂性因素。如果将重大工程治理看作由项目参与方自发选择、自主决定的结果,就可以将这些项目治理看作一种制度安排,而这些制度安排可以由微观主体的策略活动内生地演变出来。重大工程治理作为一种制度安排,它的出现、变迁与演化,内生于其所处的社会环境和制度环境。参与人不断地重复、协调的最终结果是制度的发生。一项制度安排在特定社会经济背景下的确立,是复杂和反复的过程,与该社会的政治经济文化等各方面紧密联系、相互影响和制约。

由此可见,制度理论是重大工程治理研究的重要理论基础。制度理论又与重大工程治理理论结合在一起,为降解项目的复杂性提供了依据。

3. 重大工程政府治理的理论建构

很多研究认为,政府作为政治性极强的参与者,是建设项目中不符合任何典型类别的利益相关者,需要单独讨论其行为、角色以及相应的组织安排。重大工程中的政府治理可以看作是一种制度安排。这一制度安排不仅包括正式的组织和制度,还包括非正式的规则和文化关系等不加约束的因素。政府是治理的一个分支,其行动具有权威性,并产生正式的约束关系。政府在重大工程中一直处于重要的地位,虽然其作用的程度随经济体制的变化而发生了转变,即由完全的基于法律法规产生的作用,逐渐转移到通过共有的意识形态、社会规则、文化背景或工作经验而对组织产生影响,后者虽说难以进行观察,但实际上发挥着重要作用。

但是,我国的"政府-市场"二元体制转变的特殊情境使上述这种转变的内在规律较西方发达国家而言,有着较大的差异,难以直接借鉴国外的历史经验,其本质还是由于国家之间的文化属性存在差异导致的政府治理模式的差异。在研究政府在重大工程中的隐性作用时,西方也有类似的案例,如美国某快速交通项目,为了防止隧道渗水带来的后期可能由政府承担的修复费用,联邦政府在设计文件中要求了远超过需要的规格标准,增加了承包方的成本。这一行为即政治力量介入重大工程,虽提升了政治家的政治资本却损害了参建方利益的典型案例。

对于重大工程中政府行为难以用正式协议来解释这一治理问题,经济学和社会学视角的组织研究都不约而同地将目光聚焦于有利于持续发展各方关系的关系型治理机制,从而降低投机行为,促进合作。由我国制度历史所形成的政府与国企的特殊关系,动员了项目所需的人力物力,并可以有效地应对项目规划建设过程中的诸多不确定性与新挑战。这些企业维持其合法性与生存资源来源的目的是,其关键受众只有政府,而非它们所应服务的公众,因此形成了互补利益的横向协调、内部协商模式。

4. 重大工程政府治理的内容

政府职能的实现路径之一是向社会提供公共产品和服务,而对重大工程这一类公共项目的投资与管理,是政府服务于社会的重要表现形式及载体。对于一般工程来说,政府属于外部利益相关方;广义来看,政府包括了监管机构、法律机关、政府机构和部门,它们的共同目标是通过建设项目来实现社会目标,而且对项目有着基于道德及文化的推动动机。与一般工程不同,重大工程由于其特殊性,其历史起源就是基于政府主导的,政府是直接参与方,会对工程产生重大影响。一般工程更倾向于追求经济利润,而重大工程建设的主要目标是确保项目对社会政治环境有益,或者至少是无害的。政府在重大工程中的角色可以通过权力、合法性和诉求紧迫性来理解。在西方情境下,政府行为的合法性来自其受到了多数选民的支持,需要对支持政府的选民履行承诺,保障其利益。因此对工程的监督和管控权力主要通过规范性和强制性的法律法规来实施,并有权通过各种方式限制或者实施重大工程。在中国情境下,政府对重大工程的管理途径与西方类似,由于其合法的地位和拥有较大的权力,政府对项目的诉求或统筹安排往往能够得到其他参建方最快速的响应。政府在重大工程建设项目中的角色(图4.2),通常可以归纳为两个类型:基于政策权力的指挥者和基于市场经济的执法者。作为指挥者,政府可能出于种种原因取消以前做出的决定和承诺,从而导致项目的拖延并影响参建单位的利益。在中国情境下,政府承担并演变成多个角色,其核心角色是项目的直接参与者,但同时又是工程项目的指挥者和激励者。在承担执法者角色时,政府采取措施来规范项目参建方应当做什么和不应该做什么,但通常由于政治压力,执法行为的社会成本和环境成本被大大低估,执法结果往往不能达到项目要求的目标。在指挥跨区域建设的重大工程时,一个高级别的协调部门是不可或缺的,否则会缺乏有效的执法基础,使执法的效率降低,从而造成协调失败。

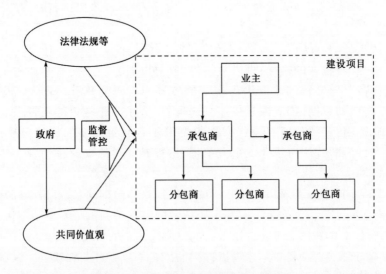

图4.2 政府在重大工程建设项目中的角色

第二节 项目管理相关理论

全过程工程咨询,说到底就是为项目管理工作提供更具技术能力的支持与指导,以更好地实现管理目标。由于涉及参与方、组织众多,重大工程项目管理更需要广泛的理论基础进行引导。本节介绍以下三种与重大工程项目管理密切相关的重要理论:资源依赖理论强调组织管理需要集中掌握关键资源;利益相关者理论对各参与方的责权利进行清晰地界定;项目组织模式与组织行为理论从组织的角度对项目管理提出要求。这些理论极大丰富了项目管理的内涵,为全过程工程咨询服务的提出构建了情境。

一、资源依赖理论强调需要从周围环境中吸取资源

所谓资源依赖理论,是指一个组织最重要的存活目标,就是要想办法减低对外部关键资源供应组织的依赖程度,与此同时寻找出一个方法,使得对项目有利的各方关键资源能够得到有效的掌握和利用。

资源依赖理论属于组织理论的重要理论流派,是研究组织变迁活动的一个重要理论,萌芽于20世纪40年代,在20世纪70年代以后被广泛应用到组织关系的研究,与新制度主义理论被统称为组织研究中两大流派。资源依赖理论提出了4个重要假设:组织最重要的是关心生存;为了生存,组织需要资源,这些资源又是组织自身无法创造的资源;组织与其他可创造这些资源的组织进行互动;组织生存建立在一个控制它与其他组织关系的能力基础之上。资源依赖理论的核心假设是组织需要通过获取环境中的资源来维持生存,这些资源不是组织自生的,都需要与环境进行交换。普费弗提出应当把组织视为政治行动者而不仅仅是完成任务的工作组织。

1. 资源依赖的三层含义

资源依赖理论强调组织体的生存需要从周围环境中吸取资源,需要与周围环境相互依存、相互作用才能达到目的。

它包括三层含义:组织与周围环境处于相互依存之中;组织可以通过自己的行为来调整对环境中的资源依赖的程度;环境不应被视为客观现实,对环境的认识通常是一个行为过程。

2. 资源的重要性

资源依赖理论强调组织权力,把组织视为一个政治行动者,认为组织策略的本质即试图获取资源,试图控制其他组织的权力行为。资源依赖理论也考虑组织内部因素,可以帮助组织获取更多外部资源的成员理应比其他成员拥有更高的权利。后来的研究者又对资源依赖理论进行了大量的经验研究,使其成为一个系统的理论。这个理论通过说明政府对资源的依赖,直接阐释了政府与资源的相互关系。

资源依赖理论认为,即使是同一方面的资源,各组织之间对其的需求或理解也不尽相同,从而不能自由流动,无法进行交易。比如组织才能,它们以惯例为衡量尺度,可能比机器设备等有形资源在市场上带来更长期的竞争优势。但是,它却不能被放入市场当中。与此同时,相对于企业不断提升的发展目标来讲,任何企业都不可能完全拥有所需要的一切资源,在资源与

目标之间总存在着某种战略差距。因此,为了获得这些资源,企业就会同它所处环境内的控制着这些资源的其他组织之间进行互动,从而导致组织对资源的依赖性。因为这种依赖性,组织会试图支配它们的环境,并计划它们对偶发事件的反应;努力追求亲密的关系;避免对市场的依赖和对技术化的机会的依赖。

3. 通过管理配置资源

组织可能会追求更多的资源,以保障自己的利益,减少和避免环境变化带来的冲击,其目的在于组织需要规避环境的不确定性。可持续的竞争优势来源于审慎的理性管理、选择性资源的积累和配置、战略性的产业要素和要素市场的不完善。该理论认为应将组织的目标集中在资源的特性和战略要素市场上,并以此来解释企业的可持续的优势和相互间的差异。企业关于资源选择和积累的决策被认为是一种经济理性,受制于有限信息、认知偏差和不确定。企业真正意义上的超额利润及与其他企业的差异,正是通过对有价值的、稀缺的、难以复制的资源进行有效利用而得来的。

组织间的环境是有限的,企业很难获得自己想要得到的所有资源,所以那些能够获得较多资源的组织便可以有较大的自主性,并能够有效支配缺乏资源的组织,从而在竞争市场中占有主动权。资源的选择和积累取决于企业内部决策和外部战略因素。资源的选择和配置能否导致企业间的差异依赖于要素市场的不完善性。这种不完善性指关键资源的获取、模仿以及替代的障碍。这些障碍导致其竞争者无法获取关键资源,从而产生了企业或组织之间的长期差异。

4. 在重大基础设施工程项目中配置资源

组织间的资源依赖产生了其他组织对特定组织的外部控制,并影响了组织内部的权力安排;维持组织的运行需要多种不同的资源,而这些不同资源不可能都由组织自己提供。对于重大工程项目来说,各参与方为实现项目交付的目标,依赖于专业项目管理资源。因此,如何配置这种"资源",实现项目目标的最大化是建设单位及各参与方都应该考虑的问题。资源依赖理论认为,组织更应该被视为一种"联结"。组织是具备大量权力和能量的社会能动者,其核心问题是谁将控制这些能量以及实现什么样的目的,这与重大工程项目的情境相一致。资源依赖是"必要的",也是"不可逃避的",资源的有效配置及利用就显得尤为重要。

二、利益相关者理论为项目管理提出了多视角下统一管理的问题

利益相关者理论是 20 世纪 60 年代左右在西方国家逐步发展起来的、20 世纪 80 年代以后其影响迅速扩大,并开始影响美英等国的公司治理模式的选择,并促进了企业管理方式的转变。除了在公司治理方面,利益相关者理论也是项目管理的重要理论之一。

1. 利益相关者概念

至今,关于利益相关者的概念问题还没有得到清楚的界定。1695 年,美国学者 Ansoff 最早将该词引入管理学界和经济学界,他认为"要制定一个理想的企业目标,必须平衡考虑企业的诸多利益相关者之间相互冲突的索取权,他们可能包括管理者、工人、股东、供应商及分销商。"

从学者们多年研究得出的三十多种利益相关者来看,其定义主要有广义和狭义之分,广义

的概念能够为企业管理者提供一个全面的利益相关者分析框架;而狭义的概念则指出哪些利益相关者对企业具有直接影响从而必须加以考虑。其中比较有代表性的是弗里曼与克拉克森的表述,弗里曼认为"利益相关者是能够影响一个组织目标的实现,或者受到一个组织实现其目标过程影响的人",这个概念说明了利益相关者与组织的关系,但其界定十分广泛,无论是股东、债权人、雇员、供应商、顾客、甚至社区、环境、媒体,只要对企业的活动有着一定的影响,都可以被看作是利益相关者。

克拉克森认为"利益相关者在企业中投入了一些实物资本、人力资本、财务资本或一些有价值的东西,并由此而承担了某些形式的风险;或者说,他们因企业活动而承受风险"这个表述不仅强调利益相关者与企业的关系,也强调了专用性投资。国内学者结合了上述二者的观点,提出了"利益相关者是指那些在企业中进行了一定的专用性投资,并承担了一定风险的个体和群体,其活动能够影响企业目标的实现,或者受到企业实现其目标过程的影响"这一概念,既强调了企业和利益相关者之间的重要关联性,又阐明了专用性投资的意义。

2. 利益相关者的分类

只有对利益相关者进行科学的分类,才能针对不同类别的利益相关者进行科学管理,而已有的相关文献较为丰富,根据时间线索对利益相关者的分类主要从多维细分法和米切尔评分法从所有权、经济依赖性和社会利益三个不同的角度出发对企业的利益相关者进行分类。首先,所有持有公司股票者是对企业拥有所有权的利益相关者;其次与公司在社会利益上有关系的则是政府、媒体、公众等;之后,对企业有经济依赖性的利益相关者包括经理人员、员工、债权人、供应商等。

米切尔在提出 Score Based Approach 评分法界定利益相关者时,从利益相关者的合法性(即某一群体是否被赋有法律上、道义上的或者特定的对于企业的索取权)、权利性(即某一群体是否拥有影响企业决策的地位、能力和相应的手段)、紧急性(即某一群体的要求能否立即引起企业管理层的关注)三个属性维度,把 27 种企业的利益相关者分为 10 类开展识别分析和管理,为后来学者从不同视角对利益相关者进行研究提供了基础。

3. 利益相关者理论基础

提出利益相关者理论是有深厚的理论基础的,下面我们从企业的本质、企业的目标两个方面对利益相关者理论进行深入的阐述。

(1)企业的本质。

首先,企业的本质是什么?从科斯的"交易费用论"到"团队生产"理论再到项目管理中运用广泛的"委托代理"理论,虽然他们强调的重点不同(交易费用理论强调企业为什么会存在,团队生产理论和委托代理理论强调企业内部的监督和代理关系。监督和代理的核心都是设计出激励机制以使股东价值最大化),但这些主流企业理论却都赞同企业的本质是"一系列契约的连接"(A nexus of contracts),即企业的业务是通过契约合同维系的。在他们的观点当中,企业是由股东组成的,股东的物质资本比人力资本更稀缺,更具有专用性,承担的风险更大,因此使企业更有效率的途径之一是将剩余价值转化为股本。即物质资本能够无条件地给其所有者带来某种控制其他要素所有者的权利,并能够因此获取组织盈余的权利。主流企业理论对企业性质的根本认识——既然物质资本的所有权就是权利的来源并且能够直接或间接的控制人力资本,那么拥有物质资本的所有权的股东就在企业的不完全契约中占有优先的地位,只有他们的存在才能使得企业更稳定的发展。

但利益相关者理论认为公司的出资不仅来自股东,而且来自公司的雇员、供应商、债权人、客户等,这些主体提供的是一种特殊的人力资本。在人力资本的专用性越来越强的今天,特别是在人力资本已成为企业存在和发展的关键性要素的新型企业,人力资本的投资者也承担了更大的风险,甚至相对来说这种风险比股东要更大。因此企业的本质是"一个难以被市场复制的专用性投资的网络",而且是"围绕关键性资源而生成的专用性投资的网络",企业存在的意义就在于能够通过这些关系专用性投资而产生的某种准租金或组织盈余,并且通过该种利益关系与组织结构持续发展。

利益相关者理论认为将企业理解成"契约的联结体"并没有错,但是签订契约的主体范围太窄,除了企业的所有者股东、经理人员、员工和企业订的显性契约,还有影响到企业生存和发展或受到企业生存和发展影响的个体和群体,如政府、供应商、分销商、债权人、顾客、社区等。这些利益相关者都与企业签订了契约,只不过有些是显性契约,有些是隐性契约,这些隐性契约都蕴含着以专用性投资为基础的利益和风险关系。不管是显性的还是隐性的,每一种契约参与者都向公司提供了特殊的资源,当然契约参与者也会有谈判的权利,这样才能保证签订契约主体的利益受到保护。

(2)企业目标。

企业的目标是什么?主流企业理论认为:企业目标是追求股东利润最大化。而利益相关者却认为:企业的目标是为所有的利益相关者和社会有效的创造财富。正如在企业本质中所介绍的那样,许多人都将关注利益相关者作为一种股东利润最大化的手段,借用经济学家科克朗的话"企业任何行为的唯一经济理由就是股东价值最大化",如果一项活动能增加企业的价值,那么它就是合理的。例如:如果能够减少环境污染,改变公司形象等等的话,那么增加企业环境方面的支出就是合理的。但无论如何,财务性收益必须要超过财务性成本,有可能一部分财务性收入并不能直观体现,这也需要企业进行清晰地界定。因此如果关注利益相关者确实能够提高企业的绩效,给股东带来更多的利润,那么关注利益相关者是可行的,与企业的目标不相冲突。但利益相关者理论要的不是"关注",而是剩余索取权、是谈判的权利。因为利益相关者对企业的持续发展投资使他们承担了风险,特别是在知识经济时代,科技日新月异,人力资本的作用越来越重要,天才、灵感、创新等不可复制、不可模拟的资源形成了企业各种无形的、有价值的、竞争对手难于模仿或直接取得的资产。

4.建设项目利益相关者理论

建设项目利益相关者管理(Stakeholder Management)是指对在建设项目生命周期中,对建设项目目标的实现起到促进作用或影响的组织和个人的管理。建设项目利益相关者管理是解决建设项目利益冲突,实现利益最大化和项目目标的重要途径和手段。

根据利益相关者与项目的不同影响关系,建筑工程项目利益相关者可以分为"主要利益相关者"和"次要利益相关者"。主要利益相关者是指那些与项目有合法契约合同关系的团体或个人,包括建设单位、施工单位、设计单位、供货单位、监理单位、给项目提供借贷资金的金融机构等;次要利益相关者是指与项目有隐性契约,但并未正式参与到项目的交易中,受项目影响或能够影响项目的团体或个人,包括政府部门、环保部门以及社会公众等。在建筑工程项目的不同运作阶段,项目利益相关者也不尽相同。图4.3描述了建筑工程项目各个阶段的利益相关者及其之间的利益关系。

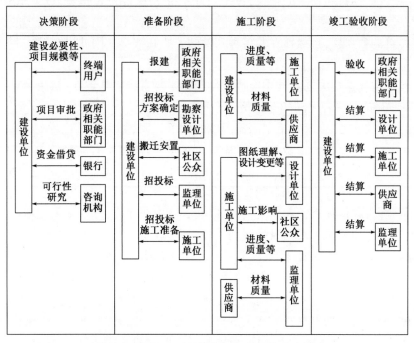

图4.3 建设工程项目各阶段利益相关者关系分析

建筑工程项目决策阶段涉及的项目利益相关者主要有建设单位、项目用户、政府相关职能部门、银行等金融机构以及项目咨询机构等。在这一阶段,建设单位作为项目的发起者,与其他利益相关者有着各种利益关系,主要包括建设单位因项目建设必要性、项目规模确定等问题与用户之间的关系;建设单位就项目审批问题与发展计划委员会、国土资源和房屋管理局、市政管理委员会等政府相关职能部门之间的关系;建设单位就资金借贷与银行等金融机构之间的利益关系;建设单位与咨询单位之间的利益关系等。

在建筑工程项目准备阶段,项目利益相关者有建设单位、政府相关职能部门、勘察设计单位、社区公众以及施工单位等,他们之间利益关系主要包括建设单位就报建、招投标等问题与相关政府部门之间的关系;建设单位就设计方案的确定与勘察设计单位之间的关系;建设单位就搬迁安置与项目所在社区的公众之间的关系;建设单位就招投标、施工准备等问题与施工单位之间的关系等。

在建筑工程项目施工阶段,项目利益相关者主要有建设单位、施工单位、材料供应商、设计单位、社区公众、监理单位等。在这一阶段,对建设单位来说,会因施工进度、施工质量等问题与施工单位、因材料质量与供应商之间发生利益关系;对施工单位来说,会因图纸理解、设计变更等问题与设计单位、因施工作业影响等与社区公众存在利益关系;对监理单位来说,会因质量、进度问题与施工单位、材料供应商之间发生利益关系。

在建筑工程项目竣工阶段,项目利益相关者有建设单位、政府相关职能部门、设计单位、施工单位、材料供应商、监理单位,存在的利益关系主要包括建设单位就工程验收与政府相关职能部门之间的关系,建设单位就结算问题与设计单位、施工单位、材料供应商、监理单位之间的利益关系。

显然,由于这些利益相关者的存在,各相关方互相作用、相互促进,形成了积极影响项目进展的关系网络。建筑工程项目作为多方利益的综合体,包含了太多利益相关者的诉求,这些利益诉求由于各自的独立性,必然存在着各种利益的矛盾和冲突。因此,如何协调各利益相关者的利益冲突是建筑工程项目利益相关者管理的核心问题。

建筑工程项目利益相关者管理中应注意的问题主要有以下几点:

(1)要保证利益相关者之间的互相信任。

信任是一种社会资本。博弈论中囚徒困境的例子说明,如果人们因缺乏联系和信任而建立不起合作关系,将会给社会造成巨大的损失,这样的损失在所有的经济交易中都有可能发生,建筑工程项目管理也不例外。项目能否取得预期的目标,与利益相关者之间的合作有着重要的联系。因此,为了保证项目的顺利实施,利益相关者之间应该相互信任,建立良好的工作关系,培养项目各方的信任意识和团队精神,以减少摩擦和冲突,降低交易成本,实现项目利益各方的共赢,最终促使建筑工程项目的成功完成。

(2)实施差异化的管理策略有助于发挥各利益相关者之间的特性。

在建筑工程项目实现的全过程中,不同类型的利益相关者对项目的影响以及被项目影响的程度是不一样的,并随着时间和空间动态变化。因此,针对不同类型的利益相关者应采取不同的管理策略,最大限度地提高利益相关者对项目的满意度和支持度。一般来说,那些与项目有合法契约关系的主要利益相关者群体,应明确了解他们的预期利益,在订立契约时要考虑这一因素,在进行双方责权利的划分时考虑其利益;而那些并未正式参与到项目交易中的次要利益相关者,他们与项目的关系比较复杂,在不同情况下会采取合作支持的行为或威胁限制的行为,对此,项目管理者必须慎重处理与他们的关系,安排适当的合同结构,以期提高他们的支持力度。

(3)建立信息共享和有效的沟通机制。项目投入的信息和资源通常掌握在利益相关者手中,对信息和资源的掌握赋予了利益相关者一定的权利。同时,信息获得或外部资源的变化会影响项目的规划、组织、人员配备等。项目失败的部分原因就是由于信息交流的不对称。在项目利益相关者之间建立有效的沟通机制,尽早发现问题、解决问题,是避免冲突的有效途径。

5. 对利益相关者理论的评价

将利益相关者纳入公司治理中使企业更着重于对长期目标的追求和持续性发展,而无须因为股东利益最大化的目标只注重短期效益。同时,由于利益相关者的利益得到了维护,他们反过来会更加关注企业的发展,并自愿将自己的信息告诉建设单位,从而减少了监督激励成本和机会主义行为,他们和企业形成一种基于信任的长期稳定的合作关系将大大减少交易成本和由于信息不对称带来的损失。最后,良好的声誉、独特的组织文化与客户、供应商之间长期稳定的合作关系形成企业的无形的、有价值的、竞争对手难于模仿或直接取得的资产,而这些资产使企业创造了超越竞争对手的优势,形成企业的核心竞争力。

对于重大基础设施工程来说,利益相关者是建设单位的"得力助手",直接关乎项目能否实现其最终目标。因此,对其进行统筹的协调安排,是项目管理的关键因素之一。

三、项目组织理论揭示了组织在项目管理领域的重要作用

组织在项目管理活动中,起到了关键的作用。一切项目管理活动的策划与发生都是以组织的视角发起的。因此,项目组织模式与组织行为理论也是项目管理的重要组成部分。

1. 目标集成管理的组织模式

项目管理组织结构是反映项目管理过程中各种职能的横向分工与层次划分的结构形式。现行的项目管理组织结构按照从面向功能到面向项目的趋势可主要划分为职能式组织结构、矩阵式组织结构、项目式组织结构。此类项目组织结构为从建设单位到设计、施工、材料供应等环节构成的垂直的组织结构,即:项目参与各方一般都是按照工程项目的进度,在特定的阶段项目建设过程中,根据合同规定履行自己的义务。在这种组织结构中,项目参与各方之间相互独立,缺少信息、资源的交流与合作,只注重独立阶段的目标与自身利益,缺乏全局统一的思想,导致项目组织内缺乏整合力,项目成本提高,风险增加等,从而导致项目管理的总目标难以实现。为实现项目目标的集成化管理,需要建立基于项目全寿命周期管理的集成化管理组织结构。集成化管理组织结构是指运用集成化的思想,通过合同界面将项目各参与方结合成为目标统一的一个整体,在此基础上进行项目目标导向的集成化管理。

2. 建设单位项目管理组织模式

长期以来,建设单位项目管理组织模式尚未形成标准或规定,建设行业正在积极探索。大量建设工程的项目管理实践表明,建设工程项目建设单位管理组织主要有三种模式:一是建设单位自行项目管理;二是建设单位委托项目管理;三是建设单位与项目管理(咨询)单位合作进行项目管理。对于建设单位项目管理组织模式,本书前文已有阐述,此节不再重复赘述。

3. 推动建设单位项目管理组织模式的宏观改进

从宏观的角度对建设单位项目管理组织模式进行推进的方法主要有以下几种:

(1)将工程项目建设单位的管理组织模式纳入市场准入的范围。

健全工程项目建设单位三种管理组织模式的相关法律、法规,限定建设单位三种项目管理模式资质和条件。引入市场准入制度,把建设单位的建设工程项目管理纳入市场准入法规调整的范围,调整建设单位管理主体和人员,在具体地方的法规中加以实施。确保建筑市场的规范性和有序性,填补现行对建设单位市场准入制度的空白。这也是我国项目法人制实现的强有力保证。纳入市场准入的重点是对建设单位项目管理组织的机构和人员提出一定的素质要求。这是确保项目顺利建成的必要条件,也是提高建设单位管理人员素质或吸纳其他各方主体取证人员的重要举措。

(2)制定标准和规范。

对建设行政主管部门和相关部门制定建设单位三种项目管理组织模式的内容、程序、职责、权利进行规定,或者采用标准、规范的手段制定三种模式的合同示范文本,避免选用模式存在的随意性和盲目性。

(3)政府给予大力支持与指导。

对委托项目管理或合作的建设单位提供办理各项手续时的便利,考虑适当予以各种优惠的措施;提出取费上的奖励政策;考虑给独立承担或合作的项目管理企业明确税种及税率鼓励

的政策。就工程项目建设单位的管理组织模式选择,专门下发支持与指导性文件给予支持引导,并有计划有目的地安排一批项目试点,按阶段及时召开现场会和研讨会,进行有力的宣教,并适时解决出现的问题。对现存已有一定规模的监理企业调整经营结构、增加综合实力、加快发展的,要给予积极引导和扶持。

(4) 加强项目管理组织模式的研究和推广。

高度重视工程建设单位项目管理模式的理论研究。由政府牵头,结合有关高校、行业协会或者建设工程研究机构采用理论与实践相结合的研究方法,加强对项目管理组织模式的研究和推广;为进行项目管理的培育和改造,奠定较好的理论基础和社会环境,从而提高我国工程建设项目管理的整体水平。

实际上,要想推动项目管理组织模式的宏观改进,在很大程度上取决于国家的政策影响。全过程工程咨询政策的推出及发展即从宏观的视角规范了建设单位委托第三方机构进行全过程项目管理的模式。可以说,项目管理模式的发展,会因全过程工程咨询的推进,发展到更为现代与集成的层面。

第三节 项目治理相关理论

以上两节内容从重大基础设施工程复杂性以及项目组织管理的相关理论出发,对重大基础设施工程的性质及相应的项目管理模式进行了剖析。可以得出,重大基础设施工程亟须治理,通过项目治理优化项目管理结构,并使得项目复杂性降低。本节介绍项目治理相关理论,从委托代理与现代管家理论、再到整体性治理,从不同角度对重大基础设施工程治理提供理论指导。

一、项目治理最早可以溯源到委托代理理论与现代管家理论

相关学者从很早之前就开始研究项目治理相关问题,最早的研究理论可以追溯到委托代理理论和现代管家理论。前者阐述了著名的委托代理关系,后者说明了委托人和代理人之间可以通过某种途径达到利益目标的一致。

1. 委托代理理论

委托代理理论(Principal-Agent Theory)的产生可以追溯到20世纪30年代,美国经济学家伯利和米恩斯观察到企业所有者兼经营者在一些企业决策上存在问题,于是提出"委托代理理论",倡导所有权和经营权分离,企业所有者保留剩余索取权,而将经营权利让渡给其他主体。"委托代理理论"早已成为现代公司治理的逻辑起点。

(1) 理论基础。

委托代理理论是建立在非对称信息博弈论的基础上的。非对称信息(A symmetric Information)指的是只有某一参与方拥有的信息。信息的非对称性可从以下两个角度进行划分:一是非对称发生的时间,二是非对称信息的内容。

从非对称发生的时间看,非对称性可能发生在当事人签约之前(Ex-ante),也可能发生在

签约之后(Ex-post),分别称为事前非对称和事后非对称。研究事前非对称信息博弈的模型称为逆向选择模型(Adverse selection),研究事后非对称信息的模型称为道德风险模型(Moral hazard)。

从非对称信息的内容看,非对称信息可能是指某些参与人的行为,研究此类问题的模型称为隐藏行为模型;也可能是指某些参与人隐藏的信息,研究此类问题的模型我们称之为隐藏信息模型。

(2)主要内容。

委托代理理论是制度经济学契约理论的主要内容之一,主要研究的委托代理关系是指一个或多个行为主体根据显性或隐形的契约,指定、雇佣另一些行为主体,在授予其一定的决策空间的基础上,要求其为自身服务,并根据后者提供的服务数量和质量对其支付相应的报酬。授权者就是委托人,被授权者就是代理人。

委托代理关系的适用背景很大程度上取决于一些专业化的问题。当存在"专业化"时就可能出现一种关系,在这种关系中,代理人由于相对优势而代表委托人行动。现代意义的委托代理的概念最早是由罗斯提出:"如果当事人双方,其中代理人一方代表委托人一方的利益行使某些决策权,则代理关系就随之产生。"委托代理理论从不同于传统微观经济学的角度来分析企业内部、企业之间的授权与被授权关系,它在解释一些组织现象时,优于一般的微观经济学。

委托代理理论是过去30多年里契约理论最重要的发展之一。它是20世纪60年代末70年代初一些经济学家深入研究企业内部信息不对称和激励问题发展起来的。委托代理理论的中心任务是研究在信息不对称或者利益相悖的前提下,委托人应该如何设计合约、采取怎样的激励或惩罚措施以提高代理人的绩效水平。

(3)建设项目的委托代理关系。

建设项目各参与方加入项目的目标、利益、掌握的信息和所处的地位不同,从而产生了委托代理关系。

目前,建设项目的委托代理关系有四个层次:一是投资方与具体的建设项目公司之间的委托代理关系;二是具体的建设项目公司与其他参与方(咨询公司、承包公司、融资机构、供应商和监理单位)之间的委托代理关系;三是投资方、具体的建设项目公司与项目产品、设施使用者之间的委托代理关系;四是各个参与方内部项目经理与项目成员之间的委托代理关系。各参建主体之间总是以合同即经济契约的形式把相互之间的利益关系确定下来,主动设计契约的一方为委托人,接受或拒绝契约的一方为代理人。因此这四种关系中前者是委托人,后者是代理人。

同一主体在不同层次的委托代理关系中,既可以是委托人,也可以是代理人;既可以是多个委托人与一个代理人之间的关系(如投资者、具体的建设项目公司——项目产品、设施使用者),也可以是一个委托人与多个代理人之间的关系(如具体的建设项目公司——咨询公司、承包公司、供应商和监理单位)。

建设项目委托代理关系的这些特点决定了项目实施过程中存在高度信息不对称性,资产规模越大的项目,项目周期越长,合作难度也越大,腐败与共谋问题就越容易发生,这是委托代理问题在建设项目领域应用的弊端。

2. 现代管家理论

作为一个更成熟的治理模型,现代管家理论在追求组织的长期利益方面是对代理理论和利益相关者理论的更好选择,具有实践和理论基础,是系统、完整和整体的管理理论和组织发展原则。

(1)产生背景。

20世纪90年代以来,现代管家理论(Stewardship Theory)得到迅速发展,它从委托代理理论的对立角度揭示了经理人和委托人之间存在的另一种关系,为解决公司治理问题提供了新的思路,在一定程度上弥补了委托代理理论的不足。中国正在进行的公司治理改革基本上与早些时候美国的公司治理模式相同,其思路与委托代理理论相一致,但中国的公司治理改革却是在转型经济框架和集体主义文化背景下进行的,因此,虽然进行了多年努力的摸索,但成效有限,公司治理尚未对中国企业的改革发展发挥出实质性作用。研究表明,委托代理理论和现代管家理论只是对某些特定情境具有理论解释力,现代管家理论揭示了董事与经理人动态的相互影响和内在的长期人际关系下的社会变化。因此,在代理理论框架下,借鉴现代管家理论的研究思路与相关研究成果,建立起适合中国国情的公司治理体系,对提高中国企业的公司治理整体水平和国际竞争力,保持经济持续健康科学发展,具有很重要的理论意义和现实意义。

(2)主要内容。

现代管家理论认为委托代理理论对经营者内在机会主义和偷懒的假定是不合适的,而且经营者对自身尊严、信仰以及内在工作满足的追求,会使他们努力工作,做好"管家"。现代管家理论认为,股东或其他利益相关者可以采取一些手段,使得经营者严于律己,在此基础上实现两方的利益目标统一。

总体来看,学术界对管家理论的研究主要侧重于四个方面:一是对经理人的人性分析和假设,究竟经理人是个人主义、机会主义、自利的"代理人",还是集体主义、组织至上、值得信任的"管家";二是在治理结构设计上,究竟是建立独立的董事会、增加外部或独立董事,以加强对经理人的监督和控制;还是将董事会主席与首席执行官(CEO)二职合一、增强经理人与股东的内部统一性,以利于经理人在相互信任的环境中充分发挥其管家才能;三是在治理机制设计上,究竟是建立控制与物质激励为主的长期薪酬计划,还是建立非物质的激励计划,或是通过股权激励手段进行激励;四是管家理论与代理理论的相互关系究竟如何?是这种理论比另一种理论更有效,还是二者都只是适用于解释某一些特定现象。

(3)评价及启示。

对委托代理理论及其治理措施的反思以及现代管家理论研究的不断深入,引发了理论界和企业界对管家理论越来越多的重视。Caldwell和Karri指出,现代管家理论在追求组织的长期利益方面是对代理理论和利益相关者理论的更好选择,是更好的治理模型,具有实践和理论基础,是系统、完整和整体的管理理论和组织发展原则,在伦理方面优势更多。尽管现代管家理论的研究还处于起步阶段,研究思路还比较零散,还没有形成统一的研究框架,对现代管家理论的应用治理也还未成熟;但现代管家理论无疑为公司治理研究提供了一种新的视角,开辟了一条新的路径。

长期以来,加强董事会的独立性、要求董事长与总经理分设、增加外部或独立董事、股票期权或薪酬与考核挂钩等做法被视为中国公司治理的"灵丹妙药"。事实上,这些观点即使在西方也没有得到定论,与此相反,二职合一、强调内部或关联董事的作用、弱化物质激励等做法也得到了一定程度理论和实证的支持。两者各有其长处,只是适用于不同的情境之中。因此,将代理理论视为中国公司治理改革的唯一理论根据,盲目效法西方的公司治理措施是不合适的。现阶段研究需要做的是,突破传统的代理理论研究假设和思路,从委托人、经理人两个利益主体的角度去分析他们之间的治理关系,对传统的公司治理研究是一个很好的补充,有利于解释公司治理实践中暴露的种种问题,有利于对传统公司治理结构和治理机制进行有益的修正。

在研究方法上,现代管家理论从行为角度研究管家与委托人之间的交互影响及其产生的结果,因此在分析方法上将主要借鉴行为博弈、组织行为学等分析工具。国内外的实证研究都是采用横截面数据和面板数据,直接分析上市公司的治理结构、治理机制与公司绩效之间的关系,但忽视了另一种更有效的研究方法,即分析公司在改变治理结构或治理机制前后公司绩效的变化。这应该是未来公司治理相关理论的一个研究方向。

现代管家理论与委托代理理论之间的对立,更多是因为经济学与管理学研究方法的差别。经济学把人视为一个整体,把管理者视为普通的人,因此具有高度的概括性和抽象性,能够抓住问题的本质和根本,但忽视了作为个体的人的独特性,忽视了管理者不同于普通人的特殊内在需求,忽视了人对于提高组织目标的偏好会影响个体自身的行为。而管理学则面对一个个活生生的人、面对作为人力资本的管理者,更为重视其具体特征和需求。因此,将现代管家理论与委托代理理论的整合,本质就是管理学与经济学研究方法的整合。如果能够找到这样的方法,无论是对经济学、管理学,还是公司治理的研究,都将具有划时代的意义。博弈论能够将人的共性与个性、个体与全体、一次性与重复性决策纳入统一的分析平台,也许是一种很好的解决方法,但是它没有考虑人的情感偏好,也是其重大的弊端之一。

(4)对全过程工程咨询的启发。

现代管家理论在工程咨询领域也具有适用性。当所服务的具体情景不再是企业而是项目时,专业咨询团队所带来的集成化可以将项目的各参与方的利益及目标整合成一个整体,作为"管家"在建设项目的全生命周期服务,其与建设单位目标的一致性也有利于实现项目的效用最大化。

二、项目治理理论是帮助建设单位进行有效项目管理的指南

项目管理从本质上来讲,可以理解为是一种项目治理模式。本小节从公司治理与项目治理两个维度对治理理论进行详细阐述。

1.公司治理

公司治理理论是基于企业理论发展起来的,是企业理论的重要组成部分。主要包括单边治理、共同治理、大股东治理与网络治理。

单边治理理论的核心问题就是要确保股东的利益,确保资本供给者可以得到其理应得到的投资回报。而基于利益相关者理论的共同治理理论则认为,与股东一样,债权人、职工、供应者、客户及社区等利益相关者都承担了公司的相应风险,因此应将公司的所有权共享出去,应

把股东利益置于其他利益相关者(如借款人、政府、董事会、经理、工人等)相同的位置上,公司治理研究的是包括股东在内的利益相关者之间的关系以及规定他们之间关系的制度安排。随着股权集中代替股权分散成为现代公司所有权结构的主要特征,以及内部人持股的增加致使和股东利益的趋同,公司内部结构的日趋复杂,使得现代公司的主要矛盾就不是分散的所有权结构条件下的所有者—管理者的委托代理问题,而是集中所有权结构条件下的大股东-小股东代理问题或投资者之间的利益分配问题。随着战略联盟、企业集团这些以网络为基础的组织的形成,以中间组织理论为基础的网络治理理论逐渐发展起来。中间组织是企业与市场相互渗透并且相互作用而形成的一种制度,是在各方共同的资源依托下,结合市场与企业组织特征对交易的规制方式,以及提高资源共同利用效率的一种合作制度,长期、稳定的相互信任与合作是中间组织的重要核心特征。在中间组织形态中,市场原则、组织准则与社会关系共存,市场机制、组织机能与关系效力相互渗透,从而实现目标的趋同化,达到各方的利益要求,使得公司达到更好的治理水平。

2. 项目治理

组织治理在重大工程的执行中扮演重要的角色,已经被看成影响项目绩效的决定性因素。项目治理的广泛应用取决于多种原因的存在,如项目参与方之间的差异和交互作用、组织关系的复杂性、建设周期较长带来的个人行为动态性和不确定性,致使重大工程组织治理困难重重。不合适的组织治理会导致重大工程发生许多意外事件,如成本超支、进度延误或者失去控制。

根据不同研究者之间具有差异的技术背景和研究领域,对于如何理解和定义项目治理存在广泛的差异。Müller 将项目治理定义为"允许项目实现组织目标和促进内部、外部利益相关者及企业自身利益实现的价值体系、职责、流程和政策"。Garland 将项目治理简单地定义为"项目决策制定的框架"。美国项目管理协会将项目治理定义为"指导项目管理活动的框架、功能和过程,以创建独特的产品、服务或结果,并满足组织的战略和项目目标"。治理的目的是确保代理人(如项目经理)能遵从委托人的利益,进而项目治理是一个既能促进透明、责任性和角色的定义,又能支持项目目标实现的系统。Turner 认为项目的治理提供了一个结构,通过这种结构设定项目的目标,确定实现该目标及监督项目绩效的方法(可能包括激励或惩罚机制)。

建设项目是实现建筑产品生产、交易活动的一个组织体系。这和学者对于项目的定义"一种临时性的组织,具有生产的功能"保持一致,而且更增加了建设项目的交易属性。这表明,建设项目不仅具有生产的属性,而且具有交易的属性。

项目治理是指围绕项目的系列结构,系统和过程确保项目有效的交付使用,彻底达到充分效用和利益实现。项目治理结构是一种制度框架,在这个框架下,项目主要利益相关者通过责、权、利关系的制度安排来决定一个完整的交易。Winch 秉承了 Williamson 的交易费用理论中的治理理论,对项目的全生命周期的交易进行微观层次的治理分析,跳出了以往只关注某一具体交易的局限,建立了建设项目全过程交易治理的理论框架。在他的理论框架中,提出了垂直交易治理和水平交易治理两个维度,把建设单位、施工单位、设计单位等纳入了垂直交易治理范围,认为第三方治理是有效的治理方法。由于建设项目的最终目的是交付令建设单位满意的工程,因此建设项目第三方全过程治理尤为重要,这也就把结果导向转向成为过程导向——完善项目各阶段的治理可以达到更好的交付效果。从这些定义来看,项目治理与公司治理存在很强的一致性,公司治理的一些应用方法可以在项目治理中得到借鉴。

从经济学角度来分析,建设项目管理及建筑产品生产和交易过程,是政府部门、投资人(或建设单位)、施工单位,监理等各要素主体,通过一定的交易方式形成以经济合同为纽带的种种经济关系或责权利关系,是由各要素主体相互作用形成的经济体系。在这个意义上说,共同治理理论似乎更有助于分析建设项目。

建设项目作为经济体系,实际上就是一个利益相关者体系。每个利益相关者,通过以不同形式参与建设项目,在各种约束条件下,根据自身组织提供专业性服务,谋求自身利益的最大化,并在此过程中承担一定的风险。在建设项目预算刚性的条件下,如果一部分利益相关者福利与投入非对称,将会影响另一部分利益相关者的福利,从而造成利益冲突,最终影响项目的最终目标。建设项目治理就是以契约为纽带通过一系列的制度安排,使各利益相关者的责权利相匹配,在预算刚性的条件下,达到帕累托最优,最终成功达到项目目标,满足项目参与各方的利益要求。在利益相关者体系中项目法人在各个治理层次和建设项目全过程共同治理中均处于建设项目治理的核心地位,它对投资者负责,处于金融机构、政府、使用者、相关社区的监督之下;它通过招投标与承包单位,监理单位签订经济合同,通过契约治理确定责权利关系,在合同签订之后,这些利益相关者向建设项目投入专用性资产,在合同范围之内进行项目管理来履行合同约定的义务,并承担相应的风险。因此,以项目法人为中心的治理服务,是组织治理中最关键的一环。

建设项目治理就是要通过一系列的制度安排,使各利益相关者的责权利相匹配,在预算刚性的条件下,达到帕累托最优,最终成功达到项目目标。项目法人则是建设项目治理结构的核心。重大工程的项目参与者众多,意味着更多目标分散的利益相关者,因此亟需第三方按照各阶段要求进行项目治理。治理者与项目建设单位之间虽不存在股权关系,但是合同也具备很好的约束效果。

三、整体性治理是实现组织治理集成化的重要方法

从社会层面来讲,整体性治理就是以公民需求为治理导向,以信息技术为治理手段,以协调、整合、责任为治理机制,对治理层级、功能、公私部门关系及信息系统等碎片化问题进行有机协调与整合,不断从分散走向集中、从部分走向整体、从破碎走向整合,提供全方位、整合式的治理服务,以求实现项目利益的最大化。

1. 发展历程

整体性治理理论其实是对新公共管理的一种修正。新公共管理是从经济和社会的视角看待政府的管理,其背景是全球经济一体化的推进对效率的要求,西方现代工业社会对公共服务提出的多元化的要求,以及官僚体制的结构和运作方式由于繁文缛节和低效率而遭到普遍诟病。如强调绩效、结果、分权以及解制、效率、重塑政府等都反映了当时时代的要求,因此被作为新公共管理所采用的治理方式。

而整体性治理理论则是以政府内部机构和部门的整体性运作为出发点的,其背景是信息时代大量的信息集聚带来的复杂性。20世纪90年代后信息技术的迅速发展和普遍应用,使

新公共管理的一些治理方式被终止或被改革。新公共管理在提升政府解决问题的能力、在服务提供者的竞争过程中，成功引入了诸如多样性等具有特色的解决方案，取得了不小的成功。但是，新公共管理的市场化、分权化与解制也使政府机构破碎化，极大地增加了决策系统的复杂性。而信息技术的发展要求政府管理从分散走向集中，从部分走向整体，从破碎走向整合。在西方学者看来，数字信息时代的治理的核心在于强调服务的重新整合，整体的、协同的决策方式以及电子行政运作广泛的数字化。

此外，与新公共管理要打破官僚制的努力不同，整体性治理是以官僚制作为基础的，即整体性治理强调，信息技术的运作是以官僚制组织为基础的。正如菲利普·库朗所言，现代公共管理是在垂直的权威模式和平行的协商模式互相交叉的情况下运作的。唐纳德·凯特尔在评论斯蒂芬·戈德史密斯和威廉·D·埃格斯的著作《网络化治理：公共部门的新形态》时曾指出："戈德史密斯和埃格斯最深刻的见地是，必须按照传统的自上而下的层级结构建立纵向的权力线，并根据新兴的各种网络建立横向的行动线。"

2. 核心特征

(1) 目标是取得公共利益和责任。

整体性治理的目的是能为我们的社会提供更低成本的组织行为、更好的社会效果，以此创造出更有效的组织服务。J. Laugharne 指出，整体性治理努力将为复杂而且常常分散化的治理中各机构和层次实现共同的目标，或是说使项目达到各方都满意的效果；为越来越有鉴赏能力的公众提供高质量的服务。波利特将整体性治理的特征归纳为：①消除不同政策间的矛盾，因而直接致力于提高政策、效率；②通过消除不同项目间的矛盾和重复来更好地使用资源；③促进一个特定政策部门内不同人员之间的合作与好的观点的交流，因此产生工作的"协同或增强作用"，或更好的方法；④从公民们使用的观点视角来产生更为整体的或"无缝隙的"服务。

(2) 与政府与社会各类组织包括私人部门和非营利部门的合作。

"整体性治理"一词尽管在使用上没有达成一致，但都共同指向：①公私关系的新模式；②组织间的"更平等"关系；③先前不同功能之间的模糊的边界和处理随之而来的各种关系的新方法。Wilkins 认为，对于组织分化的一种回应就是建立在顶层支配一切的结构和实践，即通常所说的"政府的整体的"计划和报告安排，提供"一站式服务"模式，即将联邦、州、地方政府和非政府的人员并入到同一个组织中，协同政府创新要求充分考虑各种伙伴关系中的多种关系，或者说采取统一的模式管理不同组织的成员，以增进各合作伙伴之间的联系。

(3) 官僚制组织结构基础。

该理论模式是在反对新公共管理的碎片化组织结构基础上发展起来的，认为官僚制仍然是政府治理中最根本的方式，权利仍是政府行动的基础，集成化管理是效率最高的策略。库珀认为权利或甚至是原始的政治权利是行动的基础。从权力转向合同并不意味着政府部门的终结，其实恰恰相反。官僚制决策过程其实是作出合同决定的政治过程、用来达到这一目的的拨款，以及来自垂直的用来监督合同运作的问责技术、以等级权威为基础的过程。扭戈德史密斯则认为，网络化治理的一个巨大的障碍是：政府的组织、管理和人事制度是为等级制政府而不是为网络化政府模式设计的。近年来，西方学者也强调数字时代的治理是以官僚制作为基础的，官僚仍然是数字时代治理的一个组织载体，这既与新公共管理有重要的区别，也与一些新公共服务产生了很大的区别。

(4) 信息时代的最新现实背景。

希克斯在论述整体性治理的功能因素时指出整体性治理需要一种新的信息分类和系统,并探讨了在治理的层次上使用数字手段进行政策协调的问题可能性。网络决策手段正从卫生保健到信息技术等领域内的公司和各行业的层级管理模式不断渗入公司决策体系当中。

(5) 整合、协作与整体运作。

不仅希克斯的整体性治理强调整合与协调,邓拉维也强调重新整合,将之作为数字时代治理的首要组成部分。数字时代治理的核心在于强调服务的重新整合、整体的、协同的决策方式以及电子行政运作广泛的数字化。

3. 理论意义

整体性治理理论主要是为了弥补公共管理理念的缺陷而提出的,主要有以下几个方面:

(1) 公众为中心,改进了"管理主义"的价值倾向。

新公共管理理论是一种以效率为基本价值取向的改革运动,对市场机制、私人部门的管理原则和工具及方法推崇备至,具有"管理主义"的价值倾向,严重损害诸如公平与正义、回应性、责任性等民主价值。整体治理以公众需要从身边网络中获取资源为中心,强调政府的社会管理和公共服务职能,通过协调、合作、整合等方法促使公共服务各主体紧密合作,为公众提供无缝隙公共服务,把民主价值和公共利益置于首要位置,具有"宪政"特征。

(2) 整体性为取向,克服了碎片化管理的困境。

新公共管理改革通过结构再造形成了一种扁平化与分散化的组织结构形式,其不同于传统官僚制的组织结构形式,但直接面临着组织不协调的困境。同时,新公共管理通过竞争机制提供高质量、多样化的服务,但组织间"在引入竞争机制的同时,却忽视了部门之间的合作与协调,造成碎片化的制度结构。"在整个公共部门中,各部委与行政机构缺乏合作决策机制,形成碎片化治理的困境。整体治理则借助信息技术的优势,通过建立一个跨组织的、将整个社会治理机构联合起来的治理结构,既克服了政府组织内部的部门主义、各自为政的弊病,又调整了社会和市场的横向关系,并发挥政府的战略协作与统筹服务的作用,构建一种政府与市场和社会通力合作、运转协调的治理网络。

(3) 整合组织为载体,修正了过度分权带来的弊端。

新公共管理倡导"分权化政府",但过度分权也造成了组织间信息失真和沟通不畅,很可能会导致组织间的信息不对称问题出现,使地方利益主体为追求各自利益而加大了离心力,降低了政府聚合力量服务公众的能力。整体治理修正了新公共管理过度分权产生的多头等级结构的弊端,提倡一种横向的综合组织结构,这种综合组织建立在官僚制等级基础之上,强化了中央对政策过程的控制能力,为跨部门联系与合作提供了便利。

(4) 是一套全新的治理方式与治理工具。

整体治理理论以整体主义为理论基础,以网络信息技术为平台,对不同信息与组织关系、组织目标进行整合,推动了政府行政业务与流程的透明化发展,提高了政府整体运作的效率和效能,使政府成为公共管理的整体性服务供给者。

整体性治理所提出的集成化信息模式大大提高了公共管理的效率,放之于项目管理领域同样适用。碎片化对于各利益相关者之间信息流的传播有阻碍效果,而整体性治理可以改善这种情况,同时更有效地降解建设项目的复杂性。可以说,"整体性"是当前项目管理的"新范式"。

第四节 全过程工程咨询理论基础总结

本章内容从三个角度出发,分析了全过程工程咨询深厚的理论基础。

首先介绍了重大工程管理相关理论。重大基础设施工程极具复杂性,在这样的制度情景中,作为要充分发挥领导部门的作用,通过先进的组织管理以及治理策略将重大基础设施工程的复杂性降解。全过程工程咨询自然是一个极好的范式,通过建立组织间的协同管理框架,明确复杂性问题,从而解决复杂性问题。

之后从项目管理的视角,介绍了资源依赖理论、利益相关者理论以及组织行为理论。政府活动的本质在于资源的配置,而实现配置资源首先需要掌握资源,具体到重大基础设施工程中就需要从利益相关者手中获取资源,这也就需要对项目管理的组织模式进行创新,以达到"更好地统筹资源、实现项目管理目标"的效果。

最后,有关于公司的治理,委托代理理论与现代管家理论是项目治理最基本的理论。又因项目治理是针对一般项目,而重大工程治理更强调组织间整合,因而引入了整体性治理的概念,这是与重大基础设施工程的实际情况相结合的。

理论研究的最终目的还是要为技术发明服务的,以上三个层面的理论都从不同角度证明了一个问题:全过程工程咨询这一种组织治理模式与重大基础设施工程项目十分契合。

第五章

全过程工程咨询的理论内涵

　　全过程工程咨询是破解重大基础设施工程管理难题的一种重要模式，具有一定的必要性与适用性。本章从全过程工程咨询的本质及内涵出发，首先明确与之密切相关的项目管理领域的一些重要概念，其次解析全过程工程咨询的六大核心理念，从而探讨重大基础设施工程情境下全过程工程咨询理论的内涵。

第一节 全过程工程咨询的相关概念

全过程工程咨询实际上是"全过程""工程""咨询"三个具体名词的整合,看似简单,却有着丰富的内涵和指导意义。本小节从全过程工程咨询的概念出发,先介绍三个名词的具体含义,再介绍与全过程工程咨询相关的项目管理领域的概念,旨在帮助读者更好地理解全过程工程咨询服务。

一、全过程工程咨询的基本概念

1. 工程

工程是对科学和数学相结合得出的某种应用,通过这一应用,使自然界的物质和能源的特性能够通过各种结构、机器、产品、系统和过程,能以最短的时间和最少的人力、物力做出高效、可靠且对人类有用的新事物。工程是一种造物行为,也有学者将工程定义为将自然科学的理论应用到具体工业、农业生产部门中形成的各学科的总称。

2. 咨询

咨询是通过某些人头脑中所储备的知识经验和通过对各种信息资料的综合加工而进行的综合性研究开发。咨询产生智力劳动的综合效益,起着为决策者充当顾问、参谋的作用。咨询一词拉丁语为 Consultatio,意为商讨、协商。在中国古代"咨"和"询"原是两个词,咨是商量,询是询问,后来逐渐形成一个复合词,具有以供询问、谋划、商量、磋商等意思。作为一项具有参谋、服务性的社会活动,在军事、政治、经济领域中发展起来,如今已成为社会、经济、政治活动中辅助决策的重要手段,与咨询相关的科学研究也逐渐形成一门应用性软科学。

3. 工程咨询

工程咨询是指遵循独立、科学、公正的原则,运用工程技术、科学技术、经济管理和法律法规等多学科的知识和经验,为政府部门、项目建设单位及其他各类客户的工程建设项目决策和管理提供咨询活动的服务,包括前期立项决策阶段咨询、勘察设计阶段咨询、施工阶段咨询、运维阶段的咨询、投产或交付使用后的评价等工作。

4. 全过程工程咨询

全过程工程咨询是近期在我国通过政府政策文件形式提出来的新概念,关于其具体的定义和内涵已经引起热烈的探讨。住建部建筑市场监管司《关于推进全过程工程咨询服务发展的指导意见(征求意见稿)》曾对全过程工程咨询进行较为客观和宏观的描述。该文件认为,全过程工程咨询是对工程建设项目前期研究和决策以及工程项目实施和运行(或称运营)的全生命周期提供包含设计和规划在内的涉及组织、管理、经济和技术等各有关方面的工程咨询服务。全过程工程咨询服务可采用多种组织方式,为项目决策、实施和运营持续提供局部或整体解决方案。

在实践过程中,当前以全过程工程咨询名义组织的招标所包含的内容呈现出多样化的趋势,但总体而言由各种现有的工程咨询服务(如前期研究、招标代理、造价咨询、工程监理、项目管理和工程设计等)组合而成。而各种组合的全过程工程咨询服务几乎都可以被指导意见提出的定义所涵盖,可见定义的适用性很强。

相对而言,对指导意见所提出的全过程工程咨询服务定义具有分歧的一个点是对"包含设计和规划在内"的理解,即全过程工程咨询是否必须包含设计和规划服务。如果仅看字面理解,易造成必须包含设计和规划服务的误解。设计服务是工程咨询的重要工作内容,全过程工程咨询服务是否纳入设计工作需要从多个视角开展讨论。从海南铺前跨海大桥的实践来看,全过程工程咨询纳入设计工作是有益的,一方面提升了咨询方在项目中的话语权和地位,另一方面也保证了在项目采购、施工和运营过程中设计意图的落实和体现。但是否所有采用全过程工程咨询服务的项目都必须将设计工作纳入全过程工程咨询合同包内,现在从实践的角度看答案是否定的。因此,我们认为将设计工作理解为"可以包含在内",而不是"必须包含在内"较为符合当前实践开展的情况。

全过程工程咨询是实践性很强的一种服务,它应当是需求导向的,具体采取什么样的服务,最终应当取决于建设单位的需求,它应当是多样化的。当前开展全过程工程咨询服务的项目其取得的绩效也有待进一步评估。可以通过工程实践的进一步开展、工程绩效的评估再对定义做相关的优化或修正。

二、与全过程工程咨询相关的若干概念

1. 项目管理

项目管理是管理学的一个分支学科,是建设管理中最重要的理论。可以对项目管理做出如下定义:在项目活动中运用专门的知识、技能、工具和方法,使项目能够在有限资源限定条件下,实现或超过设定的需求和期望的过程。项目管理是对一些目的在于达成一系列目标相关活动(譬如任务)的整体监测和管控。这包括策划、进度计划和维护等工作,组成了具体的项目活动。

亦有学者对项目管理做出了如下的定义:"项目是在限定的资源及限定的时间内需完成的一次性任务。具体可以是一项工程、服务、研究课题及活动等。""项目管理是运用管理的知识、工具和技术于项目活动上,来达成解决项目的问题或达成项目的需求。所谓管理包含领导(Leading)、组织(Organizing)、用人(Staffing)、计划(Planning)、控制(Controlling)等五项主要工作。"

因此,在汇总整理项目管理定义的基础上,可以得出适用于全过程工程咨询的项目管理的内涵(Project Management),即运用各种相关技能、方法与工具,为满足或超越项目有关各方对项目的要求与期望,所开展的各种计划、组织、领导、控制等方面的活动。

2. 造价咨询

工程造价咨询是指面向社会接受委托、承担建设项目的全过程、动态的造价管理,包括可行性研究、投资估算、项目经济评价、工程招标标底、投标报价的编制和审核、工程概算、预算、工程结算、工程竣工决算、对工程造价进行监控以及提供有关工程造价信息资料等业务,对于实现项目的造价目标有着重要的指导意义。

3. 工程设计

工程设计，是根据建设工程的要求，对建设工程所需的技术、经济、资源、环境等条件进行综合分析、论证，编制建设工程设计文件的活动。工程设计是人们运用科技知识和方法，有目标地创造工程产品构思和计划的过程。工程设计文件需要考虑的实施可行性，以及成本、质量、安全等众多因素，因此工程设计是非常重要的工程咨询内容。

4. 建筑师负责制

建筑师负责制是以担任民用建筑工程项目设计主持人或设计总负责人的注册建筑师（以下称为"建筑师"）为核心的设计团队，依托所在的设计企业为咨询主体，依据合同约定，对民用建筑工程全过程或部分阶段提供设计咨询管理服务，最终由该团队将达到目标要求的建筑产品及服务交付给建设单位的制度。

建筑师负责制的服务内容主要包括：

（1）参与规划：参与改造城市相关的详细规划和城市设计工作，使得建筑设计和城市设计协调统一。

（2）提出策划：参与项目建议书、可行性研究报告与开发计划的制定，确认环境与规划条件、提出建筑总体要求、提供项目策划咨询报告、制订概念设计方案及设计要求任务书，代理建设单位完成前期报批手续。

（3）完成设计：完成方案设计、初步设计、扩初设计、施工图设计和施工现场设计服务。综合协调把控幕墙、装饰、景观、照明、给排水等专项设计，审核施工单位完成的施工图深化设计。建筑师负责的施工图技术设计重点解决建筑使用功能、品质价值与成本控制等问题。施工单位负责的施工图深化设计重点解决设计施工一体化，解决各设计部门之间的碰撞问题，准确控制施工节点大样图，促进建筑精细化。

（4）监督施工：代理建设单位进行施工招投标管理和施工合同管理服务，对施工单位、分包单位、供应商和指定服务商履行监管职责，监督工程建设项目按照设计文件要求进行施工，协助组织工程验收服务。

（5）指导运维：组织编制建筑使用说明书，督促、核查施工单位编制房屋维修手册，指导编制使用后维护计划，对建设单位使用建筑服务提供技术指导。

（6）更新改造：参与制定建筑更新改造、扩建与翻新计划，为实施城市修补、城市更新和生态修复提供设计咨询管理服务。

（7）辅助拆除：提供建筑全寿命期安全预警制度，协助专业拆除公司制定建筑安全绿色拆除方案等。

5. 项目前期咨询

项目前期咨询是指在项目前期，通过收集资料和调查研究，在充分占有信息资源的基础上，针对项目的决策和实施过程，进行组织、管理、经济和技术等方面的科学分析和论证。这能保障项目主持方的工作有正确的方向和明确的目的，也能促使项目设计工作有明确的方向并充分体现项目主持方的项目意图，达到建设单位的目标要求。项目前期策划根本目的是在于为项目决策和实施"增值"。增值可以反映在项目使用功能和质量的提高、实施成本和经营成本的降低、工期合理及安全保障、社会效益和经济效益的增长、实施周期缩短、实施过程的组织和协调强化以及人们生活和工作的环境保护、环境美化等诸多方面。

6. 工程监理

工程监理是指具有相关资质的监理单位受建设单位的委托,依据国家批准的工程项目建设文件、有关工程建设的法律、法规和工程建设监理合同及其他工程建设合同,代表建设单位对施工单位的工程施工实施监控的一种专业化服务活动,因此监理机构与建设单位之间存在一种委托代理关系。工程监理遵循守法、诚信、公正和科学的工作准则,实施工程监理的目的是确保工程建设质量和安全,提高工程建设水平,充分发挥投资效益。

7. 项目后评估

项目后评估是指在项目建成投产或投入使用后的一定时刻,对项目的运行进行系统的、客观的评价,并以此确定是否达到项目目标,检验项目是否合理、有效率。通过项目后评估检验项目前评估(可行性研究阶段)所制订的目标是否很好的实现,为未来的项目决策提供经验和教训,有利于实现对投资项目的优化控制。

第二节 全过程工程咨询服务的核心理念

核心理念是全过程工程咨询概念的重要组成部分,全过程工程咨询不应当仅仅是现有的"碎片化"咨询服务内容的简单组合,必须由全过程工程咨询服务的理念指导具体工作,以在各板块咨询内容间产生"化学催化剂"的作用,形成"1+1>2"的整体效果。

一、管理集成理念

管理是科技生产力的重要组成部分,伴随着经济发展与科技进步,各种管理理论不断发展。在管理原理基础上,以人、财、物、信息、资源、市场等为研究对象的管理理论层出不穷,而管理集成因其"集合而成"的基本特质受到人们普遍关注与研究。管理集成具有界面模糊性、相关非线性、动态开放性、和谐有序性等特点。

所谓的管理集成就是一种效率和效果并重的管理模式,它突出了一体化的整合思想,管理对象的重点由传统的人、财、物等资源转变为以科学技术、人才等为主的智力资源,提高企业的知识含量,整合与项目相关的管理信息,将激发知识的潜在效力作为管理集成的主要任务。管理集成是一种全新的管理理念及方法,其核心就是强调运用集成的思想和理念指导企业的管理行为实践。也就是说传统管理模式是以分工理论为基础,而管理集成则突出了一体化的整合思想,集成并不是一种单个元素的简单相加,如"1+1=2"。集成与集合的主要区别在于,在集成中,各个元素互相渗透互相吸纳而成的一种新的"有机体"。马克思谈到管理时就指出,管理不仅提高了个人能力,而且还通过管理把许多单个独立的劳动整合起来,从而融合成一股新的力量,而且这股新的力量的效力要远远大于元素个体的简单相加,即"1+1>2",从而实现了两者相结合的额外绩效。

最早提出管理集成思想的学者是美国切斯特·巴纳德(Chester Barnard),他在《管理人员的职能》一书中最早提出了系统的协调思想。之后,创新经济学者约瑟夫·熊彼特(Joseph A Schumper)在其创新理论中指出:创新过程不仅包括技术创新,而且也包括制度创新,进而又提出在技术创新过程中对技术和管理进行整合的思想。1998年,查尔斯·萨维奇(Charles Savage)在《第五代管理》一书中提到,集成不仅是一种技术手段,集成影响着组织的结构,集成的过程是保持企业内部和外部联系的关键。

在我国,钱学森先生最早开始对集成理论进行研究。之后,华宏鸣教授、李宝山教授、陈国权教授等国内的知名学者对管理集成的组织形式、概念、理论、方法等作了研究论证。马士华教授和陈荣秋教授研究了各级生产计划和控制系统集成,提出了基于计划时间细化的三级生产计划与控制系统的集成计划模式。

二、组织集成理念

组织集成又称组织内部协调,是指一个组织内部各部门人员都要朝着有利于完成本单位以及整个组织目标的方向共同努力。学术界对于组织集成的定义有几类不同的观点。

(1)第一类观点强调部门之间的相互依赖。

Follett 认为在组织内,有三种调停、和解的方法:支配、协议和整合,她把整合定义为跨职能部门(Cross Functioning)之间进行的团队合作。Lorsch 和 Lawrence 认为组织集成是以实现组织目标为最终目的,相关职能部门之间通过沟通、协调和信息共享等方式进行一致性努力的过程。Lawrence 和 Lorsch 发现,在竞争性环境中,组织要完成既定目标,则部门间的再造和整合是必需的。Lawrence 和 Lorsch 将组织集成定义为组织内的各子系统间所达成的协同一致(Unity of effort)的状态。Bonoma 则认为若组织子系统间有持续的信息交流,且各子系统都认同决策及决策制订的职权,则子系统间存在着整合的状态。Susman 也发现研发与制造的同步进行的案例数量有增加的趋势;除了研发与制造的互动外,Sounder 对研发与营销的互动进行研究,发现部门间冲突的障碍起因于部门间缺乏沟通、接触。Scotts 认为在高科技行业而言,部门的协调、相互依赖的需求更为迫切,实证结果并不支持部门资源独立的理论,相互依赖才是组织前进的动力。Song 和 Parry 引述 Gupta 等人的论点,认为整合是存在于部门之间合作的质量状态,是可获得独特新产品效果的关键,而这个合作必须依据各子系统的涉入程度与以不确定性最小化为目标的信息转换。Kahn 和 Mentzer 对组织集成的定义为:不同部门间相互协作进而促进各部门融合为一个紧密组织的过程。Scott 和 Benito 指出组织集成是企业内不同的部分结合起来成为同一部分并且一起行动实现共同目标。

(2)第二类观点强调组织之间的联结。

Finkelstein 认为组织集成是不同组织通过有效的组合以提升彼此竞争优势的策略。Cannon 和 William 把组织集成定义为组织双方为了促进营运而联结双方系统和程序的程度,认为组织集成的程度有两个极端,一端是两组织完全独立运作,没有公司间内部系统的联结;另一端是两组织间内部系统具有紧密的联结。至于整合的项目则包括组织间计算机化存货清单/订单、补货系统的整合等活动,也包含联合营销活动。此外,整合的程序也可能涉及个别的例行性活动和服务,例如通过进行定期的设备检查、存货清点来整合卖方,使买方能更接近卖方。Jap 将组织集成定义为:组织双方为了获得合作所产生的策略性结果进行的组织间协调,从而促进组织间分享信息、机会以及获得竞争优势。陈悦琴认为,组织集成是基于合作双方同意改变个别的经营模式,相互配合,一起控制彼此共有企业体系的某部分。另外,在对新产品开发的研究中,许多学者把组织集成定义为新产品开发过程中供应商参与新产品开发和客户参与新产品开发的程度。

(3)第三类观点认为组织集成包括组织内部的协调以及组织之间的合作。

Kim b. Clark 和 Takahiro Fujimoto 把组织集成分为外组织部整合(External Organizational Integration)和内部组织集成(Internal Organizational Integration),认为组织的内部整合则是指跨部门的合作,外部整合则是由一个或更多部门小组参与对消费者需求与预期的研究。Somendra 认为组织集成包括内部组织集成与外部组织集成,外部组织集成是指不同组织间的整合行为,内部组织集成是指单一组织在不同部门之间的整合行为。Millson 和 Wilemon 在其研究中指出,组织集成是指参与新产品开发的团队与其他团体之间的合作程度,把外部组织集成定义为外部的与企业产品开发有利益关系的团体(客户和供应商)与新产品开发团队的合作与沟通程度,内部组织集成定义为企业内部与新产品开发有关的各职能部门(如工程和制造部门)与新产品开发团队的合作与沟通程度。

三、数据集成理念

数据集成是要将互相关联的分布式异构数据源整合到一起,使用户能够以透明的方式访问这些数据源。集成是指维护数据源整体上的数据一致性、提高信息共享利用的效率,透明的方式是指用户无须关心如何实现对异构数据源数据的访问,只关心以何种方式访问何种数据,从而使得用户获取信息数据更为简单。

就大型企业和政府部门的信息化而言,信息系统建设通常具有阶段性和分布性的特点,这就导致"信息孤岛"现象的存在。"信息孤岛"是指不同信息系统之间,尤其是不同部门间的数据信息不能共享,造成系统中存在大量冗余数据、垃圾数据,无法保证数据在各部门之间传递的一致性,严重地阻碍了企业信息化建设的整体进程。为解决这一问题,人们开始关注数据集成研究。

数据集成就是将若干个分散的数据源中的数据,在逻辑上或物理上集成到一个统一的数据集合中。数据集成的核心任务是要将互相关联的分布式异构数据源集成到一起,使用户能够以透明的方式访问这些数据源。集成是指维护数据源整体上的数据一致性、提高信息共享利用的效率;透明的方式是指用户无须关心如何实现对异构数据源数据的访问,只关心以何种方式访问何种数据。实现数据集成的系统称作数据集成系统(图5.1),它为用户提供统一的数据源访问接口,执行用户对数据源的访问请求。

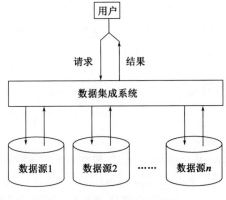

图5.1　数据集成系统模型

四、权责一致理念

所谓权责对等原则也就是权责一致原则,是指在一个组织中的管理者所拥有的权力应当与其所承担的责任相适应的准则,也就是我们常说的"承担多大的责任,就做多少事情"。

1. 权责对等的内涵

权责对等原则的内涵包括以下几方面:

(1)管理者拥有的权力与其承担的责任应该对等。

所谓"对等"就是相一致。拥有相应的权力就要履行相应的职责;也不能只要求管理者承担责任而不予以授权。

(2)向管理者授权是为其履行职责所提供的必要条件。

合理授权是贯彻权责对等原则的一个重要方面,必须根据管理者所承担的责任大小授予其相应权力,授予过大或过小的权利都不符合实际要求。管理者完成任务的好坏,不仅取决于主观努力和其具有的素质,而且与上级的合理授权有密切的关系。

(3)正确地选人、用人,上级必须委派恰当的人去担任某个职务和某项工作。

人和职位一定要相称。管理职位和权力的授予应考虑综合因素,包括管理者的素质、过去的表现等方面,尤其是该成员的责任感的强弱可作为重要的参考指标。

(4)严格监督,检查。

上级对管理者运用权力和履行职责的情况必须有严格的监督、检查,以便掌握管理者在任职期间的真实情况。管理者渎职,上级应当承担两方面的责任:一是选人用人不当;二是监督检查不力。引咎辞职制度值得在中国推行。监督、检查应该主要由授权者履行,也可以委托相应的机构或人员进行。

权责对等原则的贯彻和落实可以极大地提高管理绩效。从系统的观点而言,影响管理绩效的主要因素,可以归纳为7个方面:管理者本人的责任和能力;上级的领导水平;下级的负责任程度和能力;任务和目标;完成任务的资源条件;环境;管理者应得的利益。管理者的上级-管理者-管理者的下级这三个层面,组成一条管理链。管理链有长有短,最短的由2个环节组成。管理链越长,出现问题的可能性越大。

对管理者而言;权责对等原则为做好管理工作提供了必要条件,同时也从两个方面对管理者进行约束:一是不能滥用权力;二是管理者自身要做到权责对等,在其位要做好监督工作。但是,国家对于这一类型的监督机制还不健全,这类约束是自我约束,它要靠管理者高度的自觉性才能起作用。

对上级而言,这条原则的贯彻和落实,必须做好以下4个方面的工作:确定合适的候选人,并对选人予以授权;明确管理者的责任和要求;确定目标和目标值;合理地确定管理者的报酬;监督和检查执行情况,出现问题要及时处理。

一条管理链接如果出现问题,一般情况下有两种可能:一是某个环节出现问题;二是环与环的连接处出现问题。多个环节同时出现问题的概率比例低。权责对等原则不仅对每个管理环节的管理效能产生重要影响,而且会对管理环之间的连接产生更为重要的影响。

组织行为科学的观点认为,管理者的能力、对自己作用的理解、努力程度及环境的限制等都会对绩效产生影响。这里的上级、下级、资源条件均包括在环境之中。管理者应得报酬的满足感,对管理者的努力程度产生直接的影响。即管理者的工作绩效不仅与"权"和"责"有关,而且与"利"有密切关系。这是我们在贯彻权责对等原则时也必须考虑的问题。从实质上讲,合理的报酬也是管理者的一种权利。

2. 贯彻权责对等原则存在的问题

(1)管理者有职有权,但没有履行其全部职责。

这类管理者较为普遍,在现实工作中不难发现。这类人的工作责任感不强,以一些客观原因作为理由进行推诿,安排的工作也不会去努力完成。在组织中,只要有几位这样的管理者存在,组织目标就不可能全面实现。

(2)工作的责任重大,但管理者没有足够的职权。

这类管理者在基层较为常见。其他情况下不具有普遍性。

(3)管理者利用职权谋取私利。

有少数管理者不是利用权力履行其职责,而是以权谋私,给国家和人民造成巨大的损失。他们由管理者变质为社会或组织的"蛀虫"。对于这类人,组织应进一步完善对其的监督机制,以铲除社会上的此类不良现象。

(4)管理者不善于使用权力,不能履行其职责。

这类管理者工作上可能很努力,主要是由于能力有限,与赋予他的权力不符。这种情况目前还是较为普遍的,这类问题也只有通过用人机制等手段进行解决。

五、全生命周期理念

全生命周期过程是指在设计阶段就考虑到产品全生命周期历程的所有环节,将所有相关因素在产品设计分阶段得以综合规划和优化的一种设计理论。全寿命周期设计意味着,设计产品不仅是设计产品的功能和结构,而且要设计产品的规划、设计、生产、经销、运营、使用、维修保养、直到回收再利用的全生命周期过程。

全生命周期是指产品从自然界获取资源、能源,经开采冶炼加工制造等生产过程,又经储存、销售、使用消费直至报废处置各阶段的全过程,即产品"从摇篮到坟墓",进行物质转化循环的整个生命周期。

全生命周期管理是新的项目管理理念和方法的管理模式,是项目管理质的飞越。建设项目全寿命周期管理对全过程、集成化、信息化等思想都提出了较高的要求。全生命周期管理要求站在项目整体形成、运行、回收过程的角度,统一管理理念、统一管理目标、组织领导、管理规则并建立集成化的管理信息系统。

1. 整体性

传统的项目管理模式强调阶段划分以及顺序性,承担各阶段服务的组织只关注自己的领域,很少考虑整个系统。全生命周期管理模式,由项目负责人领导,从决策阶段开始就考虑项目的整个生命周期,因此能从全局出发,对项目进行集成化管理和监督。

2. 集成性

全生命周期管理模式的集成包括信息的集成和管理过程的集成。信息的集成是指不同管理过程需要进行大量的信息传递,需要利用计算机网络等辅助工具,通过数据库的方式,实现不同管理过程之间的数据集成。管理过程的集成是指以信息集成构筑平台,通过数据库管理系统实现工程项目生命周期内的集成管理。

3. 协调性

全生命周期管理模式的协调性是指人才的综合集成,强调管理人员之间的协调和沟通是非常重要的。如何保证不同阶段的管理人员服务质量,在分布环境中,实现群体活动的信息交换和共享,并对全生命周期内的管理进行动态调整和监督,这是全生命周期协调性的根本所在。

4. 并行性

传统的项目管理模式为纵行式,前一阶段的工作没有完成,后一阶段的工作就无法展开。而全寿命管理模式的管理过程是并行的,在立项阶段就要考虑实施阶段的需求,减少真正的实施阶段对立项阶段的更改反馈;在实施运维阶段也要回顾立项及设计阶段制订的具体目标,从而对项目后评价提供理论依据。

六、咨询的专家主义

所谓专家,必须要运用自己的头脑来质疑和独立思考,与人讨论,得出问题的解决方案。

专家要控制自己的情感,并靠理性而行动。他们不仅具备较强的专业知识和技能以及较强的伦理观念,而且其职业素养极强,无一例外地以顾客为第一位,具有永不厌倦的好奇心和进取心,严格遵守纪律。以上条件全部具备的人才,才可以称之为专家。

专家主义是咨询之所以存在的原因,也应是进一步推动全过程工程咨询立足的基本理念之一。

第三篇

实践篇

第六章

工程决策阶段咨询

第一节　工程决策阶段咨询概述

建设项目工程决策阶段包括从工程项目前期策划到项目确定的全过程;是工程项目实施前分析问题、解决问题的全过程,是工程决策者(政府、企业或个人)针对拟建工程项目,从确立总体部署,通过不同工程建设方案进行比较、分析和判断,到最终对实施方案做出选择的全过程。

我国重大基础设施工程尤其是公路工程、长大桥梁工程具有投资大、规模大、施工技术条件复杂等特点,该类工程决策阶段一般以项目立项批复这一标志性节点为界,分为前后两大阶段:①工程预可行性研究阶段;②工程可行性研究阶段。

建设项目工程决策阶段的咨询过程主要包括三大项研究任务:①预可行性研究;②可行性研究;③专题研究。三大研究任务的咨询过程是一个由浅入深、由粗到细,逐步明确建设项目目标的过程,三大项研究任务的咨询成果将直接关系到项目能否立项、项目建设的成败、工程造价的高低和投资效果的好坏。

第二节　工程决策阶段的特征

一、重大工程决策的特征

与一般工程或企业营利性项目的工程决策相比,重大工程的决策同时具有独特的"四大特征"。

1. 政府主导性强

在重大工程决策阶段,作出决策的主角是政府,政府需要从宏观和微观上综合权衡长远利益和短期利益、国家利益和地方利益、社会、经济、科技甚至军事的发展需要等各种因素,最终确定工程是否立项,以及何时上马。

2. 舆论影响性大

重大工程的永久公益性特征使得其决策和实施引起了公众的广泛关注,形成了强大的公众舆论力量,这体现了公众参与决策和管理社会的政治诉求。公众舆论的偏向对政府的决策会产生重要的影响,而且民用重大工程的实施需要公众的参与和配合才能顺利开展。因此,重大工程的决策需要考虑和关注公众的舆论,引导公众舆论或解决公众关切的问题。

3. 形象信息依赖性强

对重大工程进行决策所依据的信息,更多的是历史数据以及对未来进行科学预测的数据,这些数据具有非实时性和不易变性。除了概念信息和理性信息,在进行决策时,形象信息往往起着启动和激发决定的关键作用。

4. 时机非敏感性

不同于营利的市场决策行为那种有时为了抓住市场机会，可以在信息不确定或论证不充分的情况下做出冒险性决策，重大工程项目对决策时机的选择具有非敏感性。由于重大工程面临问题的复杂性，社会发展的不确定性，以及对潜在影响因素认知的有限性，重大工程的决策存在很大的风险性，一旦决策失误，将会给一个国家或地区带来难以弥补的巨大损失。因此，重大工程必须在充分论证的基础上进行科学决策。在一些问题没有完全确定或还没有提出相应措施的情况下，一般不宜匆忙立项或上马。

二、工程决策阶段咨询工作的特征

工程决策阶段咨询工作是为了保障项目建设有正确的方向和明确的建设目标，为项目的决策和实施增值。增值可以反映在项目使用功能和质量的提高、实施成本和经营成本的降低、社会效益和经济效益的增长、实施周期缩短、实施过程的组织和协调强化以及人们生活和工作的环境保护、环境美化等诸多方面。工程决策阶段咨询工作具有如下两大特征：

1. 咨询任务量相对小，审批周期却较长

从工程全过程咨询管理的咨询任务量分析，可以发现工程决策阶段咨询任务量仅三项（预可行性研究、可行性研究、专题研究），工程决策阶段项目资金投资也较低（≤总投资的5%）。

工程决策阶段是规避投资风险、提高投资效益最重要的阶段，而该阶段项目面临的不确定因素最多，因此项目决策阶段的咨询工作在项目全生命周期过程的风险控制中占有特殊重要地位，这是我国近年来市场经济成熟、国家高度重视投资项目的决策阶段咨询论证工作的重要原因。也正是因为国家高度重视投资项目的决策阶段咨询论证工作，导致工程决策阶段咨询成果的审批周期相对较长。

2. 知识密集性

工程决策阶段的咨询工作发生在项目投资建设及运营活动之前，建立在对工程项目未来投资及运营实施方案进行预测和假定的基础之上，受到多种不确定性因素的影响，对其进行全面系统的科学论证非常困难，需要综合运用现代工程学、经济学、管理学等多学科理论知识，借助先进的科学手段、调查预测方法、信息处理技术，在掌握大量信息资料的基础上对未来可能发生的情况进行分析论证。

工程决策阶段咨询任务量虽然相对较小，但是决策阶段咨询任务所需论证的内容极其丰富，论证角度、内容、侧重点亦均存在明显差别，特别是随着政府职能转变，根据投资体制改革的要求，政府社会公共事务的管理者在履行公共管理职能时对项目的审批、核准和备案的要求，与企业作为市场竞争主体对项目可行性研究的要求，以及银行等金融机构对工程决策阶段咨询成果论证所关注的重点会明显不同，对咨询工程师的基本素质、知识积累、工作经验等提出很高的要求。

第三节　工程决策阶段咨询内容

工程决策阶段咨询过程即是选择和决定投资行动方案的过程，是对拟建项目的必要性和可行性进行经济论证，对不同的建设方案进行技术经济比较，选择及做出判断和决定的过程。

一、工程预可行性研究阶段咨询内容

本阶段的咨询工作主要是围绕项目的立项审批来进行，根据国家有关规定，我国重大基础设施工程(如跨海大桥项目)的立项审批由国家发改委负责。本阶段的咨询工作分为省内预审和国家发改委审批两个阶段进行，见表6.1。

工程预可行性研究阶段主要工作内容清单　　表6.1

工作子项	主要工作内容
省内预审阶段咨询	(1)编制或组织编制《工程预可行性研究报告》。 (2)协助省发改委托相关单位对《工程预可行性研究报告》进行咨询评估，并取得《工程预可行性研究报告评估意见》。 (3)根据《工程预可行性研究报告评估意见》组织对《工程预可行性研究报告》进行修改和完善，送项目所在地政府部门。 (4)协助项目所在地政府部门向相关银行申请出具《银行贷款意向书》(如需要)。 (5)协助项目所在地政府部门向省内发改委报送《工程预可行性研究报告》(代项目建议书)、《银行贷款意向书》
国家发改委审批阶段咨询	(1)协助省发改委行文上报国家发改委并抄送交通运输部，上报时随文附经省内预审后的《工程预可行性研究报告》(代项目建议书)和《银行贷款意向书》(如需要)。 (2)配合国家发改委对《工程预可行性研究报告》进行咨询评估，取得《项目咨询评估意见》。 (3)协助交通运输部进行行业评审，并取得《行业意见》，该工作可与第(2)项同步开展。 (4)国家发改委根据项目建议书、《项目咨询评估意见》、交通运输部《行业意见》进行项目立项审批，跟踪立项审批过程，必要时协助配合相关事项工作

二、工程可行性研究阶段咨询内容

本阶段的咨询工作较为繁杂，但主要是围绕项目《工程可行性研究报告》批复的主线展开工作。

工程可行性研究批复阶段的咨询工作主要包括各项专题论证工作、工程可行性研究报告的省内预审及各专项审批工作和国家发改委的工程可行性研究批复工作，见表6.2。

工程可行性研究阶段主要工作内容清单　　表6.2

工作子项	主要工作内容
各项专题论证工作咨询	协助项目所在地政府部门委托有资质的专业咨询单位编制各项专题论证报告并组织评审

续上表

工作子项	主要工作内容
省内预审阶段咨询	(1)编制《工程可行性研究报告》。 (2)协助省发改委委托相关单位对《工程可行性研究报告》进行咨询评估,取得《工程可行性研究报告评估意见》。 (3)根据《工程可行性研究报告评估意见》对《工程可行性研究报告》进行修改和完善,送项目所在地政府部门。 (4)协助项目所在地政府部门向银行申请出具《银行贷款承诺书》(如需要)。 (5)协助项目所在地政府部门向省自然资源规划厅提交《建设项目用地预审申请书》进行土地预审,并配合省自然资源规划厅上报自然资源部进行审批,取得《土地预审意见》,该工作需与后续的(6)、(7)、(8)项同步开展。 (6)协助项目所在地政府部门向生态环境部(国家海洋局)提交《建设项目环境影响评价文件报批申请书》,取得《环境评价意见》。 (7)协助项目所在地政府部门向省内住房和城乡建设厅提交《建设项目选址意见书申请书》,取得《项目选址意见》。 (8)协助项目所在地政府部门向国家海洋局提交《海域使用申请书》,取得《海域使用意见》。 (9)协助项目所在地政府部门向省内发改委报送《工程可行性研究报告》《土地预审意见》《环境评价意见》《项目选址意见》《海域使用论证报告》
国家发改委审批阶段咨询	(1)协助省发改委行文上报国家发改委并抄送交通运输部,上报时随文附《工程可行性研究报告》(经省内预审后的)、《用地预审意见》《环境评价意见》《项目选址意见》《海域使用论证报告》。 (2)配合国家发改委对《工程可行性研究报告》进行咨询评估,取得《工程可行性研究报告评估意见》。 (3)配合交通运输部进行《工程可行性研究报告》审查,取得《行业意见》。 (4)国家发改委根据项目建议书、《工程可行性研究报告评估意见》、交通运输部《行业意见》《用地预审意见》《环境评价意见》《项目选址意见》《海域使用论证报告》进行项目工程可行性研究批复,跟踪工程可行性研究批复过程,必要时协助配合相关事项工作

注:国家与各省(自治区、直辖市)政府正在积极推进建设工程领域行政审批"放管服"改革,相关审批手续由原先的串联审批向并联审批方式转变,省内预审阶段咨询的(5)~(8)项工作在有的项目可在设计阶段开展。另外,为加快项目进度,国家发改委也可委托省发改委进行项目工程可行性研究批复。

案例6.1 海南铺前跨海大桥工程各项专题论证工作与评估报告(表6.3)

海南铺前跨海大桥工程各项专题论证工作与评估报告一览表　　表6.3

序号	专题报告名称
1	海南铺前跨海大桥建设气候可行性(气象分析)报告
2	海南铺前跨海大桥潮流数值模拟研究报告
3	海南铺前跨海大桥泥沙数值模拟研究报告
4	海南铺前跨海大桥波浪数值模拟研究报告
5	海南铺前跨海大桥设计风速及风压更新报告
6	海南铺前跨海大桥项目海口土地利用总体规划落实方案

续上表

序号	专题报告名称
7	海南铺前跨海大桥建设项目选址意见书
8	海南铺前跨海大桥海域使用论证报告书
9	海南铺前跨海大桥船舶通行安全性评估报告
10	海南铺前跨海大桥通航净空尺度和技术要求论证研究报告
11	海南铺前跨海大桥水下文物考古调查报告
12	海南铺前跨海大桥工程可行性研究工程地质勘察报告
13	海南铺前跨海大桥工程高密度电法勘察报告
14	海南铺前跨海大桥推荐方案抗震性能研究报告
15	海南铺前跨海大桥海域断裂钻孔验证及断层活动性评价报告
16	海南铺前跨海大桥桥位附近断层位置和活动性详细勘察报告
17	海南铺前跨海大桥工程(桥位一)建设项目地质灾害危险性评估报告
18	海南铺前跨海大桥项目工程场地地震安全性评价报告之一(全线地震危险性分析及主桥塔设计地震动参数确定)
19	海南铺前跨海大桥项目工程场地地震安全性评价报告之二(引桥设计地震动参数确定)
20	海南铺前跨海大桥跨越断裂带桥型方案研究报告
21	海南铺前跨海大桥水土保持方案报告书
22	海南铺前跨海大桥环境影响报告书
23	海南铺前跨海大桥海洋环境影响报告书
24	海南铺前跨海大桥对东寨港国际重要湿地和清澜港与文昌国家重要湿地红树林与鸟类影响评估报告

第四节 工程决策阶段咨询管理要点

一、深度辨识工程预可行性研究、可行性研究咨询管理的区别

工程决策阶段,预可行性研究和可行性研究这两大咨询管理既有相互联系,又有很大区别。只有深刻辨识并正确理解这两大咨询任务的工作内容、要求与区别,才能更好地开展工程决策阶段的咨询工作。本章节以公路基础设施项目为例,从以下几个方面来深度辨识和理解两者之间的区别。

1. 综合概述

预可行性研究是以项目所在地区域经济社会发展规划、交通发展规划和其他相关规划为依据,主要任务是研究建设项目的功能与作用,论证项目建设的必要性,并对项目可行性进行初步评估;提出多个方案并比选,研究推荐方案,初步论证其标准、规模、路线走向及大致控制点。工程作业以 1∶50000 比例尺图为基础,辅以踏勘、调查,该阶段为概略研究,结论是初步的。

工程可行性研究是以批准的《工程预可行性研究报告》(代项目建议书)为依据,全面研究项目建设的必要性、技术可行性、经济合理性、实施可能性。对不同的建设方案从技术、经济、环境、用地等方面进行综合论证,提出最佳方案。确定建设标准、规模、重大技术方案,做好总体设计和线形设计。工程作业以 1∶10000 比例尺图为基础,或更大比例尺地形图上进行研究,其中特殊困难路段需分别在 1∶10000、1∶2000 地形图上进行研究,同时需进行必要的测量和钻探。该阶段要求研究结论建立在定性、定量充分论证的基础之上,结论是明确的。

2. 报告内容的区别

工程预可行性研究以 2010 年可行性研究编制办法规定章节编制,内容主要包括概述、现状评价及发展环境、运输发展预测及建设的必要性、建设规模、标准及初步方案、投资估算及资金筹措、经济评价、问题与建议、附件及图表。

案例 6.2 海南铺前跨海大桥工程《工程预可行性研究报告》主要研究内容

(1)研究海南省及海口市、文昌市国民经济和社会发展第十一个五年规划纲要,评价项目的实施对海口市、文昌市经济发展的意义;

(2)进行社会经济和交通运输调查,分析研究地区经济发展趋势,对项目影响区内主要干线公路进行交通量调查和汽车起讫点(OD)调查工作,预测远景交通量;

(3)充分论证本项目技术标准及建设规模,在多方案论证比较的基础上,合理确定拟建项目的技术标准、建设规模及建设方案;

(4)投资估算及资金筹措;

(5)项目经济评价;

(6)问题与建议。

工程可行性研究以 2010 年可行性研究编制办法为基础,根据现行有关政策需增列一些章节,主要包括概述、现有公路的概况及问题、运输量和交通量的发展预测、公路建设规模与标准、建设条件与方案选择、环境影响分析、节约土地、投资估算及资金筹措、经济评价、节能评价、综合选定、建设安排及实施方案、社会影响评价、问题与建议、附件及图表。

案例6.3　海南铺前跨海大桥工程《工程可行性研究报告》主要研究内容

在海南铺前跨海大桥工程《工程预可行性研究报告》的基础上，经现场踏勘、资料收集和意见征集，依据项目影响区内社会经济发展、交通量预测结果，综合项目功能定位、相关路网规划等方面因素，对项目的技术标准、建设条件、桥位方案、桥型方案、投资估算和资金筹措、经济效益、环境影响等进行了研究。主要研究内容包括：

(1) 研究海南省及文昌市、海口市国民经济和社会发展第十二个五年规划纲要，评价项目的实施对海南省及文昌市和海口市经济发展的意义；

(2) 进行社会经济和交通运输调查，分析研究地区经济发展趋势，对项目影响区内主要干线公路进行交通量调查和汽车起讫点(OD)调查工作，预测远景交通量；

(3) 充分论证本项目技术标准，在多方案论证比较的基础上，合理确定项目的公路等级、设计速度等技术标准，并依据规范提出项目各项技术指标；

(4) 研究气象、地质、水文、通航，特别是地震、断层等条件对项目建设的影响，根据对多个桥位和桥型的比选，合理确定项目工程建设方案；

(5) 项目的投资估算及资金筹措；

(6) 项目经济评价；

(7) 项目实施方案；

(8) 项目土地利用评价；

(9) 项目环境影响评价；

(10) 项目节能评价；

(11) 项目社会影响评价；

(12) 项目风险分析；

(13) 问题与建议。

3. 资料调查深度的区别

(1) 社会经济调查：预可行性研究资料要求简要、概略，未来年份社会经济资料可以经济计划和规划为基础；可行性研究资料要求全面、系统，未来年份要求进行社会经济发展预测。

(2) 路况运输调查：预可行性研究要求调查路网及相关公路概况，公路部门运输效率指标；可行性研究要求调查路网概况，其他交通线路及相关公路路况，全社会公路运输效率指标。

4. 工程方面有关论证和资料的区别

(1) 预可行性研究。

方案：路线、重要桥梁、长大隧道所有可能的方案都要列出来，并经过筛选论证；

地形图：一般使用1:50000；

地质：通过调查、现场踏勘方式获得，可不进行测量和勘探；

水文、气候:通过调查方式获得;
建筑材料:通过调查方式获得,了解分布情况,运输条件。
(2)可行性研究。
方案:建设标准、规模、重大技术方案作深入调查、分析、论证和测算,做好总体设计和平纵线形设计;
地形图:一般使用1:10000,或更大比例尺地形图上进行研究,其中特殊困难路段需分别在1:10000、1:2000地形图上进行研究;
地质:现场调查,测量,对控制路线方案的大桥、隧道及不良地质段进行勘探;
水文:路线经过地带的水文详细资料;
气候:项目所在地详细资料;
建筑材料:绘制建筑材料分布图,提出筑路材料调查表。

5. 经济性及社会影响分析的区别

(1)交通量预测:预可行性研究以基年交通量和交通量增长率为基础,可采用定基与定标相结合的预测技术;可行性研究交通量预测采用"四阶段法"预测,需遵循严格的预测程序和定量化方法。

(2)投资估算:预可行性研究按《公路基本建设工程投资估算编制办法》中的综合指标编制,提供主要项目的工程数量,工程量按公路公里计算,估算与概算误差为±20%;可行性研究按《公路基本建设工程投资估算编制办法》中的分项指标编制,提供较详细的分项工程量(有图表格),工程量按分项工程计算,估算与概算误差为±10%。

(3)环境保护:预可行性研究概略论述环境保护方案;可行性研究根据项目工程特点、区域环境特征进行环境质量现状调查与分析,研究分析项目产生的污染物和污染源,研究提出适当的治理措施。

(4)节约土地:预可行性研究概略论述节约土地方案;可行性研究根据国家有关规定,结合项目特点,提出节约土地的方案和措施,对项目节约土地措施进行全面论证。

(5)节能:预可行性研究一般概略论述;可行性研究根据工程技术方案,对节能指标、影响因素进行分析,提出节能方法和措施。

(6)社会评价:预可行性研究一般概略论述;可行性研究主要内容有:项目的社会影响分析,分析项目产生的正面影响和负面影响;项目的互适性分析,分析项目与当地的社会环境相互适应关系;社会风险分析,分析容易导致较大矛盾的社会影响因素,研究可能出现这种风险的社会环境和条件,提出防范措施。

二、预可行性研究阶段咨询管理要点

1.《工程预可行性研究报告》编制管理要点

(1)要全面掌握宏观信息,即国家经济和社会发展规划、行业或地区规划(尤其是市政路网规划)、线路周边自然资源等信息。

(2)预可行性研究主要解决项目建设的必要性问题。必要性的审核应该包括政策因素、效果因素等定性分析和规划、项目定位、交通需求预测等定量分析,重点是与政策、规划的一致性问题。因此咨询管理要重点论证项目建设的必要性；重点分析拟建项目在区域经济社会发展、城镇及路网规划、综合运输体系、满足交通需求等方面的定位和作用，阐述项目建设的必要性和建设时机。

（3）要根据项目预测结果，并结合规划情况及和同类项目类比的情况，论证提出合理的建设规模和投资规模。

（4）要尽可能全面地勾画出项目的整体构架，减少较大建设内容的遗漏。

（5）要充分了解国家、地方的相关法规、政策，紧密结合自身行业的特点论证，项目建设目标要与国家、地区、部门、行业的宏观规划目标一致。

（6）要通过广泛的考察、调研，借鉴同行业的经验，资料数据一定要准确、可靠，要有较强的说服力。

2. 项目立项报批材料准备要点

案例6.4　海南铺前跨海大桥工程项目立项报批材料、基础资料准备情况（表6.4）

海南铺前跨海大桥工程项目立项报批材料、基础资料一览表　　表6.4

阶　　段	审批需准备材料	审批材料所需基础资料
国家发改委立项审批	《工程预可行性研究报告》（代项目建议书）	根据省内预审后的预可行性研究报告进行编写
	交通部行业意见	海南发改委的申请
		预可行性研究报告（省内预审后的）
	国家发改委委托的咨询意见	国家发改委下达的项目咨询评估委托书
		预可行性研究报告（省内预审后的）
	银行贷款意向书（需要时）	贷款申请
		预可行性研究报告（省内预审后的）

三、可行性研究阶段咨询管理要点

1. 专题研究咨询管理要点

（1）在工程可行性研究阶段，咨询单位须协助建设单位落实工程可行性研究阶段所需的各专题研究工作及其承担单位。

（2）工可阶段的专题论证工作作为《工程可行性研究报告》编制及用地、环评、选址、海域等一系列专项审批的依据，宜先期展开并明确各专题研究的具体技术及进度要求。

（3）专题报告研究期间，咨询单位须与建设单位及专题研究承担单位配合，并协助解决和处理专题研究中遇到的各类技术问题。

（4）专题报告完成后，协助建设单位组织进行专题报告的评审。

2.《工程可行性研究报告》编制管理要点

(1)《工程可行性研究报告》应能充分反映项目可行性研究工作的成果,内容齐全,结论明确,数据准确,论据充分,满足决策者定方案定项目的要求。

(2)重大技术方案,应有两个以上方案的比选,方案中应当包含建设项目的规模、功能、标准等内容。

(3)咨询单位须在《工程可行性研究报告》编制过程中,不断消化吸收专题研究成果,多听取专家意见和相关部门的要求,进行相关方案的优化调整,在此基础上就技术标准、工程方案等问题同建设单位及相关部门多交换意见。

(4)主要工程技术数据应能指导下一步项目初步设计的进行。

(5)项目的资金筹措方案应切实可行,投资估算,土地、资金、建造成本分析应当合理,如有银行贷款等非政府资金筹集方式,报告还应能满足银行等金融部门信贷决策的需要。

3.项目工程可行性研究报批材料准备要点

案例6.5　海南铺前跨海大桥工程《工程可行性研究报告》技术支撑材料

海南铺前跨海大桥因受跨断层影响突出,工程可行性研究报告的评估、评审需要大量的技术支撑材料(表6.5),中咨集团指挥部确定了全部技术支撑材料项目,并协助建设单位在工程可行性研究报告的评估、评审前,委托相关单位完成了全部技术支撑材料的编制及评审工作,并将相关结论纳到海南铺前跨海大桥的工程可行性研究报告中,为工程可行性研究报告的技术可行性提供依据,这也是本项目全过程工程咨询管理的独特之处。

海南铺前跨海大桥工程可行性研究报告评估、评审所需技术支撑材料一览表　表6.5

序号	工程可行性研究报告的评估、评审所需材料	备注
1	海南铺前跨海大桥工程可行性研究报告	
2	海南铺前跨海大桥项目工程场地地震安全性评价报告之一(全线地震危险性分析及主桥塔设计地震动参数确定)	
3	海南铺前跨海大桥项目工程场地地震安全性评价报告之二(引桥设计地震动参数确定)	
4	海南铺前跨海大桥桥位附近断层位置和活动性详细勘察报告	
5	海南铺前跨海大桥推荐方案抗震性能研究报告	从初步设计提前到工程可行性研究阶段,进一步提高项目决策的准确性
6	海南铺前跨海大桥跨越断裂带桥型方案研究报告	
7	海南铺前跨海大桥工程可行性研究工程地质勘察报告	

案例 6.6　海南铺前跨海大桥工程项目工程可行性研究批复支撑材料（表 6.6）

海南铺前跨海大桥工程项目工程可行性研究批复所需材料、基础资料一览表　表 6.6

阶段	审批需准备材料	审批材料所需基础资料	基础资料所需专题评估
国家发改委工可批复	工程可行性研究报告	工程可行性研究报告（省内预审后的）	专题报告见案例 6.1
	交通运输部审查意见	海南发改委的申请	
		银行贷款承诺书	
		工程可行性研究报告（省内预审后的）	
	国家发改委委托的咨询意见	国家发改委下达的项目咨询评估委托书	
		工程可行性研究报告（省内预审后的）	
	银行贷款承诺书（如需要）	贷款申请	
		银行的评估报告和其他资料	
		工程可行性研究报告（省内预审后的）	
	自然资源部用地预申意见（由海南国土厅进行预申后转报）	建设项目用地预审申请表	用地预审申请报告
		建设项目用地预审申请报告	
		项目建议书批复文件或者项目备案批准文件	
		单独选址建设项目拟选址位于地质灾害防治规划确定的地质灾害易发区内的，提交地质灾害危险性评估报告	地质灾害危险性评估报告
		单独选址建设项目所在区域的国土资源管理部门出具是否压覆重要矿产资源的证明材料	
	生态环境部（国家海洋局）环评审批意见	建设项目环境影响评价文件报批申请书 1 份	海洋环境影响评估报告
		建设项目环境影响评价文件文字版一式 8 份，电子版一式 2 份	
		建设项目建议书批准文件（审批制项目）或备案准予文件（备案制项目）1 份	
		依据有关法律法规章应提交的其他文件	
		国家海洋局的核准意见	
	海南建设厅项目选址审批意见	海南省建设项目选址意见书申请表	项目选址论证报告
		经批准的建设项目建议书	
		相应的现状地形图（含用地区位图）	
		对生态环境有影响的项目须附经环保部门批准的环境影响评价报告（原件 1 份）	
		重点项目和大型项目必须附选址论证报告	
		位于交通要道、大型交叉口附近等吸引大量交通的项目须附交通影响分析（1 份）	
		工业项目须附生产工艺流程和消防、环保等有关部门意见（原件 1 份）	
	海南海洋与渔业厅海域使用审批意见	海域使用申请书	海域使用论证报告
		申请海域的坐标图	
		资信等相关证明材料	
		油气开采项目须提交油田开发总体方案	
		国家级保护区内开发项目提交保护区管理部门的许可文件	
		存在利益相关者的，应当提交解决方案或协议	
		海域使用论证报告及评审意见	

第五节 工程决策阶段咨询流程

一、工程决策阶段的总体流程

工程决策阶段的总体流程如图6.1所示。

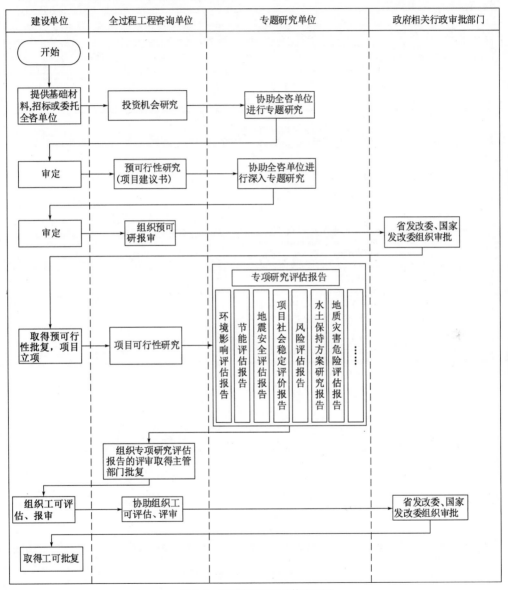

图6.1 工程决策阶段总体流程图

二、项目预可行性研究流程

项目预可行性研究流程如图6.2所示。

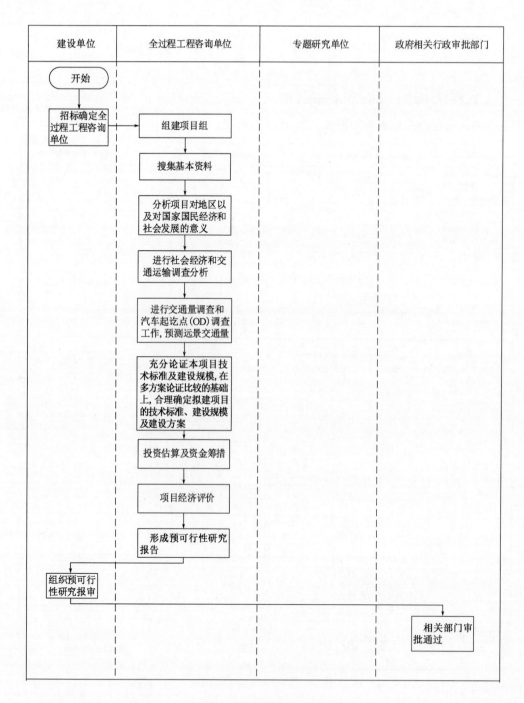

图 6.2　项目预可行性研究流程图

三、项目可行性研究流程

项目可行性研究流程如图 6.3 所示。

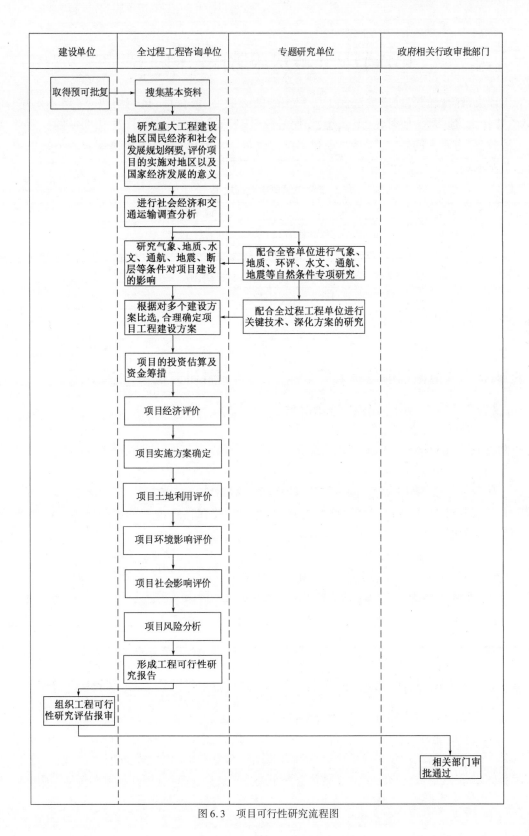

图 6.3 项目可行性研究流程图

第六节 工程决策阶段咨询成果

工程决策阶段的咨询成果论证了工程实施的必要性、可行性,重点解决了"该不该建、在哪建、建什么、建多大、何时建、怎么建、如何避免风险、如何后期运营、产生什么样的社会效益和经济效益"等重大问题,为工程高质量实施提供依据。具体来说,工程决策阶段咨询成果如表 6.7 所示。

工程决策阶段咨询成果 表6.7

序号	咨询内容	咨询成果
1	预可行性研究	预可行性研究(代项目建议书)及其报审材料、批复文件
2	专题研究	各项专题论证、评估报告,如环境影响评估、安全评估、社会稳定评估、节能评估、水土保持方案评估、地质灾害危险性评估、交通影响评估等,及其相关批复文件
3	可行性研究	项目可行性研究及其报审材料、批复文件

案例 6.7   海南铺前跨海大桥工程《工程可行性研究报告》主要结论

(1)推荐采用双向六车道一级公路标准,设计速度 80km/h。
(2)推荐采用桥位方案一(起点在文昌铺前镇后沟村附近,终点位于海口演丰镇塔市附近),路线全长 5.739km,其中,跨海大桥长 4.070km,桥头引线长度 1.669km。
(3)推荐桥型方案:
①通航主桥:采用独塔斜拉桥,钻石形桥塔,主跨 230m + 230m,双孔双向通航。
②跨断层引桥:桥跨上部结构采用简支钢箱梁,并在其东侧 1 跨和西侧 4 跨设置缓冲跨,亦采用钢箱梁结构。
③普通段引桥:上部结构采用跨径 50m 预应力混凝土现浇连续箱梁。
(4)推荐方案的投资估算总投资额为 252186 万元。
(5)推荐方案经济抗风险能力较强,对当地经济发展意义重大。

案例 6.8   海南铺前跨海大桥工程《工程可行性研究报告》下一阶段建议

(1)海南铺前跨海大桥两侧道路的同步建设问题。
本项目的建设效益只有与上承路段文昌滨海旅游公路和下接路段海口江东大道形成整体才能得以发挥,建议建设单位应协调海南铺前跨海大桥两侧道路早日开工建设,与本项目同步完工,形成连接海口与文昌黄金海岸的主干道路,充分发挥其辐射和带动作用。

(2)下一阶段进一步加强科研试验和技术攻关工作。

本项目位于强震区,且跨越铺前清澜断裂,位于强风区,并面临跨海桥梁的强腐蚀问题,建议下一阶段进一步加强科研试验和技术攻关工作,解决项目设计和施工中的技术难题,为项目的顺利实施和安全运营打下基础,为同类桥梁的建设提供借鉴。

(3)下一阶段进一步加强地质勘察工作。

建议在下一阶段进一步加强工程地质勘察工作,进一步探明跨越断层的性质、产状,为桥梁提供可靠的地质资料,保证设计质量,减少工程隐患。

(4)做好水域配套工程的实施和通航安全工作。

海南铺前跨海大桥水域配套工程涉及海军防风水鼓的搬迁和航道的疏浚工作,是海南铺前跨海大桥工程的重要组成部分和实施的前提,建议先期开工,先行实施。铺前现有航道通行船只较多,建议应做好项目实施阶段的通航安全管理工作,避免安全事故的发生。

(5)做好桥梁的景观设计工作。

海南铺前跨海大桥的建成将形成区域内的地标性建筑,建议下一阶段做好桥梁的景观规划和设计工作,使大桥与周围环境完美融合,形成当地一道靓丽的风景线。

(6)做好环境保护工作。

环境保护是我国的一项基本国策,下一阶段应做好环保设计资料的调查工作,使工程设计与桥位处地形、地貌及环境相协调,避免对防风林和红树林的破坏,减少工程对陆域和海域环境的影响,施工阶段要因地制宜采取可行的措施,保护环境,减少影响。

第七章

勘察设计阶段咨询

第一节　勘察设计阶段咨询概述

勘察设计阶段是工程项目全寿命周期中承前启后的关键阶段，对实现工程项目建设目标和取得良好社会效益、经济效益起决定性作用。勘察设计阶段的工作是整个工程建设的灵魂，是把工程建设技术成果转化为现实生产力的主要途径之一，是推动科技创新、管理创新和产品创新的主要平台，是带动相关装备制造、建筑材料、建筑施工等行业发展的先导，在提高投资效益、转变经济发展方式、加强节能减排、保护生态环境和确保工程质量安全等方面肩负着重要的责任。

勘察设计阶段咨询工作须在严格遵守法律法规、技术标准的基础上，对工程地质条件做出及时、准确的评价，正确处理和协调经济、资源、技术、环境条件的制约，通过工程项目更好地满足使用功能和价值来充分发挥工程项目投资效益。

勘察设计阶段咨询的核心并不是对勘察、设计单位工作进行监督，而是通过建立一套沟通、交流与协作的系统化管理制度，帮助建设单位和勘察、设计单位去解决勘察设计阶段中，设计单位与建设单位、政府有关建设主管部门、施工单位以及其他项目参与方的组织、沟通和协作问题，使得项目取得优质的勘察设计成果。

为践行国家质量发展战略，2016年交通运输部出台《关于打造公路水运品质工程的指导意见》，2017年交通运输部办公厅下发的《关于印发〈公路水运品质工程评价标准(试行)〉的通知》中勘察、设计这两大重要基础性工作的评价分值(200分)足足占到总评价分值(1000分)的五分之一，这也更进一步体现了做好勘察设计阶段咨询的重要性。

第二节　勘察设计阶段咨询特征

一、分阶段控制的特征

1. 勘察工作的分阶段控制

勘察是设计的重要依据，对应上述设计工作阶段的划分，勘察工作同样分为两个阶段：①初设勘察阶段(为初步设计提供依据)；②详细勘察阶段(为施工图设计提供依据)。

2. 设计工作的分阶段控制

重大基础设施建设项目的设计工作一般划分为两个阶段：①初步设计阶段；②施工图设计阶段。有复杂技术问题的主体工程，往往在初步设计和施工图设计之间又增加技术设计阶段。设计工作的各阶段是从设计方案的整体构思向可供实施的施工图纸文件逐步深化、细化的过程，各阶段完成的工作内容、起到的作用都是不同的，因此设计管理的控制要点也有所侧重。

二、高度影响项目投资的特征

在项目做出投资决策后,勘察设计阶段是影响项目投资可能性最大的阶段(图7.1)。在初步设计阶段,影响项目投资的可能性为75%~95%;在技术设计阶段,影响项目投资的可能性为35%~75%;在施工图设计阶段,影响项目投资的可能性为5%~35%。很显然,在项目做出投资决策后,控制项目投资的关键就在于勘察设计阶段。

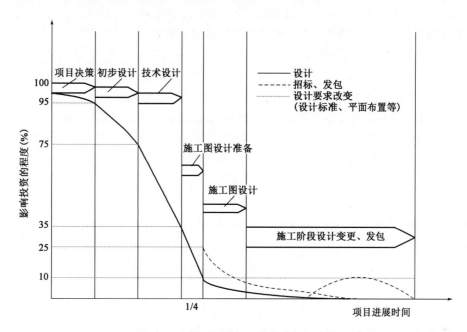

图7.1　不同建设阶段对投资影响示意图

大量工程实例的统计资料还表明,在勘察设计阶段节约工程投资的可能性很高,所以在勘察设计阶段把技术与经济有机地结合起来,力求在技术先进的条件下经济合理,在经济合理的基础上技术先进,综合提高项目投资效益。

三、知识密集性和技术复杂性的双重特征

1. 知识密集性

勘察设计阶段全过程工程咨询单位提供的是知识密集性服务,该阶段咨询服务工作任务量大、专业性强,对咨询工程师的基本素质、知识积累、工作经验等提出很高的要求,不仅要精通勘察、设计方面的知识体系(包括精通勘察、设计规范,熟悉各类勘察、设计工作开展的约束条件),还要对当前施工技术和管理水平有深刻的了解与充分的认识。

2. 技术复杂性

重大基础设施建设项目不仅要满足"安全、适用、经济、美观"的功能要求,还强调工程建设、运营与自然环境的和谐统一。这就要求勘察设计阶段咨询需要真正起到衔接设计环节与其他各个环节的桥梁纽带作用,其在技术上处于主导工程建设的中心位置,是工程建设的龙头,全过程

工程咨询单位要在勘察设计阶段充分调动各专业技术力量、加强各业务之间的合作与配合,将勘察设计专业、造价控制专业、施工专业等各方面的技术贯穿到勘察设计阶段咨询的全过程。

四、高创造性的特征

设计工作包括对建设项目进行全面、详尽的规划和构思,在工程项目建设的过程中,设计工作是最具创造性的工作,具体表现在如下三个方面:

(1)设计工作的本质即是创新,是以脑力劳动为主的复杂的创造性劳动,它是知识、技术、文化艺术与物质生产之间的纽带,与时代和科技进步紧密相连。

(2)工程项目因工程类型、建设性质、生产工艺、设备装备水平、所处地区和使用功能要求而异,即使是同类工程也因设计条件和功能变化等因素不同,因此设计阶段的成果都是非标准产品,没有一项成果会是完全相同的。

(3)重大基础设施工程普遍具有的规模大、技术难度高、挑战性强等特点,这类项目的勘察、设计工作往往是一项多学科、跨领域的系统工程,在此期间势必会遇到开创性的技术课题,这时勘察设计工作就需要创造性地选用材料、设备、技术、构造、外形等予以科研攻关解决。以海南铺前跨海大桥项目为例,该跨海大桥位于强震区跨越断层的特征,使其勘察设计工作的开展超越了我国现行勘察设计规范的范畴,在进行勘察设计工作过程中,势必面临技术和方案的诸多创新。

第三节 勘察设计阶段咨询内容

对于既承担项目管理服务,又承担勘察、设计任务的全过程工程咨询单位,勘察设计阶段咨询内容分为两类,一是项目管理咨询工作,二是勘察、设计工作。

一、项目管理类咨询内容

勘察设计阶段项目管理咨询内容(表7.1)分为三类:①管控类;②审查类;③协调类。

勘察设计阶段项目管理类咨询内容一览表　　　　表7.1

序号	咨询内容类别	具体内容
1	管控类	(1)负责初步设计(含初勘)和施工图设计(含详勘)的质量、进度、合同管理、投资控制。 (2)为支撑勘察、设计工作而开展的前期科研攻关管理。 (3)施工阶段的设计管理,包括组织设计交底、图纸会审,进行设计变更管理等
2	审查类	(1)组织初步设计、施工图设计、科研成果的审查。 (2)组织开展初步设计审批,包括国家发改委、交通运输部、省交通运输厅等相应政府和职能部门的审查。 (3)组织施工图设计成果的行业审批
3	协调类	(1)针对重大设计原则、重大设计方案和牵涉多家设计、研究单位的问题,组织召开专题设计协调会、评审会、讨论会,协助建设单位进行决策和协调。 (2)负责设计基础资料的提供和协调工作

案例 7.1　　　　　海南铺前跨海大桥工程设计协调

海南铺前跨海大桥在设计工作中，路线桥位选址、抗震设计、抗风设计、海洋环境耐腐蚀设计、活断层勘察、环境保护、征地拆迁等关键问题多，沟通协调单位牵涉到文昌海口两地、海南省、国家各部委审批环节复杂、专业性强。全过程工程咨询单位统筹大局，组织召开协调会、评审会、讨论会，使设计中的众多关键性技术问题得到及时解决，设计工作平稳有序推进，发挥出了全过程工程咨询在设计管理中的巨大优势。海南铺前跨海大桥历次设计协调会后均有文件记录，现摘录主要文件如表 7.2 所示。

海南铺前跨海大桥主要协调成果文件一览表　　表 7.2

序号	文　件　名	协调单位或文号	时　间
1	文昌市发展和改革委员会关于文昌市滨海旅游公路"海南铺前跨海大桥连接线段"项目进展情况的函	文发改〔2013〕140 号	2013.4.23
2	关于海南铺前跨海大桥桥位选址及与江东大道规划衔接问题的函	琼交运函〔2013〕317 号	2013.4.27
3	电力设施迁改协议书(初步设计)	文昌市供电局铺前供电所	2013.6.28
4	征地拆迁意向协议书(初步设计)	海口市演丰镇人民政府	2013.6.28
5	通信设施迁改协议书(初步设计)	中国联通文昌分公司	2013.7.1
6	取土(弃土)意向协议书(初步设计)	文昌市铺前镇人民政府	2013.7.3
7	征地拆迁意向协议书(初步设计)	文昌市铺前镇人民政府	2013.7.3
8	海口市规划局关于海南铺前跨海大桥与海口市江东大道二期路线衔接问题的规划意见	海规函〔2013〕1253 号	2013.8.6
9	文昌市规划局关于海南铺前跨海大桥工程与文昌滨海旅游公路路线衔接问题的复函	文规函〔2013〕545 号	2013.9.16
10	海南铺前跨海大桥工程初步设计外业验收意见	专家组	2013.9.23
11	关于请告知海南铺前跨海大桥主桥位调整和水域配套项目是否满足军用船只通航和防风需求的函	解放军某部	2013.11.12
12	海南铺前跨海大桥工程初步设计审查专家组意见	专家组	2013.12.5
13	海南铺前跨海大桥工程初步设计和概算评审会专家组意见	专家组	2014.4.11
14	公路沿线取(弃)土用地意向书(施工图设计)	文昌市铺前镇人民政府	2015.1.14
15	关于海南铺前跨海大桥工程沿线与电信公司通信线路干扰情况说明的函	中国电信股份有限公司文昌分公司	2015.1.15

续上表

序号	文件名	协调单位或文号	时间
16	关于海南铺前跨海大桥工程沿线与供电部门电力线路干扰情况说明的函	海南电网公司文昌供电局铺前供电所	2015.1.15
17	关于海南铺前跨海大桥工程沿线与联通公司通信线路干扰情况说明的函	中国联通公司文昌分公司	2015.1.15
18	关于海南铺前跨海大桥工程沿线与移动公司通信线路干扰情况说明的函	中国移动公司文昌分公司	2015.1.15
19	关于确认海南铺前跨海大桥定测阶段桥涵构造物布设方案的函	文昌市铺前镇人民政府	2015.1.15
20	关于确认海南铺前跨海大桥定测阶段桥涵构造物布设方案的函	海口市演丰镇人民政府	2015.1.15
21	关于海南铺前跨海大桥工程沿线与演丰镇塔市村海水养殖基地干扰情况说明的函	演丰镇塔市村海水养殖基地	2015.1.18
22	海口市美兰区水务局关于《关于确认海南铺前跨海大桥定测阶段桥梁跨越北港岛防潮堤及局部改移方案的函》的复函	美水函〔2015〕2号	2015.1.20
23	海口市城建集团有限公司关于回复海南铺前跨海大桥与江东大道二期路线衔接问题的函	市城建〔2015〕137号	2015.3.12
24	海南铺前跨海大桥工程施工图定测外业验收专家组意见	专家组	2015.3.14
25	海南铺前跨海大桥施工图设计审查会专家组意见	专家组	2015.4.18

二、勘察、设计类内容

1. 勘察主要工作内容(表7.3)

勘察主要工作内容一览表　　　　　表7.3

序号	咨询内容	具体内容
1	桥位区测量	桥位区平面控制测量及高程控制测量
		桥位区地形图测量

续上表

序号	咨询内容	具体内容
2	工程地质测绘	1:2000 工程地质平面图
		待桥位的位置确定后,进行1:500 工程地质平面图
3	工程物探	查明桥位区小断裂或节理裂隙
4	工程地质钻探	工程地质钻探
		室内试验
		原位测试

2. 设计主要工作内容(表7.4)

设计主要工作内容一览表　　　　　表7.4

序号	咨询内容	具体内容
1	准备和编制项目设计规定	现场踏勘
		编制项目设计规定
2	总体设计	桥轴线研究
		桥型方案及桥跨布置研究
3	结构设计及分析	初拟结构方案
		同类型桥梁、相关产品调研及资料收集
		施工工艺、施工流程,绘制结构方案图
		根据需要采用空间模型、平面模型等进行计算分析
		计算工程量
4	工程概算	合理地确定大型临时工程费用
		对部颁现行定额中缺项内容编制补充定额
		确定人工、材料、机械台班单价及取费标准,正确地引用定额,根据设计提供的工程量编制概算
5	设计文件的编制及审查	认真细致地进行设计文件的编制
		根据评审意见完善设计文件

第四节　勘察设计阶段咨询要点

一、勘察、设计单位的选择

勘察、设计工作是一项技术性很强的工作,它需要从事这一工作的单位或个人具备相应的能力和手段,同时勘察和设计成果又是由人来完成,而质量的责任由单位和个人共同来承担,因此,选择一个符合建设项目特点的单位及相关技术人员对建设项目勘察、设计的质量控制尤为重要。

对于工程勘察、设计单位的资质进行核查,是工程项目勘察、设计质量控制工作的第一步,勘察设计单位资质控制是确保勘察设计咨询质量的一项关键措施,也是勘察设计咨询质量事前控制的重点工作。

全过程工程咨询单位在协助建设单位选择勘察、设计单位时,可以从以下几个内容中重点考查:

(1)检查勘察、设计单位的资质证书类别和等级及所规定的适用业务范围与拟建工程的类型、规模、地点、行业特性及要求的勘察、设计任务是否相符;

(2)对参与拟建工程的主要技术人员的执业资格进行检查,对专职技术骨干比例进行考察;

(3)对勘察、设计单位实际的建设业绩、人员素质、管理水平、资金情况、技术装备进行实地考察,特别是对其近期完成的与拟建工程类型、规模、特点相似或相近的工程勘察、设计任务进行查访,了解其服务意识和工作质量;

(4)对勘察、设计单位的管理水平,重点考查是否达到了与其资质等级相应的要求水平,如,甲级要求:建立以设计项目管理为中心,以专业管理为基础的管理体制,实行设计质量、进度、费用控制;企业管理组织结构、标准体系、质量体系健全,并能实现动态管理。

二、合同管理

严格开展勘察设计合同条款评审,重点是合同内容准确、文字严谨、合同条款完整、合同责任义务明确。在勘察、设计合同中,需要明确进度及成果交付的时间和数量。

勘察设计阶段,全过程工程咨询单位需要通过采取一些有效措施使工程勘察、设计单位如期保质保量完成委托内容各阶段的工作,并提交相应的成果文件。

勘察设计合同的管理需要贯穿勘察设计阶段的每个环节,建立和健全具体的可操作的制度,使合同管理有章可循;对合同的洽谈、草拟、评审、签订、交底、履约跟踪、变更、中止、解除、终止等各个环节,都应落实责任部门或责任人。重点是要强化合同条款的评审和审查、合同履行跟踪评价等。

三、落实初步设计、施工图设计基础资料

为了将工程决策阶段对项目的定义及项目策划思想准确传达给勘察、设计单位,同时明确项目的约束、限制性设计条件,进而确保所有设计成果在设计思想、设计标准上高度一致,全过程工程咨询单位务必协助勘察、设计单位落实相关基础资料。

1. 初步设计阶段基础资料

初步设计基础资料包括:专题研究成果资料;地震灾害性评价报告;地质安全性评价报告;环境影响评价报告书;水土保持方案报告书(如果有);平面控制测量、高程控制测量资料;综合地质勘察(遥感航片、调绘、物探、钻探)和地震动峰值加速度复核等资料;水文调查与计算资料,流速、流量模型试验等资料;原有公路路基、路面、桥涵、隧道检测结果及评价报告等。

2. 施工图设计阶段基础资料

初步设计基础资料包括：各级政府相关部门的批准文件；专题研究成果资料；科研研究成果资料；平面控制测量、高程控制测量资料；地质勘察资料；水文调查与计算资料，流速、流量模型试验等资料；原有公路路基、路面、桥涵、隧道检测与评价等资料等。

四、质量管理

为了践行国家质量发展战略需要，满足人民群众高品质交通需求，顺应公路水运工程转型发展新阶段需要，推动中国交通建设企业走出去需要，2016 年交通运输部出台了《关于打造公路水运品质工程的指导意见》，2017 年交通运输部办公厅下发的《关于印发〈公路水运品质工程评价标准(试行)〉的通知》进一步明确了勘察、设计这两大重要基础性工作的一级、二级评价指标及评价重点内容。这是全过程工程咨询单位在勘察设计管理中应充分重视的质量管理依据，见表 7.5。

公路水运品质工程评价标准(试行)中勘察、设计工作的评价指标及分值表 表 7.5

一级指标	二 级 指 标	评价重点内容(分项指标)
系统设计 (80分)	全寿命周期成本 (5分)	工可中开展全寿命周期技术经济论证分析，分析全面，论证充分，造价合理(5分)
	建养一体化 (15分)	工程结构物、服务设施、管理设施、安全设施等功能系统匹配，远景扩展需求考虑充分(5分)
		设计具有前瞻性，充分考虑运营养护阶段结构可检、可修、可换，检养通道设置便利，对于特殊结构提出了有针对性的养护方法及要求；港口装卸工艺、船闸船坞设施设备以及电气控制等设计科学合理，便于维修维护(6分)
		施工期留埋监测设施考虑充分、设置合理、方便使用(4分)
	耐久性设计 (15分)	结合工程特点和环境条件，有针对性地开展耐久性设计，明确耐久性指标及控制要求(15分)
	精细化设计 (25分)	地质勘察规范，深度满足设计要求，对特殊地质构造提出有针对性的勘察要求(10分)
		总体设计要求明确、统一；专业设计衔接合理，细部及细节设计到位、要求明确，减少"错、漏、碰"措施得当，施工可操作性强，满足施工质量安全控制需要(10分)
		结合工程特点有针对性地开展施工质量通病防治相关设计，措施合理(5分)
	设计标准化 (8分)	积极推行设计标准化，在优化结构构造、配筋配束、附属设施设计、消除设计通病等方面成效明显，在推进施工装配化、工厂化、机械化发展方面成效显著(8分)

续上表

一级指标	二级指标	评价重点内容(分项指标)
系统设计(80分)	设计创新(12分)	设计方案融入先进的设计理念、文化创意、创新结构、功能完备,考虑先进适用的"四新"技术的应用(12分)
安全设计(40分)	安全设施设计(15分)	安全设施设计精细到位(15分)
	灾害防御设计(15分)	工程地质灾害、自然灾害、环境灾害预防方案科学,应对措施考虑充分(10分)
		应急救援设施设置科学、功能齐全(5分)
	安全评价与风险评估(10分)	在工可、初步设计、施工图设计审查等阶段分别开展了安全性评价,根据评价结果完善设计。公路桥梁和隧道工程按照规定在初步设计阶段开展安全风险评估,评估工作严谨科学,并针对不同等级风险采取措施,制定相应应急预案(10分)
生态环保设计(30分)	生态防护(15分)	选线选址科学合理;坚持不破坏就是最大的保护,减少林地、湿地、自然保护区、水源保护区的占用(8分)
		采取科学生态防护技术,改善和保护生态环境,细化对林地、湿地、自然保护区、水源保护区等生态防护要求(7分)
	节能环保(15分)	节地、节水、节材技术措施先进、效果显著(8分)
		推广使用先进适用的环保、节能技术措施,环保材料,环保、节能产品,效果显著(7分)
工程美学(20分)	建筑艺术(10分)	路线线形、建筑结构、互通立交、桥梁隧道本体及环境景观、绿化景观、航道生态护岸等美观、实用(10分)
	环境融合(10分)	工程建筑风格与自然环境和谐相融,体现地域自然和人文环境特色(10分)
人性化设计(20分)	人本服务功能(20分)	公路工程:标志标牌、交通路况情报板等便民服务设施设置完善(6分) 水运工程:航标导标、水上交通管制设施和便民服务设施设置完善(6分)
		公路工程:通道、天桥、声屏障等便民服务设施设置完善(6分) 水运工程:客运站、进出港闸口等服务设施设置完善(6分)
		服务区、停车区、收费站、锚泊区等辅助设施的便民和服务功能设计完善,体现资源节约和综合利用,适应可持续发展需求(8分)

续上表

一级指标	二级指标	评价重点内容(分项指标)
设计服务水平(10分)	后续服务(10分)	设计指导施工及时到位,开展了设计回头看和设计施工符合性评价工作,及时优化设计,设计施工配合良好(5分)
		设计变更规范、及时,无设计原因导致的公路工程重大变更或水运工程结构类型、使用功能的变更(5分)

1. 勘察工作质量管理

勘察工作是一项研究和查明工程建设场地的地质地理环境特征,及其与工程建设相关的综合性应用科学,是基本建设的首要环节。搞好各阶段工程勘察工作可以对建设场地做出详细论证,保证工程的合理进行,促使工程取得最佳的经济、社会与环境效益。

勘察工作必须与设计工作紧密结合,勘察工作的准确性在很大程度上决定着设计工作的成败,勘察项目管理主要是根据建设意图对于工程勘察活动开展管理。勘察工作的质量管理要点如下:

(1)提交给勘察单位的工程地质勘察任务书应说明工程的意图、设计阶段、要求提交勘察报告书的内容和现场、室内的测试项目,以及提出勘察技术要求等。同时应提供为勘察工作所需要的各种图表资料。这些资料可视设计阶段的不同而有所差异。

(2)在实施勘察工作之前,全过程工程咨询单位须严格组织审查勘察单位编制的《勘察工作方案(勘察纲要)》,并组织提出审查意见,审查重点如下:

①是否满足各勘察阶段的勘察任务书中规定的工作内容和深度要求;

②是否体现规划及各阶段设计意图;

③是否如实反映现场的地形和地质概况;

④是否满足勘察合同工期的要求。

(3)检查勘察现场及室内试验主要岗位操作人员的资格、所使用设备、仪器计量的检定情况。

(4)检查勘察方案的执行情况,对重要点位的勘探与测试应进行现场检查。

(5)检查勘察进度计划执行情况,督促勘察单位完成勘察合同约定工作内容。

(6)审查勘察成果报告,必要时对于各阶段的勘察成果报告组织专家论证或专家审查,并提交勘察成果评估报告。

(7)参与勘察成果验收,对勘察成果的审核与评定是勘察阶段质量控制最重要的工作。

(8)勘察文件交付后,应根据工程建设的进展情况,督促勘察单位做好施工阶段的勘察配合及验收工作。

(9)检查勘察单位技术档案管理情况,监督原始资料及时归档保存。

2. 设计工作质量管理

工程设计工作是实现使用功能、满足使用需要,体现工程价值的关键工作。工程设计工作咨询的核心目标就是组织相关设计单位在特定时间内、在具体投资规模要求下,最大限度地满足使用人或投资人的使用需求。

工程项目的质量目标与水平是通过设计使其具体化的,据此作为施工的依据。中国工程质量事故统计资料表明,40.1%的工程质量事故是由于设计原因引起的。因此,对设计工作质量严加控制,是顺利实现工程建设目标控制的有力措施,另外对于由全过程工程咨询单位承担的勘察设计工作,建设单位宜委托第三方设计咨询单位(如设计监理单位)对设计方案和投资进行把控。

(1)质量管理总体措施。

影响工程项目设计质量的因素主要有人的质量控制、物的质量控制、信息的质量控制、设计经济的质量控制、设计环境因素的质量控制、设计单位的质量体系等。设计工作质量管理总体措施主要有:

①针对项目特点,制定本项目专用设计规定,保证设计符合现场实际;

②加强对设计的全过程控制,保证设计深度和质量;

③必要时引入第三方进行设计监理和设计咨询,保证设计质量;

④对难点技术问题进行专项研究,将研究成果及时应用于设计之中;

⑤积极征求专家组的意见和建议,使设计更趋于合理。

(2)初步设计质量管理措施。

初步设计的深度要求应达到能满足建设单位审查、工程物资采购准备和施工准备、开展施工图设计三个方面的要求,并能满足政府行政主管部门审查需要。初步设计质量管理措施主要有:

①根据已批准的项目可行性研究报告和建设单位、环境、设计单位的实际情况,拟定初步设计阶段的投资、质量和进度目标;

②以初步确定的总体建设规模和质量要求为基础,将论证后所得的总投资和总进度切块分解,确定投资和进度规划;

③初步设计完成后,根据有关初步设计文件深度的规定要求,督促设计单位组织评审。各专业根据评审意见进行修改,及时协调解决专业间的问题,完成校审和签署初步设计文件,确保整个工程设计文件内容的完备与统一。

(3)施工图设计质量管理措施。

施工图设计阶段是工程设计的成果阶段,也是保证设计质量、提高设计水平的后期考核验收阶段。在本阶段的工序控制中,必须切实抓好保证施工图设计文件深度,提高设计质量,落实创优目标等各项工作。

施工图设计根据批准的初步设计文件编制,其深度应能满足设备和材料的安排,各种非标准设备的制作,施工预算的编制,工程施工需要以及工程价款结算需要等要求。施工图设计质量管理措施主要有:

①跟踪施工图设计、审核制度化。施工图设计质量跟踪不是监督设计人员画图,也不是监督设计人员结构计算和结构配筋,而是要定期对施工图设计文件进行审核,必要时,对计算书进行核查,发现不符合质量标准和要求的,指令设计单位修改,直到符合标准为止;

②采用多种方案比较法。对设计单位所定的诸如建设标准、结构方案等各种设计方案进行了解和分析,有条件时应进行两种或多种方案比较,判断确定最优方案;

③协调各相关单位关系;

④在施工图设计完成后,组织对施工图设计文件进行审查。施工图设计审查的基本内容包括总体审核、总说明审查、图纸审查、施工总预算与总投资概算、其他政策性要求、报批审查等;

⑤施工图经审查合格后,在设计文件交付施工时,组织工程建设有关各方参加设计交底会,由施工图设计单位对提交的施工图设计文件向施工单位和监理单位做出详细的说明,进行系统的设计技术交底。

五、进度管理

1. 进度计划的编制要求

全过程工程咨询单位需规定勘察、设计中标人在签订勘察设计合同后尽快(通常一周内)提交勘察设计进度计划(须分别按关键线路网络图、主要工作横道图或其他方式绘制)。

2. 进度计划的审批规定

全过程工程咨询单位需详细审查勘察、设计中标人上报的勘察设计进度计划,并尽快(通常一周内)审批同意或提出修改意见,检查勘察设计进度计划是否合理可行并满足合同工期要求。

全过程工程咨询单位应根据项目前期总体工作计划进行审批,审批后的勘察设计进度计划,作为今后勘察设计进度控制的主要依据及进度计划控制的目标。

3. 进度计划的检查与监督

全过程工程咨询单位应及时跟踪、检查勘察设计项目的实际进展情况,定期进行现场或内业工作检查。如经检查发现勘察设计实际进度滞后于计划进度,应及时组织召开会议,找出进度滞后的原因、责任及解决方法,并提出处理措施。一般情况下,要求勘察设计人每月对进度计划进行一次检视。

六、科研先行

重大基础设施工程普遍具有的规模大、技术难度高、挑战性强等特点,全过程工程咨询单位作为全方位、全过程的项目管理单位,在履行一般项目管理职能的同时,更须大力推进科技创新工作,解决大型基础设施项目在设计和施工中遇到的难点问题,为项目的顺利实施保驾护航。

重大基础设施项目在勘察设计阶段势必需要考虑会面临重大设计、施工技术难题,近年来重大型基础设施工程提倡"设计与施工密切融合"这一设计工作理念,即要求项目在勘察、设计阶段,务必前瞻性地充分考虑施工可操作性,因此全过程工程咨询单位在项目勘察设计阶段就必须针对重大型基础设施工程的难点、特点同步开展科研攻关咨询工作,并通过及时形成科研成果来作为项目设计工作的基础和依据。

全过程工程咨询单位须注重提高关键岗位参建人员的创新意识,树立科研先行的项目管理理念,并在咨询服务过程中积极推进创新创意转化为具体成果,通过科研先行来充分体现项目建设咨询管理的科技含量,同时为其他同类工程建设积累经验和提供借鉴。

案例7.2　　海南铺前跨海大桥工程坚持科研先行开展设计管理

海南铺前跨海大桥建设条件极为复杂,抗震烈度国内最高,设计基本风速国内最大,且为国内唯一一座跨越活动断层的大型跨海桥梁。大桥在建设期间面临直径4.3m钢管复合桩技术难度大,台风及强对流天气频发施工安全风险高,毗邻国家级红树林保护区环保要求高等一系列难题,且时间紧任务重。为克服设计和建设过程中的种种困难,项目全过程工程咨询单位组织同济大学、长安大学、中国地震局地球物理研究所等单位针对抗震、抗风、跨断层等进行多项创新性的研究和试验工作,邀请国内外知名专家、学术巨擘到现场指导调研、把脉问诊,为项目的设计建造打下了坚实的基础。

为了研究独塔斜拉桥横桥向不同约束体系的抗震性能,以海南铺前跨海大桥为工程背景,设计制作缩尺比为1:20的全桥结构模型,进行不同地震动作用下试验室振动台抗震试验,给出了模型结构动力特性识别结果以及各动力响应测量结果,如图7.2所示。对横桥向固结体系和弹塑性体系两种约束体系的试验数据进行整理分析与对比,结果表明:全桥模型横桥向的地震响应与地震动的频谱特性有关。远场地震动作用下,采用弹塑性钢阻尼器的弹塑性体系相对固结体系能有效地减小关键点位移响应和关键截面应变响应;而在近场地震动作用下,采用弹塑性钢阻尼器的弹塑性体系产生了较大的结构(如主塔、主梁)位移响应。

图7.2　实验室振动台抗震试验

海南铺前跨海大桥工程勘察设计阶段科研课题如表7.6所示。其中海南省交通运输厅和中国交建重点课题"强震区跨断层、近断层桥梁设计关键技术研究"课题成功获得2019年中国交建科学技术奖特等奖;另外四项海南省交通运输厅和中国交建重点课题("近断层桥梁地震反应及活断层勘察研究""强震区跨断层、近断层桥梁设计关键技术研究""海南铺前跨海大桥抗风性能研究")均创新成果突出,相关的试验方法、技术指标及研究成果均处于或已达到国际领先水平,相关成果正在申报中。

海南铺前跨海大桥工程勘察设计阶段科研先行开展课题一览表   表7.6

序号	科研课题名称	委托人	编制依据
1	近断层桥梁地震反应及活断层勘察研究	海南省交通运输厅	国家及行业有关规范
2	强震区跨断层、近断层桥梁抗震性能及设计关键技术研究	海南省交通运输厅	国家及行业有关规范
3	海南铺前跨海大桥抗风性能研究	海南省交通运输厅	国家及行业有关规范
4	海南铺前跨海大桥施工抗风性能研究	海南省交通运输厅	国家及行业有关规范
5	海南铺前跨海大桥强震区近断层、跨断层特大型桥梁大直径深长桩基础施工关键技术研究	海南省交通运输厅	国家及行业有关规范

七、加强施工阶段的设计管理

全过程工程咨询单位须督促设计单位按照相关合同条款做好设计后续服务工作,旨在保证设计施工配合良好(设计指导施工及时到位;设计变更规范、及时),加强设计后续服务的管理的具体措施如下:

1. 确保设计交底、施工图会审的效果

全过程工程咨询单位须组织设计单位向后续进场的监理、施工单位说明施工图设计的总体内容、技术标准的执行情况,对施工图设计审查意见的执行情况,并对本工程项目的技术难点、关键工程的施工注意事项等提出明确的要求,同时对监理、设计单位提出的图纸疑问进行解答,最终形成设计交底、施工图会审记录。

2. 加强对设计变更的管控

设计变更管理须严格遵循"先批准,后变更;先变更,后施工"的原则,全过程中,工程咨询单位须根据国家和交通部相关管理办法对设计变更进行分级审批管理。

第五节 勘察设计阶段咨询流程

一、初步设计阶段管理流程

初步设计阶段管理流程如图7.3所示。

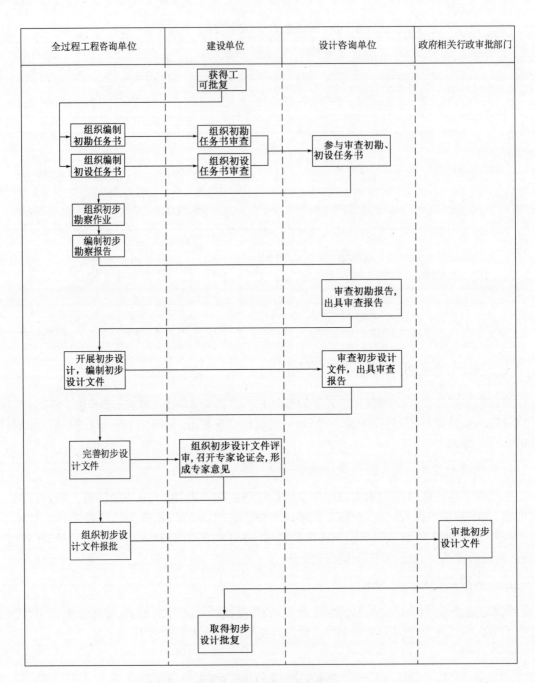

图 7.3 初步设计阶段管理流程图

二、施工图设计阶段管理流程

施工图设计阶段管理流程如图 7.4 所示。

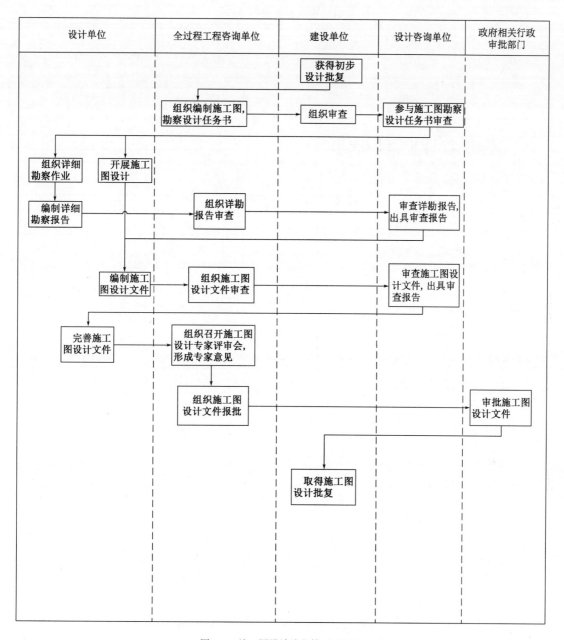

图 7.4 施工图设计阶段管理流程图

第六节 勘察设计阶段咨询成果

一、项目管理类咨询成果

项目管理类咨询成果见表 7.7。

项目管理类咨询成果一览表　　　　　　　表7.7

序号	咨询内容	咨询成果
1	管控类	初步设计(含初勘)、施工图设计(含详勘)任务书专题(科研)报告
2	审查类	工程初勘、详勘报告审批批复初步设计、施工图设计审批批复
3	协调类	会议纪要,协议书,管理函件,设计报告等文件

二、勘察、设计类咨询成果

勘察、设计类咨询成果见表7.8。

勘察、设计类咨询成果一览表　　　　　　　表7.8

序号	咨询内容	咨询成果
1	勘察类	初步勘察报告 详细勘察报告
2	设计类	初步设计文件 初步设计咨询报告 施工图设计文件 施工图设计咨询报告

第八章

工程招标采购阶段咨询

第一节　工程招标采购阶段咨询概述

工程招标采购是一种因招标人的要约,引发投标者的承诺,经过招标人的择优选定,最终形成协议和合同关系的平等主体之间的经济活动过程,是"法人"之间诺成有偿的、具有约束力的法律行为,是一种以"公开、公平、公正"为原则的成熟的商品交易方式,是建设单位选择优秀承包商、供应商的主要手段。

工程招标采购阶段咨询也称作"项目资源的获取管理",指的是在整个项目过程中有关项目组织从外部寻求和采购各种项目所需资源或服务的管理过程。这包括对于项目获得各种有形的工程、物料和各种无形的劳务(咨询服务)的管理。工程招标采购阶段咨询的工作质量水平将直接影响到工程项目建设三大目标(提高投资效益,保证工程质量,缩短建设周期)的实现。

近年来,我国对于工程建设方面的法律法规日趋成熟完善,工程承发包模式日趋多样化,全过程工程咨询单位还需根据不同项目的特点、要求以及投资性质,灵活选择相应的招标采购管理模式。这样才能够满足不同项目的具体招标采购工作所具有的招标采购标的以及招标采购计划。当有关政策或者建设单位要求发生变化时候,全过程工程咨询单位要相应地做出回应,在依法合规的基础上灵活地应对各种招标采购。

第二节　工程招标采购阶段咨询特征

一、**程序性**(规范性)

工程招标采购必须严格遵循规范的法律程序展开。

二、**一次性**

公开招标时,投标邀约和中标承诺只有一次机会,开标后双方均不得进行实质性更改。

三、**开放性**

工程招标采购阶段须打破行业、部门、地区、甚至国别的界限,打破所有制的封锁、干扰和垄断,在多种公开媒介发布招标公告,确保在最大限度的范围内让所有既对该招标项目感兴趣又符合投标条件的法人,都可以在规定的时间内向招标单位提交意向书,由咨询单位协助建设单位进行资格审查,经筛选核准进入投标候选名单后购买招标文件,进行投标。

四、择优性

招标采购阶段的主要目的即为建设工程项目选择最优的供应商或承包商。招标人通过对产品和服务信息的了解、分析和研究,掌握包括品种、品牌、质量、价格、性能、供应渠道等信息,在众多的供应商或承包商中找到最合适、最优秀的产品和服务供应商或承包商。

1. 价格择优

在进行采购工作时需要根据设计图纸以最合适的价格购买到最合适的产品。招标人须通过比价来确定最合适的采购价格。

2. 质量择优

工程项目的实施成果不仅受到采购成本的影响,同时也要受到所采购材料、设备、技术和服务等质量的影响。所采购材料、设备、技术和服务等质量不佳,往往会导致管理费用、措施费用的增加,降低生产效率与建筑产品质量,甚至影响建设单位乃至建设项目所在地政府的信誉与形象。

3. 供应渠道择优

供应渠道需确保买卖双方沟通与买卖效率,同时也需考虑尽可能节约采购的物流成本。

五、有序竞争性

招标人在投标者中间"择优选择",有选择就有竞争,招标采购的核心就是竞争,按规定每一次招标必须要有三家以上投标,这就形成了投标人之间的竞争,他们以各自的实力、信誉、服务、报价等优势,战胜其他的投标人。

招标采购的竞争是一种通过优胜劣汰来优化建设项目资源配置、提高建设项目社会、经济效益的有序竞争,有序性体现在公平和良性两个方面。

1. 公平竞争

工程招标采购是为了公平地对待所有的投标者,不是为了在个别投标者与招标方之间建立某种特殊的关系,并以此来损害其他投标者的公平机会。

2. 良性竞争

工程招标采购是为了最经济有效地实现项目综合目标(优质优价),不是为了单纯追求低报价,把投标人逼到一条独木桥上,形成一胜多输的局面,甚至没有任何赢家的局面。

第三节 工程招标采购阶段咨询内容

工程招标采购阶段咨询依照招标采购的四大阶段(①准备阶段;②招投标阶段;③评标阶段;④签订合同阶段)开展,完成确定招标采购策略、考察摸底潜在投标人、组织招投标、完成开评标、进行合同条款谈判和签订合同共计六大项咨询任务,各阶段具体咨询内容如表 8.1 所示。

工程招标采购阶段咨询内容　　　　　　　　　　　表 8.1

序号	招标采购阶段划分	各阶段主要咨询任务	各阶段具体咨询内容
1	准备阶段	确定招标采购策略	项目采用的建设模式
			选择招标采购的方式
			选择承包商的策略
			选择承包商的程序
		考察摸底潜在投标人	选择3家以上承包商开展考察
2	招投标阶段	组织招投标	编制招标文件
			发售招标文件
			组织投标人进行现场踏勘考察
			回答投标人质疑
			招标文件补遗
			投标文件的递交和接受
3	评标阶段	完成开标与评标	组建评标委员会
			投标文件评审
			投标文件问题澄清
			综合评价、选择承包商
4	签订合同阶段	进行合同条款谈判	与候选中标人开展谈判
		正式签订合同	协助建设单位与中标人签订合同

第四节　工程招标采购阶段管理要点

一、确定招标采购策略的管理要点

1. 建立健全招标采购管理系统

重大基础设施项目具有需要招标采购的资源、服务内容多、涉及面广的特点，应建立类别清晰，效果显著的管理系统。

（1）要充分根据项目的特点以及建设单位的相关要求，建立起一个职责分工明确的工程招标采购阶段项目管理组织机构。

（2）要认真进行工作程序以及工作制度的制定，确保整个招标采购阶段管理过程、目标明确，分工合理。

（3）全过程工程咨询单位及其相关专业人员要苦练内功，增强相关专业招标采购知识的学习，同时还要熟识相关的建设法律法规，掌握相应的合同法以及招投标法。

2. 编制招标采购策划文件

为了能够充分实现相关建设单位的相关招标采购目标以及建设意图，在进行招标之前，应充分结合项目管理的相关要求，进行招标策划文件的编制。

(1) 在编制招标采购策划文件时,应首先介绍相关的招标采购事项,招标采购程序以及相关招标采购管理的工作内容,同时还要设计较为合理的承发包方式、计价模式、合同方式、供应方式以及利弊分析等。

(2) 务必紧密围绕如何赢得招标采购工作的主动性和如何实现项目招标采购的管理目标,确保招标采购策划内容的分析全面性、计划严密性和操作可行性。

(3) 招标采购策划内容还须充分服从于整个建设项目的总体目标,协调经济、技术和管理等因素,进而充分保证工程建设的三大目标(提高投资效益、保证工程质量、缩短建设周期)的实现。

案例8.1　海南铺前跨海大桥机电、交通安全工程招标工作组织实施方案

1. 招标工程概况

海南铺前跨海大桥项目现阶段正在开展箱梁施工工作,大桥连接线工程也已开始底基层的摊铺,为保证后续工程衔接,拟开展海南铺前大桥项目(含铺前大桥及连接线)的机电、交通安全工程招标工作。

2. 招标领导小组

海南铺前跨海大桥全过程工程咨询单位为了配合建设单位组织实施做好招标工作,拟成立招标工作小组,负责组织实施招投标工作,拟定招标工作计划,监督、检查各项目招标工作中政策法规的落实情况,对报送的招标文件进行初审并报送行业主管部门(省交通运输厅)备案。小组成员如下:

组　长:×××;

成　员:×××、×××、×××。

3. 标段划分

根据项目的投资规模、建设里程及工期要求等具体情况和海南省交通运输厅厅务会议纪要(2015年第3期),为保证施工工作及时、统一、有效开展,拟将海南铺前大桥项目全线的机电、交通安全工程分为一个标段(K0+000~K14+597),包含:交通工程、监控、通信、照明、供电设施施工。

4. 招标组织形式和方式

招标组织形式均为委托招标,招标方式为公开招标,采用资格后审,评标办法采用技术评分最低标价法。

5. 招标代理机构

招标代理单位在具有丰富公路工程招标代理经验的单位中选取,经研究,拟选取熟悉海南铺前大桥项目基本建设情况的深圳高速工程顾问有限公司作为本次招标代理单位(招标代理工作含工程量清单编制)。

6. 公证机构

招标过程的公证工作拟选取具有丰富公路工程招投标公证经验的海南省海口市琼州公证处作为招标的公证单位。

7. 评标委员会

根据部公路工程招投标相关规定,招标评标委员会拟按以下方式组建:

招标评标委员会由7人组成,其中5名专家从交通运输部专家库中抽取,2名为业主代表。

8. 招标文件主要内容

根据公路工程建设项目招标投标管理办法(中华人民共和国交通运输部令2015年第24号)及项目基本情况的要求,为确保交通安全设施、机电施工工作的顺利推进,招标文件中的主要内容拟按以下原则设定:

1) 招标资质条件

投标人资质要求须具备:具有住房和城乡建设部核发的公路交通工程专业承包公路机电工程分项一级资质和公路安全设施分项一级资质。(允许联合体投标,但不能超过2家)。

2) 机电、交通安全设施的主要工作内容

本次招标范围为施工图纸范围内的全部的机电工程(主要包含沿线供电设施、照明设施、监控设施等)、交通安全设施工程(主要包含沿线护栏、交通标志、标线、轮廓标、防护网等)的施工。

3) 各项费用的取费原则

(1) 招标控制价。

交通安全、机电工程招标控制价根据项目法人的建设项目费用控制标准(试行),按批复预算中建筑安装工程费的93%、临时用地费的93%及设备购置费之和计取。

(2) 招标代理费。

招标代理费根据《海南省交通工程建设局公路建设项目费用控制标准(试行)》,招标代理费=招标文件编制费+工程量清单编制费。

(3) 公证费。

以中标金额为基数,根据海南省物价局、海南省司法厅印发《海南省公证服务收费管理实施细则(试行)》(琼价费管〔2016〕79号)的通知中的《海南省公证服务收费标准》计算。

9. 监督

根据交通运输部令2015年第24号《公路工程建设项目招标投标管理办法》(2016年2月1日起施行)的要求,省交通运输厅负责本次招标的监督工作,受理招投标工作的投诉并做相关处理。

10. 招标工作计划

(1) 2017年12月底发布招标公告。

(2) 2018年1月中旬完成招标工作。

3. 合理策划标段的划分

确定标段划分方案是工程招标采购策略制定过程中一项非常重要的策划内容，合理的标段划分有利于工程顺利进行，较多的标段可以使项目多点平行开展施工，有效缩短工期，并增加有实力的企业投标率，然而随着标段数量增加，标段之间的物理界面会增加，随之建设单位及全过程工程咨询单位的管理成本会增大。

全过程工程咨询单位应该依据工程建设项目承发包模式、工程设计进度、工程施工组织规划和各种外部条件、工程进度计划和工期要求、各单项工程之间的技术管理关联性以及投标竞争状况等因素进行综合分析研究，并结合标段的技术管理特点和要求设置投标人的资格能力条件标准，以及投标人可以选择投标标段的空间。合理策划标段的划分须结合如下三个层面进行综合考虑：

（1）竞争格局层面：工程标段规模的大小和标段数量，与招标人期望引进的承包人的规模和资质等级有关，潜在承包人可以承揽的工程范围、规模取决于其资质类别、等级和注册资本金的数量。同时，工程标段规模过大必然减少潜在承包商的数量，从而会影响投标竞争的效果。

（2）技术层面：从技术层面考虑标段的划分有三个基本因素：①工程技术关联性；②工程计量的关联性；③工作界面的关联性。

（3）项目工期与规模层面：项目总工期及其进度松紧对标段划分会产生很大的影响。标段规模小，标段数量多，进场施工的承包人多，容易集中投入资源，多个工点齐头并进赶工期，但需要发包人有相应的管理措施和充足、及时的资金保障。划分多个标段虽然能引进多个承包人进场，但也可能标段规模偏小，发挥不了规模效益，不利于吸引大型施工企业前来投标，也不利于发挥特种大型施工设备的使用效率，从而提高工程造价，而且容易导致产生转包、分包现象。

案例 8.2　　海南铺前跨海大桥工程招标采购标段划分

为了科学地进行海南铺前跨海大桥招标工作，在招标前项目建设单位及全过程工程咨询单位对项目标段划分进行了专门研究，并制定海南铺前跨海大桥招标工作方案。综合考虑工程造价、专业工程划分等因素，铺前跨海大桥工程在建设实施阶段主要划分为5个施工合同段、2个监理标段，具体见表 8.2。

海南铺前跨海大桥工程标段划分表　　表 8.2

监 理 标 段	施 工 标 段	主 要 内 容	工程造价(亿元)
1	第 1 合同段	海口侧引桥	5.31
	第 2 合同段	跨海主桥、文昌侧引桥	7.34
	第 3 合同段	跨海主桥钢箱梁	2.18
2	第 4 合同段	水域配套	2.32
1、2 均涉及	第 5 合同段	交通安全、机电	1.18

> 从上表可以看出，不同标段工作侧重点不同，因此招标时所要求的资质和业绩不同，比如施工第2合同段，其主要工作内容包括本项目的关键工程：混凝土斜拉桥，在招标文件业绩资格条件就明确需要跨海（跨海域或入海口感潮地带）或跨江双塔或多塔斜拉桥主跨在400m（含）以上或独塔斜拉桥双跨且每跨均在200m（含）以上的特大桥梁主桥土建工程的施工业绩，同时，因为跨海主桥的桩基直径大（4m超大直径钢管复合桩），在提出机械设备要求时明确要求钻机的规模型号。又如施工第3合同段，主要工作内容为跨海主桥及跨断裂带引桥的钢箱梁制造，在招标时即明确要求了钢箱梁制造业绩及专业化钢材切割、焊接设备等。这样做到了针对不同工作内容，择优选择实力强的单位进行承包。

（4）制定"甲控乙购"物资采购策略，降低工程造价。

所谓"甲控乙购"物资招标策略，就是由建设单位对涉及项目建设质量和进度的重要建筑物资，如钢筋、水泥、钢绞线、支座、锚具、电缆、钢板、阻尼器等进行材料供应商比选，选择信誉好的供应商以较低的价格物资，直接运送到所需物资的各个承包商现场，承包商负责验收接货，供应商按月汇总各承包商出具的物资验收资料，建设单位据此按月向各供应商垫付材料款，在物资送到后的约定期从承包商当期支付中扣回垫支的材料款。对这些选定的"甲控乙购"物资，建设单位在施工招标文件中就载明了材料的到场价格，再按物资采购后的价格对各标段调差。

通过"甲控乙购"确保了优质材料用于项目建设，减少了承包商的流动资金压力和财务费用，一定程度上降低了材料上涨的风险。

二、资格条件设定工作管理要点

1. 招标前应当进行项目推介

招标前应让更多的潜在承包商知悉项目情况及基本合作条件，与尽可能多的潜在承包商事先交流沟通项目的边界条件，是确保实现充分、有效、良性竞争的前提条件。与尽可能多的潜在承包商充分沟通，也是确定资格条件与编制合同体系有关文本的前提，全过程工程咨询单位绝对不能闭门造车，更不能想当然设定一些不符合市场规则和行业惯例的合作条件，拒潜在承包商于门外。

2. 审慎设定资格条件

应当根据建设行业的市场成熟程度、有兴趣的潜在承包商的数量、项目本身的实际需求，精准设定资格条件。应当通过资格条件设定，有效筛选出与本项目要求相匹配的潜在承包商群体。如果确实与项目需求相匹配的同一个层次的潜在投资者数量过多，还可以组织专家评审等程序，控制参与下一步竞争的潜在承包商的数量。对于确实不适合的潜在承包商，事先勤恳劝退，比事后蛮横淘汰，所造成的实质性伤害要轻很多。

在设定潜在承包商资格条件的相应标准时，可以划分为以下五个方面：

（1）潜在承包商的基本条件，包括注册资金、资质等级等。
（2）潜在承包商的荣誉以及经营水平。

(3) 潜在承包商是否承包过类似的工程,以及工程的业绩。

(4) 潜在承包商具有的财务能力,进而对其承担相关风险的能力进行判断。

(5) 潜在承包商具有的技术实力,项目人员素质水平,以及机械设备状况进行评价。

3. 控制投标候选人的合理数量

重大基础设施项目对潜在承包商提交的投标文件的要求很高,所需要耗费的人员、时间和财务成本都很高,数量太多容易造成潜在承包商的资源浪费和恶性竞争。对全过程工程咨询单位来说,一个项目要处理几十份投标文件,拿卡车拖材料,处理起来确实成本太高,也无法找到大量合格专家来认真评审比选投标材料。一般说来,5~8家左右的有效投资竞争人比较合理。

三、招标文件管理要点

招标文件一方面是潜在承包商编制投标文件的依据,另一方面是相关合同的基础,具有较强的约束力,因此招标文件的编制应遵循公平、合法、互利的相关原则,做到文字规范、合理、周到、严谨,同时还要符合相应的规范和要求。

全过程工程咨询单位在进行招标文件的编制过程中,应使之能够与工程建设的质量控制、进度控制以及投资控制进行有效的结合,使之能得到充分落实。在招标文件编制过程中还应注意以下几个方面。

1. 对招标文件先"分"后"合",确保质量

建议全过程工程咨询单位在每次编制招标文件之前,先将招标文件进行"双分解",即文件结构分解、工作任务分解。即将招标文件中各章节的文件结构分解开来,把各章节的编制任务分配给今后工程施工中所涉及的相关项目管理职能部门,由项目全过程工程咨询单位招标牵头部门或招标代理机构统一汇总分析各方资料,形成招标文件初稿,再分层次听取各方意见。一般先是全过程工程咨询单位进行内部整合评审,然后向建设单位汇报,再是请有关专家咨询,最后是招标领导小组审定。通过这样的过程,使得完成的招标文件在内容上做到完整,在程序上做到位,减少因为招标文件自身带来的索赔或其他损失,同时也大大缩短了文件编制的时间。

2. 充分体现项目的特殊要求

全过程工程咨询单位要尽量把项目现场的特殊情况与建设单位的相关要求写进招标文件,对此部分内容作出明确约定,避免施工过程中出现争议。

案例8.3　　海南铺前跨海大桥工程第1合同段施工招标文件中充分体现项目特殊要求

海南铺前跨海大桥工程(K11+710~K14+597.022)第1合同段施工招标文件由招标公告、投标人须知、评标办法、合同条款及格式、工程量清单、图纸、技术规范、投标文件格式和投标人须知前附表规定的其他材料共计9个部分组成,其中第七部分"技术规范"更是以专篇的形式对海南铺前跨海大桥项目的特殊要求进行了详尽描述,对质量标准、质量等级、检验内容和方法等提出了具体要求,见表8.3。

海南铺前跨海大桥施工招标文件对预应力混凝土工程的特殊要求摘要表　　表8.3

项　目	子　项　目	具体技术规范要求
一般要求	预应力系统	(1) 承包人应至少在56d以前,向监理工程师提交拟采用预应力系统的全部细节,经监理工程师批准后始可用于工程中。 (2) ……
	质检证书	(1) 对每次到货的预应力钢筋、钢丝、钢绞线和锚具,承包人应向监理工程师报送三份经批准的试验室签发的质检证书副本。证书内应标出对所有要求的试验结果。 (2) ……
材料	钢材	(1) 预应力混凝土的钢筋应符合…… (2) ……
	混凝土及水泥浆	混凝土及水泥浆用的材料,应符合设计图纸的规定,图纸无要求时,水泥用量不宜超过500kg/m³,特殊情况下最大不应超过550kg/m³。管道压注用的水泥浆7d抗压强度不小于30MPa
	预应力钢筋管道	预应力钢筋管道采用塑料波纹管成孔,材料应附有合格证或质保书
	预应力设备	(1) 所有用于预应力的千斤顶应选用专为所采用的预应力系统设计,并经国家认定的技术监督部门认证的产品。 (2) ……
预应力钢材的搬运、存放和保护	运输	(1) 为防止预应力钢材在装运与储存中受到物理损害和腐蚀,应将预应力钢材包装于集装箱或装运箱内。任何受到损害和腐蚀的预应力钢材均不得使用。 (2) ……
	存放	(1) 预应力钢材使用前应存放在集装箱内或木箱内,或在离开地面的清洁、干燥环境中设置,并应覆盖防水帆布。 (2) ……
	保护	(1) 不同暴露条件下,未采取防锈措施的预应力筋在安装后到压浆时的容许间隔时间如下。 (2) ……
预应力钢筋管道的安装和成形	一般要求	(1) 预应力管道必须采用塑料波纹管。 (2) ……
	波纹管的安装	(1) 预应力筋预留孔道的尺寸与位置应正确,孔道应平顺,端部的预埋钢垫板应垂直于孔道中心线。 (2) ……
	其他材料管道的安装	(1) 在桥梁的某些特殊部位,若图纸有规定或监理工程师要求时,可采用符合要求的平滑钢管和高密度聚乙烯管。 (2) ……

续上表

项 目	子 项 目	具体技术规范要求
预应力混凝土的浇筑	一般要求	(1)浇筑混凝土时,应保持锚塞、锚圈和垫板位置正确和稳固。 (2)……
	预应力混凝土在移动模架上浇筑	(1)移动模架安装完成后应进行检查验收和必要的荷载试验以保证施工安全。 (2)……
后张法预应力	一般要求	(1)承包人在张拉开始前,应向监理工程师提交详细说明、图纸、张拉应力和延伸量的静力计算,请求审核。 (2)……
	施工要求	(1)张拉工作应在监理工程师在场时进行。 (2)……
	张拉步骤	(1)初始拉力(一般为张拉力的10%~25%)是把松弛的预应力钢材拉紧,此时应将千斤顶充分固定。 (2)……
	记录及报告	每次预应力张拉以后,应将下列数据抄录给监理工程师: (1)测力计、压力表、油泵及千斤顶的鉴定号。 (2)……
孔道压浆	一般要求	(1)承包人须采用真空辅助灌浆工艺进行孔道灌浆,浆体材料应掺入真空灌浆添加剂和阻锈剂,掺量通过试验确定。 (2)……
	压浆设备	(1)水泥浆拌和机,应采用转速达1300r/min的高速拌和机。水泥浆泵应可连续均匀地压浆,能进行0.7MPa以上的恒压工作,并具有进浆量、进浆压力可调和紧急卸压功能。 (2)……
	压浆	(1)张拉施工完成后,采用不带水汽的高压风吹干孔道,然后封锚,进行抽真空试验,真空度需达到-0.08MPa以上,并经监理工程师确认后方可压浆。搅拌机及储浆罐的容积必须大于压注一条预应力孔道所需水泥浆的体积。 (2)……

续上表

项目	子项目	具体技术规范要求
质量检验	一般要求	(1)模板、钢筋、管道、锚具和预应力钢材经监理工程师检查并批准后，方可浇筑混凝土。 (2)……
	原材料质量	钢丝；钢绞线；预应力粗钢筋；锚具、夹具和连接器；预应力钢筋管道
计量与支付	计量	(1)预应力混凝土结构物(包括现浇和预制预应力混凝土)按图纸尺寸或监理工程师指示为依据，按已完工并经验收合格的结构体积，以立方米计量。计量中包括悬臂浇筑、支架浇筑及预制安装预应力混凝土梁、板的一切作业。 (2)……
	支付	按上述规定计量，经监理工程师验收的列入了工程量清单的以下支付细目的工程量，其每一计量单位，将以合同单价支付。此项支付包括材料、劳力、设备、试验、运输等及其他完成预应力混凝土工程所必需的费用，是对完成工程的全部偿付

3. 明确界定发包范围及界面划分

全过程工程咨询单位要在招标文件中明确界定相应的承包范围，并清晰地表述与一些另行发包工程范围的界面关系。对于另行发包的工程，如纳入本次招标工程总包管理的，中标人可以向其收取相应的总包管理费，同时招标文件中要规定相应的配合和管理的工作内容。这样就避免投标人在施工过程中出现界限不清的局面。

四、暂估价管理要点

随着建设市场中专业分工水平的深化及材料、设备的不断创新，暂估价在招标清单中所占的比例不断上升。为加快招标进度、确保专业化分工，全过程工程咨询单位招标时，在编制相关标段工程量清单阶段，就要对预计会发生但暂时无法确定具体的材料、设备价格或者无法准确估价的专业工程直接给定一个固定金额。待后续方案、设计等细化后再对该部分工程进行招标。暂估价招标管理是项目管理重要风险管理内容之一，具有招标工作量大、招标时间长等特点，招标工作直接影响到现场施工进度，同时也是投资控制重点管控内容，作为全过程工程咨询单位要提前策划，积极应对。

1. 明确暂估价的招标主体

交通运输部2015年第24号令《公路工程建设项目招标投标管理办法》的第二十九条指出"招标项目的合同条款中应当约定负责实施暂估价项目招标的主体以及相应的招标程序"。

2. 明确暂估价的合同签订主体

(1)由项目建设单位直接进行暂估价招标的,由项目建设单位与暂估价中标单位签订合同,根据合同条款直接付款给暂估价中标单位。

(2)由施工单位进行招标的,由施工单位直接与暂估价中标单位签订专业合同,项目建设单位及全过程工程咨询单位作为合同见证方。付款流程为项目建设单位支付给施工单位,施工单位再根据合同条款支付给暂估价中标单位。

3. 暂估价招标管理要求

(1)尽可能减少需暂估价的项目,越少越好。

(2)尽可能提前进行相关专业工程的设计,满足招标竞价要求。

(3)提前做好调查,确定好各种材料设备的规格、型号、质量要求等。

(4)确实要设置暂估价时,在招标文件中对"暂估价"部分的详细要求进行说明,明确"暂估价"的结算方法和处理原则等条款。

案例8.4　　　　海南铺前跨海大桥工程暂估价管理实例

为加快招标进度,确保专业化分工,海南铺前跨海大桥招标时在施工合同段清单中就将部分专业性较强的工程设置为暂估价,比如第2合同段中的强震区跨断层桥梁健康监测系统、桥梁防撞设施及施工第3合同段中的钢箱梁第三方检测等。针对海南铺前跨海大桥暂估价招标主体的确定,项目建设单位及全过程工程咨询单位专门召开了会议研究,最终议定:

①桥梁荷载试验、钢箱梁第三方试验检测、桥梁健康监测系统等涉及第三方检测或试验的专业工程招标工作,由项目建设单位负责组织招标,全过程工程咨询单位、监理单位和施工单位负责协助开展招标工作。

②对工程信息系统、进场道路改建养护、桥梁防撞系统、跨断裂带引桥防落梁(备梁)设施费等招标工作,由施工单位负责组织招标,全过程工程咨询单位对招标方案及招标文件进行审核,并报项目建设单位备案。

五、评标(比选)办法选择要点

在工程招标采购阶段,全过程工程咨询单位应该根据采购项目工程的类型、采购标段的规模和采购内容的区别,来确定最为恰当的评标办法。

1. "甲控乙购"物资供应商比选办法

对于钢筋、水泥等物资供应商的比选中,宜采用经过技术评审的最低价法。即先对供应商资质、资金、业绩、供应和服务方案进行评审打分,凡得分超过规定分数的,视为通过技术评审,然后再从中选择价格最低的作为供应商。

这样既选择了具有良好质量信誉、有充分服务承诺的供应商,又得到了最低市场价格的材料,还减少了物价上涨的风险,同时充分体现了招标工作的公开、公正、公平。

2.勘察设计和施工监理评标办法

以我国公路工程为例,公路工程勘察设计和施工监理招标,应当采用综合评估法进行评标,对投标人的商务文件、技术文件和报价文件进行评分,按照综合得分由高到低排序,推荐中标候选人。评标价的评分权重不宜超过10%,评标价得分应当根据评标价与评标基准价的偏离程度进行计算。

3.施工总承包评标办法

以我国公路工程为例,公路工程施工招标评标,一般采用合理低价法或者技术评分最低标价法。技术特别复杂的特大桥梁和特长隧道项目主体工程,可以采用综合评分法。对于特别重要的标段,还要求潜在承包人的项目经理进行陈述,通过这样的方法来筛选出对项目施工环境认识清楚、技术和设备准备充分、价格合理的中标人。

4.设计施工总承包评标办法

以我国公路工程为例,实行设计施工总承包招标的,招标人应当根据工程地质条件、技术特点和施工难度确定评标办法。设计施工总承包招标的评标采用综合评分法的,评分因素包括评标价、项目管理机构、技术能力、设计文件的优化建议、设计施工总承包管理方案、施工组织设计等因素,评标价的评分权重不得低于50%。

六、合同策划要点

合同是工程管理过程中发包方和承包方的最高行为准则,具有独特的法律地位,它明确了工程项目的投资、工期和质量等目标,规定着双方的责权利关系。

合同策划是工程招标采购阶段起草项目合同文件的依据,全过程工程咨询单位须在工程招标采购阶段协助建设单位做好合同策划,合同策划的目的是通过合同分解和委托项目任务来实施对项目的控制,而合同策划的核心要点是合同类型的选择。

选择恰当的合同类型是摆正合同双方重大关系,最大限度减少合同矛盾和争议,确保合同圆满地履行的基石,须综合考虑应用范围、风险分担及项目进展情况(如项目设计进度)等因素,如表8.4所示。

合同类型选择影响因素表　　　表8.4

影响因素	总价合同	单价合同	成本加酬金合同
应用范围	广泛	工程量暂不确定的项目	咨询服务合同
建设单位合同风险	较小	较大	大
承包商合同风险	大	较小	无
项目进展情况	施工图设计阶段	初设或施工图设计阶段	前期或设计阶段

第五节　工程招标采购阶段管理流程

工程招标采购流程如图8.1所示。

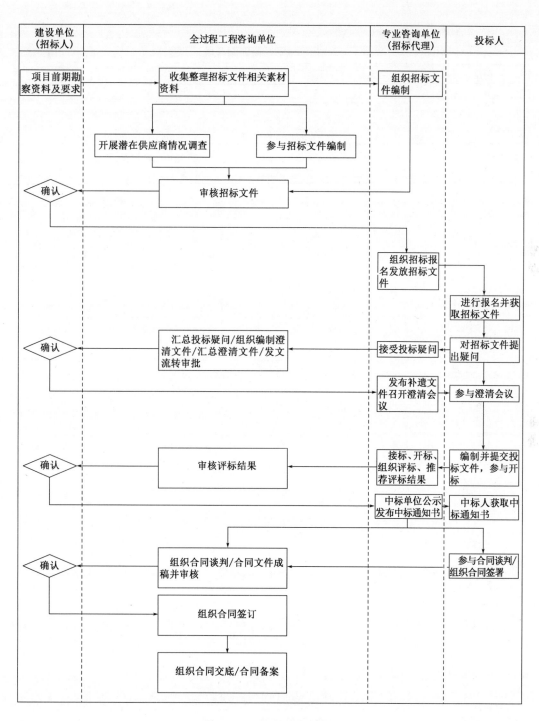

图 8.1 工程招标采购流程图

第六节　工程招标采购阶段咨询成果

工程招标采购阶段管理咨询成果见表8.5。

工程招标采购阶段咨询成果　　　　　　　　　　表8.5

招标采购阶段划分	各阶段主要咨询内容	咨询成果
准备阶段	确定招标采购策略	招标采购策划文件 主要合同包的招标方案
准备阶段	潜在投标人情况摸底	潜在供应商考察报告 合格供应商名录
招投标阶段	组织招投标 完成开标与评标	招标文件 招标文件及其补疑 投标文件及其澄清 投标保证金缴纳及退还 评标使用的相应表格 评标报告 招标投标情况的书面报告 中标通知书
签订合同阶段	进行合同条款谈判 正式签订合同	合同条款洽商记录 合同文本

第九章

工程施工阶段咨询

第一节 工程施工阶段咨询概述

工程施工阶段是将工程勘察设计阶段所形成的"纸上作品"转变成为具有实际使用价值的项目实体的重要阶段,工程施工阶段因其具有持续周期漫长、需处置的信息量繁多、资源投入(人力、物力、财力)巨大、动态性极强等特征,往往成为项目全生命周期中暴露问题最多、管理难度最大的阶段。

工程施工阶段,全过程工程咨询单位要扮演项目推进核心角色,按合同规定,协调、集成各参建单位的关系,对工程造价、质量、进度、合同、信息进行有效的控制和管理,实现建设三大目标。

工程施工阶段是一个整体性的、持续的、动态过程,全过程工程咨询单位须遵循策划、实施、检查、处置的动态化管理原理,运用各项管理举措进行计划、组织、指挥、协调和控制,为建设单位提供无缝隙且非分离的整体型、专业化咨询服务。

为践行国家高质量发展战略,工程施工阶段咨询所运用的各项管理举措(方法)务必体现精益求精的建造导向,突出项目相关方的责任落实和诚信塑造,在确保施工进度、施工质量(实体质量、功能质量与外观质量)和施工安全的基础上,还需在生态环境保护、资源节约和节能减排方面取得明显成效。

第二节 工程施工阶段咨询特征

一、管理目标的多样性

重大基础设施工程施工阶段的管理目标需要满足该阶段项目内外部广泛利益方的多种需求,一方面要在项目内部层面上实现进度、造价、质量、安全等管理目标,另一方面在项目外部社会效益层面上,还需尽可能降低施工对当地居民生产生活的影响,实现文明施工、节能减排等绿色环保目标。需求的多样化使得工程施工阶段管理目标的设立呈现多样性,工程施工阶段的管理目标通常按照以下几个方面进行设定。

1. 质量控制目标

全过程工程咨询单位应加强施工质量管理,从制订施工质量管理手册(事前)、开展过程控制(事中)和组织验收(事后)三个方面来确保实现工程质量管理目标。

2. 进度控制目标

全过程工程咨询单位应通过对施工进度的控制,使施工单位按照既定的施工进度计划进行,保证项目进度目标的实现。

3. 投资控制目标

全过程工程咨询单位应监督施工单位严格按照批准的建设规模和建设标准执行,一方面通过材料和工程设备的采购以及施工的管理进行投资控制,另一方面加强现场的变更、索赔、调价、签证等方面管理,减少额外支出,从而保证项目的建筑安装工程费控制在批复概算以内,进而保证投资管理目标的实现。

4. 施工安全控制目标

按照《中华人民共和国安全生产法》《建设工程安全生产管理条例》等法律法规的要求,全过程工程咨询单位对项目的安全生产负有管理责任,承担发生安全事故相应的法律责任。第一,全过程工程咨询单位应负责监督预算所列的安全生产费用全部用于安全生产及安全生产管理,不得挪作他用;第二,全过程工程咨询单位应全面履行项目建设管理中的安全生产管理职责,避免发生重大安全生产伤亡事故;第三,全过程工程咨询单位应监督各参建单位落实各自的安全生产责任制。

5. 绿色环保管理目标

全过程工程咨询单位应贯彻"以资源的高效利用为核心,以环境的优先保护为原则"的指导思想,督促施工单位采用先进的技术措施和管理,最大程度地节约资源,提高能源利用率,减少施工活动对环境造成的不利影响,规范绿色施工管理,从而达到高效、低耗、环保、统筹兼顾的目的,实现经济、社会、环保(生态)综合效益最大化的绿色环保施工目标。

6. 合同管理目标

全过程工程咨询单位在工程施工阶段应监督各参建单位(施工、监理等)的合同履约情况,保证工程施工阶段的所有工作都能按照相关合同约定顺利进行,并使合同各方保持良好的合作关系,保证工程的顺利推进。

二、承担双重角色管理职能

工程施工阶段,全过程工程咨询单位除了要始终承担好代表建设单位的管理角色外,有时还要承担监理单位的相关管理职能。

1. 代表建设单位的管理职能

全过程工程咨询单位作为建设单位组织机构的延伸,其代表建设单位的管理范围涉及从施工前准备到正式开工建设直至全面完工期间所有的管理活动。

> **案例 9.1　　　　海南铺前跨海大桥工程施工阶段咨询管理工作**
>
> 海南铺前跨海大桥工程施工阶段全过程工程咨询单位代表建设单位的管理工作见表 9.1。

**海南铺前跨海大桥工程施工阶段全过程工程咨询单位
代表建设单位的管理工作表**　　　　　表9.1

序号	工作内容
1	组成项目管理指挥部,选派项目管理人员
2	制订项目管理大纲和项目管理手册,并报建设单位审批
3	收集、编制并向建设单位报送工程进度报告和管理工作报告
4	项目施工许可等有关手续的办理
5	负责合同管理并监督合同的履约,组织工程建设
6	负责对工程进度、质量、安全、文明施工的统一管理
7	负责工程建设期间的造价控制,按有关规范和施工合同等的要求,制订工程计量支付管理办法,明确各参建单位的工程计量支付工作内容、要求和程序等
8	对合格工程及时进行中间计量和支付及结算
9	负责办理工程保险,监督施工单位和工程相关单位办理有关保险
10	组织工程中间验收、各单项工程的验收
11	负责解决与项目有关的施工、监理、咨询服务合同等争议

2.监理角色或开展对监理单位的管理

在我国特定的监理制度环境下,监理工作也可以放入全过程工程咨询合同包内,因此全过程工程咨询单位也可能相应的承担了监理单位的工作。监理工作的开展有国家规范和大量政策文件和技术文件予以约束和指导,本文不对工程监理业务展开具体讨论。总之,工程施工阶段,全过程工程咨询单位有责任代表建设单位对项目施工过程中的各施工工序的质量、安全、环保、进度、投资进行全方位监控。如果全过程工程咨询单位不承担监理任务,则应代表建设单位负责对监理单位开展管理,监督并检查监理工作完成情况。

案例9.2　　海南铺前跨海大桥工程施工阶段对监理单位的管理工作

海南铺前跨海大桥全过程工程咨询单位对监理单位开展管理工作见表9.2。

海南铺前跨海大桥全过程工程咨询单位对监理单位开展管理工作表　　表9.2

序号	对监理单位的管理工作内容
1	协助建设单位通过招标选定监理单位,在监理合同中约定监理单位的工作职责和相关义务
2	审查监理单位实际派驻现场的监理团队与合同约定的一致性,确保监理人员素质和数量满足工程监理工作需要
3	审查监理计划、监理大纲、监理实施细则等文件
4	施工过程中督促监理单位完成各项合同约定的监理工作任务,对不符合项目要求的监理人员予以警告、处罚乃至清退出场的处理,对表现优秀的监理团队、监理人员提出表扬并将相关意见反馈至建设单位、监理公司总部
5	定期检查监理资料编制情况
6	组织对监理单位开展履约评价,向建设单位、监理公司总部反馈履约评价结果,并依据履约评价成果控制监理费的支付
7	督促监理单位开展缺陷责任期内的监理工作

三、强度较高的关系治理

我国重大基础设施工程全过程咨询模式下的项目治理结构通常分为三个层级：①决策层（建设方）；②管理层（指挥部、全过程工程咨询方）；③执行层（施工图设计方、监理方、施工单位等）。

全过程工程咨询单位虽然与执行层的各参与方没有直接的合同关系，但是因为其是建设单位管理职能的延伸，建设单位赋予了其权威性的监督合同履行的管理权力，所以工程施工阶段咨询是一种强度较高的关系治理。

关系治理是各参与方通过相互依存的资产和能力的合作关系，达到整合资源、节约成本、创造价值的目的。全过程工程咨询单位务必在确保建设单位利益最大化的前提下，兼顾各参与方的期望和要求，通过构建良好的内部环境，营造和谐的合作氛围，与各参与方建立互利共赢的合作关系，实现利益相关方共同治理。

第三节　工程施工阶段咨询主要工作内容

项目施工阶段投资量大、周期长、参建单位多、协调关系复杂，是实现项目建设目标和参建各方利益的关键阶段。

施工阶段的项目管理工作共分为 9 个子项，包括：施工进度控制、施工质量控制、施工造价控制、施工招标采购管理、施工阶段的设计与技术管理、施工 HSE（健康、安全与环境）管理、施工合同管理、施工信息与文档管理、施工组织与协调管理。施工过程阶段主要工作内容清单见表 9.3。

施工过程阶段主要工作内容清单　　　　表9.3

工作子项	主要工作内容
施工进度控制	（1）组织编制项目管理大纲、项目管理手册中工程进度管理相关内容，明确进度控制的关键点和关键措施，并严格贯彻落实。 （2）完善或建立进度控制体系，明确进度编制标准和要求。 （3）完善、细化、调整项目总控进度计划，明确各级控制节点，组织严格实施。 （4）审核监理单位、施工单位编制的进度控制方案、进度计划并跟踪其执行。 （5）编制进度分析报告，评估分析对项目进度可能产生重大影响的事宜，发现进度偏差时及时采取纠偏措施，存在重大偏差的应及时向建设单位汇报。 （6）协调各参建单位的进度矛盾，组织或参加工程进度协调会议。 （7）审批、处理停工、复工及工期变更事宜

续上表

工作子项	主要工作内容
施工 质量控制	(1)组织编制项目管理大纲、项目管理手册中工程质量管理相关内容,明确质量控制的关键点和关键措施,并严格贯彻落实。 (2)组织建立项目质量保证体系,督促各单位建立质保体系,并跟踪执行。 (3)编制首件工程认可制管理办法,组织施工单位、监理单位严格按照办法组织实施,对首件工程组织验收和讲评、总结。 (4)管控甲供(如需要)、甲控乙购材料、设备的质量,督促监理单位、施工单位做好材料、设备的质量管理。 (5)督促和检查监理单位、施工单位的工程质量控制工作。 (6)组织处理工程质量问题及事故
施工 造价控制	(1)组织编制项目管理大纲、项目管理手册中工程投资管理相关内容,明确投资控制的关键点和关键措施,并严格贯彻落实。 (2)组织编制资金使用计划,并动态调整。 (3)动态监控工程造价,组织编制分析报告,评估分析对工程造价可能产生重大影响的事宜。 (4)审核、处理工程变更、签证中的相关造价问题。 (5)组织编制 0 号台账。 (6)审核工程款支付申请,跟踪支付情况。 (7)审核及处理施工过程各项费用索赔。 (8)组织主材调差的审核工作。 (9)组织施工过程工程结算。 (10)配合施工过程的外部审计
施工 招标采购管理	(1)组织编制项目管理大纲、项目管理手册中工程采购管理相关内容,明确采购管理措施,并严格贯彻落实。 (2)配合建设单位、督促施工单位及时开展暂估价工程招标,做好过程配合和管控。 (3)配合开展甲供(需要时)、甲控乙供材料设备的采购工作
施工设计 与技术管理	(1)组织编制项目管理大纲、项目管理手册中工程技术管理相关内容,明确技术管理的措施,并严格贯彻落实。 (2)组织施工图设计会审、交底会议。 (3)组织施工组织设计、施工方案的审核。 (4)组织设计变更、工程变更的技术管理工作。 (5)必要时组织召开、参加专家评审、论证会。 (6)组织科技创新与研究管理,开展创新成果和知识产权申报
施工 HSE 管理	(1)组织编制项目管理大纲、项目管理手册中工程 HSE 管理相关内容,明确控制的关键点和关键措施,并严格贯彻落实。 (2)组织编制安全生产、文明施工管理规划。 (3)督促各单位建立健全安全生产文明施工控制体系,并跟踪执行。 (4)督促监理履行安全生产法定及合同约定的监理职责。 (5)定期组织进行项目安全文明施工情况的检查、评比。 (6)审核、监管安全文明措施费专款专用。 (7)组织或参与处理安全事故。 (8)督促有关安全文明、绿色环保的评比、认证、创优工作

续上表

工作子项	主要工作内容
施工 合同管理	(1)组织编制项目管理大纲、项目管理手册中工程合同管理相关内容,明确合同管理的关键点和关键措施,并严格贯彻落实。 (2)处理合同变更,参与变更过程中涉及的现场记录,组织合同或补充协议的谈判签订。 (3)建立、维护合同管理台账。 (4)督促各方履约,跟踪、监管合同履约情况。 (5)处理施工过程合同争议与索赔。 (6)协助建设单位开展履约保函、担保、保证金管理
施工信息 与档案管理	(1)组织编制项目管理大纲、项目管理手册中工程信息档案管理相关内容,明确管理的关键点和关键措施,并严格贯彻落实。 (2)建立、完善信息编码体系、传递标准和信息管理制度。 (3)督促、检查各单位做好信息和档案管理工作。 (4)编制、撰写各类工程项目管理报表、报告及相关文件。 (5)进行项目各类文件、信息与档案的收集、整理、流转、归档、汇编和台账管理。 (6)组织、督促各参建单位做好工程竣(交)工资料与档案的管理
施工组织 与协调管理	(1)组织编制项目管理大纲、项目管理手册中工程组织协调相关内容,明确组织协调的关键点和关键措施,并严格贯彻落实。 (2)协调与政府有关部门的关系,协助建设单位做好征地拆迁、手续办理工作。 (3)协调施工现场周边社区关系。 (4)组织建立项目沟通机制和会议制度。 (5)协调处理现场矛盾与争议

第四节　工程施工阶段工作要点

一、质量控制要点

质量控制应树立强烈的"百年大计,质量第一"和"下道工序就是用户"的思想,坚持"缺陷预防为主"和"用数据说话"的原则,按照策划、实施、检查、处置(PDCA)的循环方式进行系统运作。

全过程工程咨询单位在质量控制中需要起到引导作用,明确施工承包单位的质量管理责任,充分发挥施工单位自身的质量管理积极性,咨询工作重点应该放在质量控制的策划(事前控制)与检查(事中控制)上。

1. 事前质量控制要点

事前质量控制是全过程工程咨询单位对施工质量进行主动控制的一项重要工作,该项工作的重点是通过开展工程施工质量风险评估来识别施工质量控制关键点。质量控制关键点是指对工程质量控制管理中,对后续工程质量影响大的因素,或是发生质量问题时危害大的因素,或是技术要求高、施工难度大的工程部位,或是产品质量不稳定容易发生质量通病的工序,以及设计采用的特种结构等新材料、新技术的经验不足的情形,都应列为项目质量控制关键点。工程质量控制关键点设置的原则如下:

(1)采用新技术、新工艺、新材料的部位或环节;

(2)施工条件困难的和操作技术要求难度大的工序或环节,如复杂的曲线结构拼装、模板放样等;

(3)施工过程中技术要求高的关键环节,如预应力结构的张拉工序中张拉力的控制;

(4)施工中质量不稳定又不容易被直接发现的部位工序,如海上钻孔平台、钻孔灌注桩、钢锚箱等;

(5)对操作人员心理、身体素质或者技术要求较高的工序操作,如高温、高空、水下、危险作业、负责设备安装、重型构件吊装等;

(6)特殊气候对质量影响的因素,如高温或寒冷季节对浇筑混凝土采取的防裂、防冻、测温、施工缝处理等措施;

(7)大体积混凝土浇筑、特种混凝土的质量保证措施、大型钢结构等构配件吊装等;

(8)大跨度或超高结构等技术难度大的施工环节,大孔性湿陷性黄土、膨胀土特殊地基的处理等;

(9)关键性的施工操作,工序之间的技术性间隙、施工过程中的观测数据等;

(10)质量通病易发的部位、设计变更频繁的工程部位;

(11)涉及多个参建单位交叉集中作业的部位;

(12)认为必要的其他重要控制点等。

案例9.3　　海南铺前跨海大桥工程质量控制关键点(重大工艺部分)

海南铺前跨海大桥工程全过程工程咨询单位通过编制《海南铺前跨海大桥质量关键点辨识与管理手册》,从质量管理、重大工艺审批管理、甲控乙购管理、试验检测管理、原材料管理、隐蔽工程管理等各个方面,包括大桥需要重点控制的质量特性、关键部位、薄弱环节以及主导因素等进行了系统分析和辨识,以下列举了全过程工程咨询单位所识别的海南铺前跨海大桥质量控制关键点中的重大工艺部分:

(1)钻孔桩施工工艺:①主塔大直径钻孔桩;②海上钻孔桩;③试桩及检测工艺。

(2)承台施工工艺:①主塔承台;②海上承台。

(3)墩身施工工艺:①海上墩身;②高度超过20m的墩身。

(4)主塔相关施工工艺:①塔柱及横梁施工;②钢锚箱施工。

(5)斜拉桥相关施工工艺:①钢箱梁制作、防腐、运输;②钢箱梁吊装、焊接、挂索、张拉工艺;③钢桥面铺装工艺。

(6)跨断层引桥钢箱梁相关施工工艺:①钢箱梁制作、防腐、运输;②钢箱梁整孔吊装、焊接方案;③STC(超高韧性混凝土)桥面铺装工艺。

(7)普通引桥现浇箱梁相关施工工艺:①移动模架现浇;②梁式支架现浇(禁用满堂式支架)。

(8)抗震及跨断层措施相关施工工艺:①抗震措施施工安装方案;②跨断层措施施工安装方案。

2. 事中质量控制要点

事中质量控制一般依托监理单位实施,全过程工程咨询单位主要进行宏观控制。事中质量控制包括自控和监控两大环节,没有自控或是用监控来代替自控都是不正确的。因此全过程工程咨询单位一方面要通过采取各种措施来增强施工单位的质量自控意识,发挥其自我约束控制,另一方面要督促监理单位在施工单位自我约束控制的基础上进行有效的、必要的补充。

(1)加强对施工单位和监理单位质量控制体系的运行质量的监控,确保"两个落实":

①落实施工单位、监理单位的质量管理关键人的履职责任:全过程工程咨询单位须建立施工单位质量管理关键人质量责任登记制度,明确其质量管理关键人岗位职责,做好记录并实时更新。

②落实施工单位、监理单位的质量责任终身制:全过程工程咨询单位须建立施工单位质量责任人质量履职信息档案,实现质量责任可追溯。

(2)全面推进精细化质量过程管理:

为实现质量过程的精细化管理目标,全过程工程咨询单位需对可能影响工程质量的各种因素实施全过程、无缝隙的管理,严格遵守技术规程,抓住质量关键环节,优化施工工艺,保证施工质量,克服细部质量缺陷,注重细节科学量化,追求"精、细、严"的日常管理要求,全过程工程咨询单位要督促各参建方推行精细化管理,保证工程质量符合规范要求,建设"品质工程"。

①重点把控质量控制关键点,推行首件工程认可制。

全过程工程咨询单位应要求监理单位对每一分项工程的首件工程开工都要派专业监理工程师实施全过程旁站,首件工程结束后,为了更好地督促施工单位和监理单位认真进行总结,全过程工程咨询单位还需要参加首件工程总结会,总结会必须对首件工程所存在问题以及拟采取的整改措施进行充分总结,会后以文件形式上报全过程工程咨询单位审批,进而有力地推进工艺、工序标准化、规范化的持续改进。

②重点把控原材料进场管理及试验、检验、检测工作质量。

全过程工程咨询单位要督促监理按规定对建筑材料、混凝土、砂浆试块、构配件实行见证取样送检,复试合格才可用于工程,重点把控原材料进场管理关。

案例 9.4　　海南铺前跨海大桥积极推行首件工程认可制的执行

海南铺前跨海大桥积极推行首件工程认可制,在分项工程大范围开工前,进行主桥桩基、塔柱、钢箱梁、引桥承台、桥墩、混凝土箱梁的首件制施工。在斜拉主桥ϕ4.3m桩基施工前,采用1:1比例的模型浇筑,模拟水下浇筑验证首盘混凝土方量、钢筋笼的连接与绑扎工艺以及混凝土的密实性流动性、钢筋保护层的厚度控制等,发现其中可能存在的问题,特别是影响工程质量的各种因素,对出现的问题进行总结改进,为后续指导施工奠定了坚实的基础。海南铺前跨海大桥4.3m直径钻孔灌注桩首次试桩如图9.1所示。

图9.1　海南铺前跨海大桥直径4.3m钢管复合桩首件试桩

案例9.5　　海南铺前跨海大桥对含泥量超标的粗集料进行清退整治

2016年6~8月,海南铺前跨海大桥工程进场粗集料质量波动较大,多批次粗集料含泥量检测结果显示不合格(部分批次的碎石含泥量接近1.5%)。对于这部分碎石含泥量超出要求且经过清洗依旧无法满足原材料质量要求的,海南铺前跨海大桥全过程工程咨询单位坚决予以清退,并要求施工方采取必要措施,保证今后进场碎石的质量。

③重点部位、隐蔽工程、附属工程等精细化施工管理措施。

施工精细化管理是一种极限过程,是永无止境的追求过程,也是不能完结的项目管理发展过程。全过程工程咨询单位实施精细化管理时要真正做到"去粗存精",充分体现精细化管理的真正含义。

案例9.6　　海南铺前跨海大桥海上引桥墩身外观质量管理办法举例

考虑到混凝土的入模和振捣过程中混凝土浆会不可避免地要溅到模板上,初凝后,模内施工人员如不清理,则先后不同时间入模的混凝土会发生离散。混凝土脱模后,由于溅点凝结不牢而脱落,形成麻面现象,从而影响混凝土外观质量。为此,全过程工程咨询单位质量管理人员要求施工单位操作人员随着浇筑高度的上升、位置的变化,不断用干净的粗毛巾抹去溅点,保持模板表面的清洁。

④重视通过工艺攻关来开展质量通病的系统治理。

施工精细化管理的核心理念是"持续改善",在整个策划、实施、检查、处置循环中,全过程工程咨询单位的精细化管理要特别侧重于"处置"这个环节,因为"处置"所形成的效果正是前面三个动作的价值所在。全过程工程咨询单位实施精细化管理时要重视通过对传统施工工艺进行攻关、创新,真正做到"去伪存真",对质量通病进行彻底的、系统的治理。

案例9.7　　海南铺前跨海大桥现浇箱梁分节段预制拼装工艺的攻关

海南铺前跨海大桥全过程工程咨询单位为了彻底解决现浇箱梁钢筋间距不均匀的质量通病,提高钢筋安装精度,决定采用分节段预制拼装的新工艺来制作现浇箱梁的钢筋骨架。单节钢筋骨架最大质量近14t,如何在确保安全高效吊运的前提下减小钢筋骨架挠度是实施该工艺所必须攻克的难题。全过程工程咨询单位协同施工单位,设计出一种双层桁架结构的型钢吊具(分3排共计15个吊点),如图9.2所示,实现了现浇箱梁分节段预制拼装这项新工艺的成功运用,进而确保了现浇箱梁钢筋间距的均匀性。

图9.2　双层桁架结构的型钢吊具(3排15个吊点)

---

⑤明确质量提升目标,围绕精细化管理,建立过程控制和结果考核机制。

建立考核机制,以考核结果为依据实施奖罚是激励施工单位和监理单位提升施工质量控制水平的重要手段。全过程工程咨询单位应深入围绕质量精细化管理目标,定期开展质量考核,充分运用激励机制来有效地调动施工单位和监理单位的积极性、主动性和创造性,进而全面提升工程质量。考核务必做到科学、严谨且奖罚分明。

案例9.8　　海南铺前跨海大桥工程定期开展劳动竞赛活动

海南铺前跨海大桥工程的劳动竞赛活动从大桥开工持续至项目结束,依据阶段性的工程进展及要求,坚持按月、季度进行考核,考核方式坚持日常检查、专项检查与综合检查考核相结合。指挥部坚持面上检查考核,同时深入现场一线了解实际情况,真正把劳动竞赛落到实处。在每月、季度劳动竞赛活动中不断总结,对考核优秀的班组、参建单位进行表扬,对考核中发现问题的班组、参建单位进行通报,并要求落实整改,形成了比、学、赶、超的良好局面。

(3)全面实现"质量可追溯":

①检查施工单位、监理单位的质量形成全过程记录是否真实完整、闭环可追溯,隐蔽工程形成过程佐证资料是否齐全;

②建立完善原材料和产品质量管理制度,优先选用认证产品,实施成品及半成品验收标识,原材料、半成品、成品、混凝土等质量实现可追溯。

(4)重点落实工程耐久性保障措施:

据专家估计,我国"大干"重大基础设施工程建设的高潮还将至少延续20年。由于早期忽视了耐久性,我们可能还会迎接"大修"20年的高潮,尤以桥梁、港口等重大基础设施工程最为严峻,这个高潮可能不用很久就会到来,其耗费可能会倍增于工程施工建设时的投资。

为了践行国家质量发展战略需要,满足人民群众高品质交通需求,顺应公路水运工程转型发展新阶段需要,推动中国交通建设企业走出去需要,2016年交通运输部出台了《关于打造公路水运品质工程的指导意见》。同时在2017年交通运输部办公厅下发的《关于印发公路水运品质工程评价标准(试行)的通知》中,在工程质量章节对耐久性保障措施确定了评价标准,且分值足足占整个质量章节的20%,这也进一步体现了做好工程耐久性保障措施的重要性。

全过程工程咨询单位应从改进施工工艺、优选适用材料、改善施工条件、科技创新等方面落实耐久性保障措施,确保工程耐久性控制指标符合项目质量管理要求,尤其要确保混凝土关键指标质量控制的高均匀性。

案例9.9　　海南铺前跨海大桥控制海工混凝土耐久性保障措施

①控制海工混凝土的材料质量。

在海洋工程建设过程中,相关人员要测定工程海域范围海水氯离子对混凝土的渗透情况,制定出相关的标准,依照这种标准对混凝土进行选用,通过调整来最终形成低水胶比、高密实性以及高耐久性的混凝土材料配合比。

②控制海工混凝土保护层的厚度。

通过提高混凝土保护层厚度来直接提升海工混凝土的耐久性,但是在实际建设过程中,并不能够随意改变混凝土保护层厚度,保护层过薄容易产生裂缝,导致钢筋出现锈蚀现象;保护层过厚,又会对钢筋的保护起到反作用,需要根据相关的信息和标准进行具体的控制。

③加强海工混凝土施工中阻锈剂的使用。

在混凝土配合比中选择阻锈剂可以降低氯离子深度,从而减小腐蚀钢筋的临界浓度,最终稳定钢筋表面的氧化物保护膜,不会对混凝土的物理等性能产生影响。

④加强对海工混凝土涂层防腐使用。

在混凝土中选择环氧涂层钢筋及表面的防腐涂装,如图9.3所示。由于混凝土是多孔结构,无论使用环氧涂层钢筋或是防腐涂装,都可以封闭混凝土,阻止其他物质的侵蚀,起到保护混凝土的作用。

⑤通过提升原料代表性取样的规范程度从源头保证混凝土耐久性。

原材料的代表性质检方式本就可能存在误差,如果取样工作不规范,更会加大质检结果的误差,从而对后期工程施工质量造成严重的影响,耐久性更无从谈起。全过程工程咨询单位需重点关注取样规范性,提高取样代表性,结合各管理部门拟定完善的质检制度并严格执行,来确保检验结果更具真实性和合理性,如图9.4所示。

图9.3　钢筋环氧涂层及保护层控制　　　　图9.4　混凝土养护用水氯离子检测

在混凝土质量检验工作中,工作质量的高低不仅取决于制度的完整性,也不仅取决于样品质量,还取决于工作人员。因此,要想提高质检工作质量,还需要各参建单位在质检人员上岗前进行岗前工作培训、确保质检人员技术水准合格,另外还要求参建质检人员在工作中不断积累与总结工作经验,以此提升质量检验的工作质量。

3. 事后质量控制要点

事后质量控制要点除了质量验收外,主要是对工程质量问题和事故的处理。对于工程质量问题及事故,全过程工程咨询单位必须遵循国家及地方的有关法律、法规、标准及规范规定的程序和要求,组织参与或配合进行调查及处理。同时,必须根据调查报告、相关合同文件、技术文件与档案等,进行有关的索赔处理等后续工作。具体控制要点如下:

(1)组织参与或配合工程质量问题及事故调查,包括损失情况、事故原因、责任认定等。

(2)督促相关责任单位制订、落实整改方案,并跟踪实施情况。

(3)处理有关的索赔、赔偿等相关事宜。

> **案例 9.10　　海南铺前跨海大桥处理工程质量问题的典型事例**
>
> 　　对海南铺前跨海大桥工程 80 号桥墩支座垫石进行第一次浇筑并经养护后拆模,发现混凝土外观粗糙、不平整,且存在蜂窝麻面等常见外观通病,严重影响支座垫石的质量和耐久。项目全过程工程咨询单位经现场检查后做出对 80 号墩支座垫石予以凿除并重新浇筑的决定,要求该桥墩支座垫石施工方认真反思,及时分析原因,采取相应措施,避免重蹈覆辙。施工方在事件发生后积极主动,通过调整混凝土配合比和采用钢模板替换之前的木模板等整改措施后,返工浇筑的桥墩支座垫石混凝土外观平整光滑,无蜂窝麻面等外观质量通病,整体质量好。同时,后续桥墩支座垫石的细部质量也得到了保证。

二、进度控制要点

施工过程阶段是以执行计划为主的阶段,进入该阶段,项目工期目标的制订工作基本完成,余下的主要工作是伴随着控制而进行的计划调整和完善。

施工过程阶段的进度控制主要包括施工进度计划的编制、施工进度计划的实施、施工进度计划的跟踪与检查、施工进度计划的调整。全过程工程咨询单位要在确保工程质量和安全并符合控制造价的原则下,运用网络计划技术,遵循"封闭循环"的原则,并充分利用计划所具有的"弹性"特征,实施动态化进度控制。

全过程工程咨询单位在质量控制中需要针对进度的两个系统(计划系统、控制系统),相应采用四项措施(组织措施、管理措施、经济措施、技术措施)来对施工进度进行主动控制。

1. 进度计划系统的控制

进度计划系统是由施工总控进度计划、单位工程进度计划、分部分项目程进度计划以及季度和月(旬)进度计划所组成的,进度计划系统的控制涉及由全过程工程咨询单位负责编制的施工总控进度计划和由施工单位负责编制、监理单位负责审查的各项施工进度计划。

(1)施工总控进度计划编制要点。

①可以按照下列方法进行编制:参照过去同类或相似工程进行推算、采用建设定额工期、按照建设单位的实际要求确定;

②必须建立里程碑节点计划,并加大与各部门的沟通和交流,以便可以通过协商制订出完善可行的施工总控进度计划和项目施工进度节点计划;

③应充分考虑工作时间估算的现实性,管理与生产任务间逻辑关系的准确性,是否有未排入计划的疏漏任务,各岗位分配任务的均衡性与适当性,是否有可能导致任务搁浅的工作瓶颈等。

(2)施工进度计划审查要点。

全过程工程咨询单位应督促监理单位认真审查施工单位报审的各项施工进度计划,并由全过程工程咨询单位项目负责人审核后报备建设单位,施工进度计划的审查要点如下:

①施工进度计划是否符合施工合同中工期的约定;

②施工进度计划中主要工程项目有无遗漏,是否满足施工总控进度计划及相关里程碑节点要求;

③施工顺序的安排应符合施工工艺要求;

④施工人员、材料、机械等资源供应计划是否满足施工进度计划的需要;

⑤项目资金、施工图纸、施工场地等条件是否与施工进度计划相符合。

2.进度控制系统的控制

进度控制系统是由各参建单位的各级别进度控制负责人员分工协作,跟踪、检查、统计、整理、汇报实际进度,并与计划进度比较分析后进行调整、完善,从而形成的一个相互连接的完整的控制体系。

为了确保进度控制系统的全部成员都能够遵照各项施工进度计划规定的目标并努力完成,同时对各自负责的劳动调配、材料设备、采购运输等各个环节进行严格管理、落实,全过程工程咨询单位需注意如下工作要点:

(1)进度计划跟踪与检查的要点。

①跟踪检查施工实际进度。

跟踪检查的主要工作是定期收集统计实际工程进度,全过程工程咨询单位在以报表或现场实地检查这两种形式进行收集的过程中,应重视运用软件、互联网等信息技术以进一步提高收集效率,并确保收集的数据全面、真实、可靠。

全过程工程咨询单位可视工程进度的实际情况,每月、每半月或每周进行一次,在某些情况下,甚至可以每日进行进度检查,定期或不定期召开各参建单位的进度协调会。

②实际进度数据的加工处理。

全过程工程咨询单位要对收集到的施工项目实际进度数据进行必要的整理,并形成与进度计划具有可比性的数据、相同的量纲和形象进度。一般可以按实物工程量、工作量和劳动消耗量以及累计百分比整理和统计实际检查的数据,以便与相应的计划完成量相对比。

③实际进度与计划进度的比较分析。

全过程工程咨询单位将实际进度与计划进度进行比较是进度分析的主要环节,主要将实际的数据与计划的数据比较,通常可利用表格形成各种进度比较报表或直接绘制比较图形来直观地反映实际与计划的差距,通过比较了解实际进度与计划进度相比滞后、超前还是进度一致。

④进度检查结果的处理。

全过程工程咨询单位应定期提交进度检查报告,包括工程进度现状、进度分析、计划修改、进度更新、出现的问题及相关问题下阶段的预测处理等。

⑤加强对重点施工部位的进度管理。

全过程工程咨询单位需按照合同要求定期收集各承包人有关工程进展状况,通过召开生产协调例会等进度协调会,对进度计划进行实地检查,了解掌握项目的总体进度、督促承包人调配资源,严格按照进度计划组织实施;此外,全过程工程咨询单位要根据掌握的情况、全面分析工程进度计划,预测工程进度计划的进展情况、存在的问题,对承包人不能解决的内外关系预先进行协调处理。

> **案例 9.11　　海南铺前跨海大桥施工实际进度的跟踪检查**
>
> 海南铺前跨海大桥全过程工程咨询单位建立一天一报工作制度、月度简报制度。每天将各标段工程实际进展情况汇总成日报上传到信息化工作平台,并以短信方式发至相关人员手机上,以便实时了解工程进度,对关键节点、重要节点、重点标段或进度滞后标段进行实时跟踪,以及时掌握和控制,确保全桥主体工程进度。

(2)进度计划调整与完善的要点。

①新修正的施工进度是否满足合同约定的工期要求以及项目总控进度的要求。

②尽量保证调整后的施工进度时间不能超过其相应的总时差,如果某分项工程延期事件发生在关键线路上,但它延长的施工时间并未超过总时差时,就可以对其进行调整。全过程工程咨询单位应注意的是,工程施工进度计划中的关键线路并非固定不变,它会随着工程进展和情况的变化而转移。所以全过程工程咨询单位应以审核后(且不断调整后)的施工进度计划为依据对施工进度计划进行调整。

③调整后的施工进度计划必须符合现场的实际情况,因此要对重点调整计划的各类有关细节进行详细的说明,并及时向建设单位提供调整后的详细报告。同时,要对施工现场进行详细考察和分析,做好相关记录,以便为合理确定施工进度计划提供可靠依据。

④批准工程临时延期、工程最终延期前,均应与建设单位和施工单位协商。

⑤施工单位因工程延期提出费用索赔时,全过程工程咨询单位应以周报、月度简报分阶段统计相关进度情况,及时了解实际进度与计划的偏差,分析超前或滞后形象因素,制订应对措施。

⑥注意工程暂停及复工处理。

(3)进度计划控制措施。

①组织措施。

全过程工程咨询单位应编制项目进度控制的工作流程,流程中的工作环节应包括进度目标的分析和论证、编制进度计划、定期跟踪进度计划的执行情况、采取纠偏措施,以及调整进度计划。

②管理措施。

进度控制的管理措施涉及管理的思想、管理的方法、管理的手段、合同管理和风险管理等。在理顺组织的前提下,科学和严谨的管理显得十分重要。

③经济措施。

进度控制的经济措施涉及资金需求计划、资金供应的条件和经济激励措施等。全过程工程咨询单位应编制与进度计划相适应的资源需求计划,即资源进度计划,以反映工程实施的各时段所需要的资源,同时须确保资金供应量及资金供应时间。另外需在工程项目预算中考虑加快项目进度所需要的资金,其中包括为实现进度目标拟采取的经济激励措施的费用。

④技术措施。

由于重大基础设施工程的施工进度计划工期长、影响进度的原因比较多,其中有的已被管理人员所掌握。根据统计经验估计得到影响的程度以及出现的可能性,并在制订进度目标时,实施目标的风险分析。施工单位的计划编制人员具备了这些知识和实践经验之后,在编制施工项目进度计划时就会留有余地,使施工进度计划具有一定的弹性。全过程工程咨询单位在进行施工项目进度控制时,需要充分利用这些弹性,压缩有关工作的时间,或者改变它们之间的逻辑关系,通过缩短剩余计划工期的方法,依旧可以达到预期的进度计划目标。

另外,进度控制的技术措施还涉及对实现进度目标有利的设计技术和施工技术的选用。在工程项目进度受阻时,全过程工程咨询单位一方面要分析是否存在设计技术的影响因素,以及为实现进度目标是否有设计变更的可能性;另一方面要分析是否存在施工技术的影响因素,以及为实现进度目标是否有改变施工技术、施工方法和施工机械的可能性。

案例 9.12　技术措施在海南铺前跨海大桥施工进度控制过程中的应用

海南铺前跨海大桥海口侧引桥上部结构为 50m 等跨预应力混凝土连续箱梁,共 72 跨,在移动模架现浇箱梁施工中,钢筋骨架的绑扎是现浇箱梁生产作业中工作量最大、最烦琐、耗时最长的进度控制关键环节。施工单位为了满足全过程工程咨询单位要求的 2 孔/月的进度目标,通过改变传统工艺,采用箱梁钢筋分节段预制拼装的方法,即在预制场胎架上,利用前一段箱梁浇筑后等待张拉和模架行走、合模、调模的间歇期,对后一段箱梁的底腹板钢筋骨架进行整体分节绑扎,将前一段箱梁的混凝土浇筑后的间歇期与后一段箱梁钢筋骨架绑扎工作从原来的流水作业变成了平行作业,避免了因等待而引起的窝工现象,大大加快了施工进度,实现累计节约工期近 3.5 个月。

三、造价控制要点

全过程工程咨询单位在施工过程阶段的造价控制主要体现在资金使用计划的管理、工程计量与工程价款的支付管理、工程变更及现场签证的管理、索赔费用的管理。

全过程工程咨询单位应在保证工程项目功能目标、质量目标和工期控制目标的前提下,合理编制投资控制计划和采取切实有效措施实行动态控制,及时发现计划执行中出现的偏差,分析偏差产生的原因,并针对出现的偏差采取有效措施,纠正和消除产生偏差的原因,确保造价控制目标的实现。在此期间绝不能为了降低造价而采用降低功能目标、降低质量标准和拖延工期的办法。

1. 工程计量及工程款支付管理要点

工程计量是向施工单位支付工程款的前提和凭证,是约束施工单位履行施工合同义务、强化施工单位合同意识的手段。在工程施工过程阶段,全过程工程咨询单位应充分发挥监理单位及造价部门在工程计量及工程款支付管理中的作用,从是否完成合同约定的达到付款节点、已完工程项目是否达到合同约定的质量、造价部门是否已完成造价审核这三个方面来进行严格审查及支付。

(1)工程计量报告的审核要点:

①审核计量项目的范围,以免重复计量,如投标报价按招标工程量清单漏项的项目或其特征描述已包含在其他报价中的项目,均不属于该计量项目的范围;

②审核是否按计量规则计算工程量;

③通过对照设计图纸或实地测量来对计量数据进行审核,确保准确无误。

(2)工程进度款支付申请的审核要点:

①审核分部分项工程综合单价;

②审核形象进度或分阶段工程量;

③审核进度款支付比例;

④审核计日工金额;

⑤审核应抵扣的预付款;

⑥审核工程变更金额;

⑦审核工程签证金额;

⑧审核工程索赔金额。

(3)其他注意事项:

①为防止施工招标的工程量清单准确性不够,出现多算、漏算等现象,提高投资控制精度,待施工合同签订后,全过程工程咨询单位应及时组织施工单位对招标的工程量清单予以复核;

②对于施工过程中产生的索赔,在索赔成立后根据合同约定可在进度款中同期支付;

③暂估价格与实际价格的差额较大时,易引起施工单位因资金压力造成消极怠工,如合同中约定可在过程中支付差额的条款,则可考虑与进度款同期支付。

2. 工程变更及现场签证管理要点

现场工程变更、签证是施工过程阶段费用增加的主要途径,全过程工程咨询单位必须重视现场工程变更、签证的管理,严格设计现场工程变更、签证的审批程序,建立现场变更、签证台账制度,每月进行统计分析,并加强现场签证的预防工作,将现场工程变更签证控制在合理的范围内。

(1)不予办理工程变更或现场签证的工作内容:

①招标文件规定应由施工单位自行承担的;

②施工合同约定或已包括在合同价款内应由施工单位自行承担的;

③施工单位在投标文件中承诺自行承担的或投标时应预见的风险;

④由施工单位责任造成的工程量增加的;

⑤法律、法规、规章规定不能办理的。

(2)工程变更管理要点:

①对设计变更开展分类管理。以海南铺前跨海大桥工程为例,根据《海南省交通运输厅公路工程设计变更管理办法》《海南省交通工程建设局公路工程设计变更管理实施细则(试行)》,将设计变更分为重大设计变更、较大设计变更和一般设计变更开展管理。

②严格设计变更的审批。设计变更申请可分两个阶段进行,即设计变更建议和设计变更申请。设计变更建议批复后,进行设计变更的勘察设计工作,完善相关材料后上报设计变更申请。

③充分重视重大和较大设计变更的影响。重大和较大设计变更经建设单位审批后应报原初步设计审批部门备案。

(3)现场签证管理管理要点:

①现场签证手续办理要及时。在施工过程中,签证发生时应及时办理签证手续,如零星工作、零星用工等。对因施工时间紧迫不能及时办理签证手续的,事后应及时督促监理单位等相关单位补办签证手续,避免工程结算时发生纠纷。

②加强现场工程签证的审核。在现场签证中,施工单位有可能提供与实际情况不符的内容及费用,如多报工程量、提供虚假的签证等。因此,全过程工程咨询单位应首先要求监理单位严格审查,同时把好最后的审核关,避免出现施工单位的签证不实或虚假签证情况的发生。

③规范现场工程签证。全过程工程咨询单位应建立现场工程签证会签制度,明确规定现场工程签证必须由全过程工程咨询单位或专业咨询工程师(监理)、造价部门和施工单位共同签认才能生效,且必须经由建设单位签认,缺少任何一方的签证均无效,不能作为竣工结算和索赔的依据。在施工过程中,建设单位有可能提出增加建设内容或提高建设标准,须经建设单位进行签认。因此,在全过程工程咨询合同中应明确其增加的投资由投资人负责。

3.索赔费用管理要点

(1)索赔的预防。

全过程工程咨询单位应通过工程造价的分析,找出项目最易突破造价的子项和最易发生费用索赔的因素,考虑风险的转移,制订具体防范对策。此外,全过程工程咨询单位应严格审查施工单位编制的施工组织设计,对于主要施工技术方案进行全面的技术经济分析,防止在技术方案中出现增加造价的漏洞。

(2)索赔费用的处理。

全过程工程咨询单位应严格审批索赔程序,组织监理单位进行有效的日常工程管理,切实认真做好工程施工记录,同时注意保存各种文件图纸,为可能发生的索赔处理提供依据。当索赔发生后,要迅速妥当处置。根据收集的工程索赔的相关资料,迅速对索赔事项开展调查,分析索赔原因,审核索赔金额,并征得建设单位意见后负责与施工单位据实妥善协商解决。

四、职业健康与安全管理要点

职业健康与安全管理是通过对事故致因因素的控制,防止安全生产事故发生,从而保护在施工过程中人的安全与健康,保护国家和集体的财产不受损失,保证施工的顺利进行。根据事故致因因素的"4M"理论,管理的核心是对人(Man)、设备(Machine)、作业(Media)和管理(Management)这四大因素的控制。

全过程工程咨询单位在施工阶段须代表建设单位对安全生产承担管理责任,应当按照法律、法规和工程建设强制性标准的要求,按照"安全第一、预防为主、综合治理"的方针,始终保持对施工现场安全管理的强压态势,积极采取"四大措施"(技术措施、经济措施、教育措施、评价措施),实施"四全"(全员、全过程、全方位、全天候)动态化监督管理,力争通过不断地总结和改进,把项目的安全管理水平提升到新的水平和高度。

1. 推行安全生产双重预防体系建设

(1) 全过程工程咨询单位应动态开展危险源辨识和风险评估,建立风险分级管控制度,确保落实有力,效果明显。

(2) 全过程工程咨询单位应建立健全隐患排查治理制度,加强对重大安全风险的管控,对重大事故隐患治理实施清单化、信息化、闭环化动态可追溯管理。

(3) 全过程工程咨询单位应组织开展应急演练和人员避险自救培训,预案、应急处理措施得当,切实提升项目施工现场的应急处置能力。

(4) 危险性较大的分部分项工程管理的要点:

①全过程工程咨询单位组织勘察、设计等单位在施工招标文件中列出危大工程清单,要求施工单位在投标时补充完善危大工程清单并明确相应的安全管理措施。

②全过程工程咨询单位须协助建设单位按照施工合同约定,及时支付危大工程施工技术措施费以及相应的安全防护文明施工措施费,保障危大工程施工安全。

③全过程工程咨询单位在申请办理安全监督手续时,须提交危大工程清单及其安全管理措施等资料。

④监理单位须结合危大工程专项施工方案编制监理实施细则,并对危大工程施工实施专项巡视检查。

⑤监理单位发现施工单位未按照专项施工方案施工的,须要求其进行整改;情节严重的,须要求其暂停施工,并及时报告全过程工程咨询单位和建设单位。施工单位拒不整改或者不停止施工的,监理单位须及时报告全过程工程咨询单位和建设单位及工程所在地住房城乡建设主管部门。

⑥对于按照规定需要验收的危大工程,监理单位须组织相关人员进行验收。验收合格的,经总监理工程师签字确认后,方可进入下一道工序。

⑦危大工程发生险情或者事故时,全过程工程咨询单位、监理等单位须配合施工单位开展应急抢险工作。

⑧危大工程应急抢险结束后,全过程工程咨询单位须组织勘察、设计、施工、监理等单位制订工程恢复方案,并对应急抢险工作进行后评估。

⑨监理单位须建立危大工程安全管理档案,将监理实施细则、专项施工方案审查、专项巡视检查、验收及整改等相关资料纳入档案管理。

案例 9.13　　海南铺前跨海大桥安全生产双重预防体系的建设

(1) 危险源识别及安全风险评估工作。

①重大施工安全风险:海上疏浚施工、海上钢围堰施工、4.3m 超大直径钢护筒吊装沉放施工、主塔爬模施工、移动模架多跨现浇连续箱梁施工、大吨位钢箱梁的海上运输吊装和挂索施工、多标段高空立体交叉作业等。

②加剧施工安全风险的因素：海南铺前跨海大桥位于台风频发的铺前湾区域(年均台风4~5次)，大风、强对流和高温、高湿天气频繁，对起重吊装、高处作业、临时用电、人员及物资运输等影响极大。

(2)隐患排查治理工作。

海南铺前跨海大桥施工阶段共计进行安全检查531次，排查隐患1495条，整改率100%，有效保障了项目的平稳、有序推进。

(3)提升项目施工现场应急处置能力的工作。

①应急制度的建立工作：开工以来，海南铺前跨海大桥全过程工程咨询单位根据国家有关法律法规和上级主管部门对应急管理工作的具体要求，组织编制了《海南铺前跨海大桥项目总体应急预案》和《海南铺前跨海大桥项目防台风应急预案》，并积极指导各参建单位结合施工实际，组织编制各类应急预案52套，其中将防台风应急预案始终作为项目应急预案管理的重中之重，明确了各层级防台风职责和防台风措施及应急处理措施。

②应急演练工作：海南铺前跨海大桥全过程工程咨询单位针对现场施工实际情况，2015—2018年度共组织各参建单位开展防台风演习18次，重点对人员撤离、材料转移、结构物加固、现场急救等方面的模拟实战环境进行了操演，让众多员工参与应急演习，学习突发应急措施，增强整体应急处置能力。

2. 深化安全生产标准化建设，创建"平安工地"

(1)推进危险作业机械化、自动化，提高安全作业能力。

(2)推行安全防护设备设施工具化、定型化、装配化，实施首件工程安全防护设施示范制。

五、绿色环保施工管理要点

项目绿色环保管理工作由全过程工程咨询单位代表建设单位负责编制总体策划和部署，建立项目绿色环保管理组织机构，制定相应制度和措施，组织培训，使各级人员明确绿色环保的意义和责任。

对于绿色环保要求特别高的施工项目，例如处于生态敏感(脆弱)区域的施工项目，全过程工程咨询单位应强化监理单位对绿色环保施工的监督与管理工作，必要时可委托第三方环境监理、环境监测单位协助开展工作。

全过程工程咨询单位需落实施工现场绿色环保管理目标责任制，加强日常的检查和监控工作，实施综合治理，具体的管理要点如下。

1. 检查和监控的要点

①全过程工程咨询单位检查施工单位是否按照施工总平面图、施工方案和施工进度计划的要求，认真实施施工平面图的规划、设计、布置、使用和管理；

②全过程工程咨询单位应检查施工现场文明施工管理实施情况，监督施工单位进行绿

色环保宣传教育,保持作业环境整洁卫生,监督施工单位减少对周边居民和环境的不利影响;

③全过程工程咨询单位应监督检查施工单位是否对施工现场的环境因素进行分析,是否对于可能产生的污水、废气、噪声、固定废弃物等污染源采取措施,进行控制;

④全过程工程咨询单位组织开展对生态敏感(脆弱)区域的监测和管控,要确保监测方案科学、监测点位布设合理、监测指标选取适当、设备配置合理。

> **案例9.14　海南铺前跨海大桥对生态敏感(脆弱)区域实施重点监测**
>
> 　　海南铺前跨海大桥工程建设绿色环保要求极其严苛,为了严格监控项目施工对红树林保护区的影响,海南铺前跨海大桥全过程工程咨询单位积极与独立第三方机构(海南大学海洋学院)合作,委托其作为本项目的环境监测单位,对施工水域水质、微生物和红树林生长进行长期不间断的监测,以便对已有环保措施起到预警、验证和指导作用。结合开工几年历次监测报告显示,工程水域水质各项指标无异常现象,红树林生长状态良好,生长范围逐年外扩增大,候鸟迁徙未受影响。

2. 综合治理的要点

(1)资源节约。

①节地:全过程工程咨询单位应因地制宜地采取措施减少耕地和基本农田占用,并重视临时用地的复耕复绿。

②再生利用:充分利用工程废渣、废料,促进可再生资源的循环利用。

> **案例9.15　海南铺前跨海大桥利用灌注桩成孔产生的"钻渣"用于修筑临时道路**
>
> 　　海南铺前跨海大桥全过程工程咨询单位监督施工单位严格执行环评报告要求,针对钻渣等环境敏感因素,全部进行集中收集并经专业设备分离后,统一运送到指定沉淀池,经沉淀处理后再利用。累计收集钻渣1.62万 m^3,利用于修筑临时道路等用途,在严防污染施工水域海洋环境的同时,尽可能实现废料的再利用。

(2)节能减排。

①节能:全过程工程咨询单位应督促各施工单位主动采用节能技术、产品、设备和清洁能源,促进节能事业发展。

②减排:全过程工程咨询单位应对可能产生的污水、废气、噪声、固定废弃物等污染源采取有效的控制措施,最大限度减少废水、弃渣、扬尘、油污等对周边环境的污染。

案例9.16　　　　海南铺前跨海大桥减少对海洋污染的潜在风险

海南铺前跨海大桥工程环评报告显示,石油类污染物对红树林及其附属生态系统的环境影响风险最大。中咨集团指挥部经研究,制订了通过长距离引入高压临时用电方案,减少发电机及施工船舶的使用。项目在全线引入临时高压专线共计33km,投入费用1100万元,大幅减少项目海上作业用油设备的数量,减少对海洋污染的潜在风险。

六、组织协调工作要点

施工阶段参建单位众多,各参建单位均要实现各自的目标与利益,各参建单位处理事情的角度与习惯也不尽相同,并且不少工作成果往往要由多个参建单位共同努力,加之全过程工程咨询单位在工程施工阶段与各管理对象之间一般无直接的合同关系,所以应更重视与各参建单位之间的沟通、协调工作。

全过程工程咨询单位作为项目总集成的扮演者,最关键的任务就是通过充分发挥自己的沟通能力来积极主动地实施沟通、协调,调动各参建单位积极性,将各参建单位形成目标一致、步调协调的整体,排除各项干扰,协调各项矛盾,使施工顺利进行。

1.加强全过程工程咨询单位内部沟通

在全过程工程咨询单位内部沟通中,如何协调各成员工作,激励他们努力、高效工作是全过程工程咨询单位的重要课题。

(1)建立完善的项目管理系统,明确划分各自的工作职责,设计比较完善的工作流程,明确规定项目的正式沟通方式、渠道和时间,使大家按程序、按规则办事。

(2)推行民主的工作作风,关心各个成员,建立和谐的工作氛围,礼貌待人。多倾听他们的意见、建议,公开、公正、公平处理事务,合理分配资源,公平地进行奖励。

(3)对上层的指令、决策应清楚、及时地通知项目相关职能部门和成员。

(4)经常召开全过程工程咨询单位工作会议,让大家了解项目进展情况、遇到的问题和危机,鼓励大家同舟共济。

2.掌握与外部的沟通要点

(1)与建设单位的沟通要点。

①加强双方的理解:全过程工程咨询单位所做的工作、采取的措施和决策建议,应充分说明其根据和理由,取得建设单位的理解和认可。

②尊重建设单位,注重向建设单位请示、报告:定期和不定期地向建设单位报告现场施工进展情况、所做的工作及其效果,让建设单位了解项目的全貌和项目的实施状况;在请示建设单位做工作决策时,应向其提供充分的信息、方案的利弊得失、方案的依据及对目标的影响。

(2)与参建单位的沟通要点。

①用工作实际真诚地向他们表明,全过程工程咨询单位所开展的各项工作都是为了施工

能顺利进行,既是为建设单位服务,也是为他们服务,以提高各参建单位互相沟通和主动与全过程工程咨询单位沟通的自觉性。

②全过程工程咨询单位应尊重各参建单位,以"共赢"的管理目标来鼓励参建单位将遇到的困难、心中的不平和意见与其交流和沟通,这样可及时寻找和发现对计划、对管理的误解或对立情绪,避免可能产生的干扰。不能随便对参建单位动用处罚权或经常以处罚相威胁,更不可违背合同约定实施处罚。

(3)与政府等相关部门的沟通要点。

①督促相关参建单位及时办理报批报建及其他相关行政管理手续,建立工作联系。

②督促相关单位配合政府有关部门的监督、检查、参观交流和其他相关活动。

③根据规定及项目需要,负责或组织向政府有关部门进行相关的报告、沟通和说明。

3. 确保项目会议成功

(1)当有明确的目标,或仅当会议可能达到预期的效果时才举行会议。全过程工程咨询单位在会前应明确本次会议需解决哪些问题,甚至应基本明确这类问题如何解决较为理想,这点对专题会议容易掌握,但对例会也应同样掌握。对一些专题会议,应选择召开会议的时机,当对会议议题分歧较大或时机不成熟,预计不能达到期望结果时,宜先进行非正式沟通或召开预备会,待条件成熟时再召开正式会议。

(2)开会前应做好充分准备。会前的准备工作通常是会议成功的关键,会前应将会议议程告诉参会各方,并宜达成共识,要求参会者做好准备。对一些重要问题的解决方案,全过程工程咨询单位与建设单位应基本达成共识。会前准备还包括准备会议的资料并分发给与会人员。

(3)控制好会议节奏。全过程工程咨询单位往往主持会议,作为会议的主持人应控制与会者紧扣会议主题讨论。当达到会议某一议题目标时,就适时小结讨论结果转入下一议程;当未达到目标时,就引导与会者继续讨论。应控制会议尽量不要超时。

(4)保持活跃的会议气氛。与会者可以自由地表达自己的观点,会议主持人适时总结会议的进展,或指出没有进展而需讨论的内容,鼓励与会者活跃地参与讨论。

(5)会议应形成决议。会议主持人应引导会议形成决议,并且决议应明确,并确保与会者对所有决议有清楚的理解,避免产生误解。会后尽快整理会议记录,编写会议纪要,并分发给所有被邀请参加会议的人,不管他们是否参加了会议,会议纪要还应分发给执行公议决议相关的单位。

4. 重视协调施工现场周边群体关系

(1)全过程工程咨询单位应组织、督促相关单位对施工现场周边物质条件和各方利益相关者进行调查、了解,梳理其与项目的相互影响关系和存在的风险。组织、督促相关单位采取措施,尽量减低、避免相关的不利影响和风险。

(2)代表或协助建设单位,协调处理与周边群体的关系。

七、科技创新要点

1. 制订科研工作方案,保障科研经费投入

全过程工程咨询单位应积极推进项目科研与应用,在建设单位不可能全额拨款的情况下,

通过有计划地组织项目各参建单位,寻求与重点高等院校和专业机构的合作,同时积极申报项目所在地的省(自治区、直辖市)、国家级科研项目以尽可能地争取充足的科研经费,让科研成果为项目施工技术和安全生产保驾护航。

案例 9.17　　　　　　海南铺前跨海大桥科研工作方案

为加强海南铺前跨海大桥工程科研管理,使之规范化、制度化,保障科研项目顺利实施,为大桥设计与施工、运营提供技术支持,特制定本办法。

1. 总则

(1)科研工作目的是针对海南铺前跨海大桥建设过程中所面临的重大设计与施工技术难题进行专题研究攻关,为大桥建设提供重要的技术依据和支持,力争形成一批高水平的科研成果、专利等,体现大桥科技含量,为其他同类工程建设积累经验和提供借鉴。

(2)科研管理工作主要依据:

①国家有关科研管理的规定;

②《海南省交通运输厅科技项目管理办法》;

③《交通运输科研经费管理暂行办法》;

④《海南铺前大桥科研工作方案》;

⑤海南铺前大桥所签订的科研合同(协议);

⑥项目招标文件中关于科研管理的相关条款。

2. 组织机构

(1)项目管理指挥部根据与海南省交通运输厅签订的管理合同,负责对海南铺前跨海大桥的科研工作进行管理。

(2)总工办是项目管理指挥部科研管理工作的责任部门,其他相关部门协助、配合总工办开展实施科研工作;科研招标由合约部、总工办协助交通运输厅科技教育处进行。

(3)大桥科研管理接受上级有关科研主管部门的业务指导。

(4)总工办负责大桥工程科研立项、实施、鉴定、立项申报与评审、科研合同管理及主持大桥日常科研管理工作。

3. 立项与合同签署

(1)申请列入海南铺前跨海大桥科研计划的项目应具备以下条件:

①项目的提出应是针对工程建设中面临的迫切需要通过科研攻关予以解决的技术难题,包括大桥工程设计、施工及运营各阶段中面临的技术、工艺、材料、设计施工、管理等重大技术难题及施工工艺革新。

②从科研角度,影响面广、推广价值高的课题,或是对国内同类桥梁的建设具有重大指导和借鉴意义。

③具有创新、超前性的基础研究课题。
④现阶段国内或国际科研机构基本具备科研条件和能力,前期准备工作充分。
(2)立项程序:
①项目管理指挥部、设计、科研单位、承包人(即施工单位)根据需要提出科研立项申请。分管副指挥长组织内部讨论,重大科研项目必要时邀请专家参与讨论确定,形成总工办意见,上报指挥长审批。
②项目管理指挥部及时将立项意见上报厅海南铺前跨海大桥工程建设指挥部和厅科技教育处。
③科研项目承担单位的确定,按海南省有关规定。
(3)合同签署:
①项目评标选定承担单位后,科研单位必须与省交通运输厅签订合同。合同格式必须符合国家有关科研项目合同规定格式。
②合同应对成果的所有权、转让权作明确规定,原则上规定所有权、转让权归海南省交通运输厅所有。
③科研合同实行统一编号,并按项目管理指挥部信息管理办法编制。

4. 科研实施

(1)科研项目实施由总工办负责,并定期向主管部门汇报科研项目的进展情况。项目如需延期,由总工办负责向有关部门提出延期申请。
(2)合同内容需要变更时,应由课题组提出申请报告,经总工办组织审查并签署意见后,报分管副指挥长批准后执行,并办理合同变更等有关手续。
(3)科研项目经费支付按项目管理指挥部有关管理办法执行。

5. 项目验收与成果鉴定

(1)项目研究结束后,项目管理指挥部应及时协助省厅科技教育处组织项目验收。验收方式按合同约定进行。具体评审组织工作由总工办负责或协助承担单位进行。
(2)凡申请国家科技部、交通运输部、省科委及省厅等评奖的项目需按相应的办法执行。

6. 成果应用管理

项目验收后,总工办应组织相关人员对成果应用情况进行评估。科研成果由总工办组织科研成果应用实施,并负责撰写科研应用成果报告。

7. 科研档案管理

(1)科研项目档案管理按项目管理指挥部《工程档案管理办法》执行。
(2)科研项目组负责管理本科研项目的立项申请书、合同、全套技术文件、资料、会议纪要及录像、照片、图片等,并在课题科技成果鉴定证书下发后汇总至工办工程档案室存档。
(3)所有资料要有电子文件与文书文件两套共存。文件份数按有关规定提供。

(4) 为保证科研档案的完整性,科研项目在上报成果鉴定申请书时,应同时提交本办法第二十条所列各项资料。提交资料必须经总工办工程档案室检查验收,符合存档条件才可申请鉴定,否则不予鉴定。

(5) 所有科研信息的发布,必须按照项目管理指挥部有关规定执行。所有依托铺前大桥科研成果的论文的发表及信息的披露,必须经项目管理指挥部同意,否则按相关规定进行违约处理。

8. 积极应用先进适用的"四新"技术

案例 9.18　　海南铺前跨海大桥工程成功应用 STC 轻型组合桥面

海南铺前跨海大桥钢桥面采用钢-超高韧性混凝土(STC)轻型组合桥面新型结构,STC 桥面铺装技术材料先进、施工工艺复杂,本次试验段的成功实施,为其首次在跨海大桥中实现应用,同时也是第一次在海南省内应用。与此同时,中咨集团指挥部结合海南铺前跨海大桥跨断层特点,率先组织进行了跨断裂带简支钢箱梁 STC 桥面连续技术的创新与应用,在保证跨断裂带桥梁使用性能的同时大幅提高行车舒适性,减少伸缩缝的安装维护工作量,为国际首创。

第五节　工程施工阶段管理流程

一、施工阶段的质量管理流程

施工阶段的质量管理流程如图 9.5 所示。

二、施工阶段的进度管理流程

施工阶段的进度管理流程如图 9.6 所示。

三、施工阶段的造价管理流程

施工阶段的造价管理流程如图 9.7 所示。

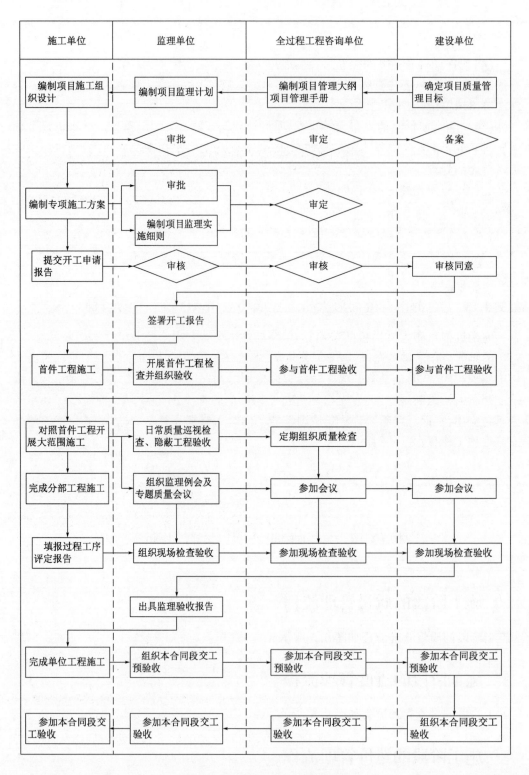

图9.5 施工阶段的质量管理流程图

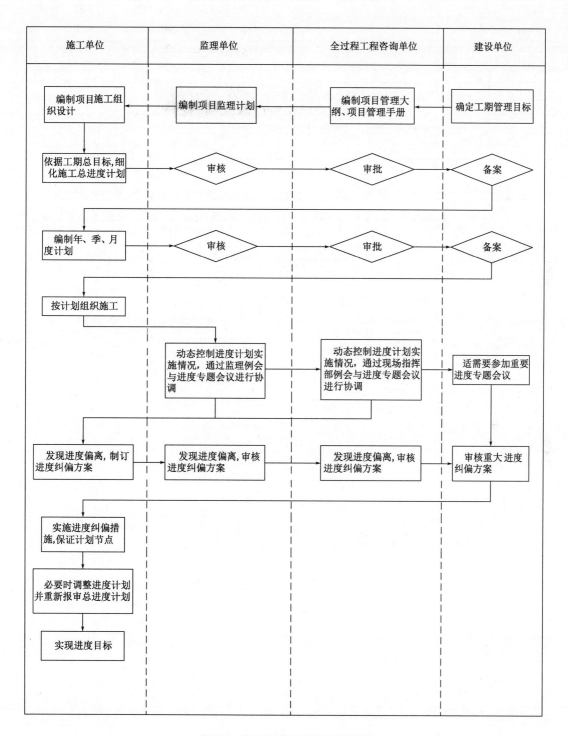

图 9.6 施工阶段的进度管理流程图

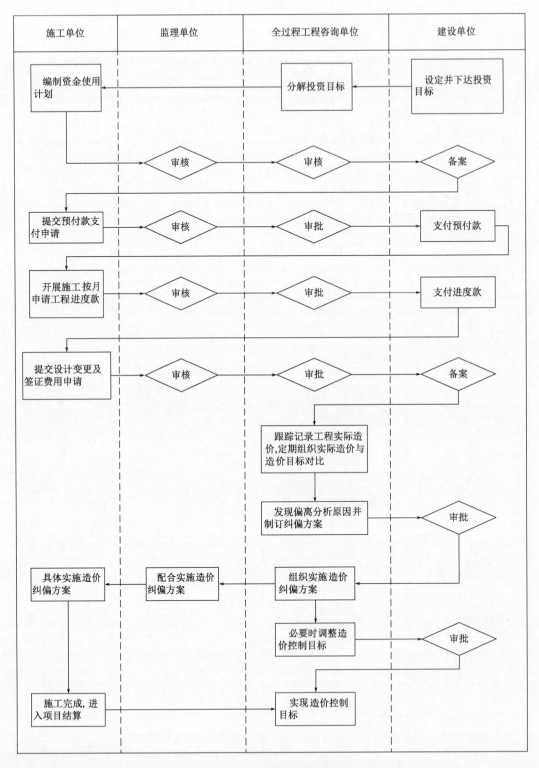

图9.7 施工阶段的造价管理流程图

四、施工阶段的安全管理流程

施工阶段的安全管理流程如图9.8所示。

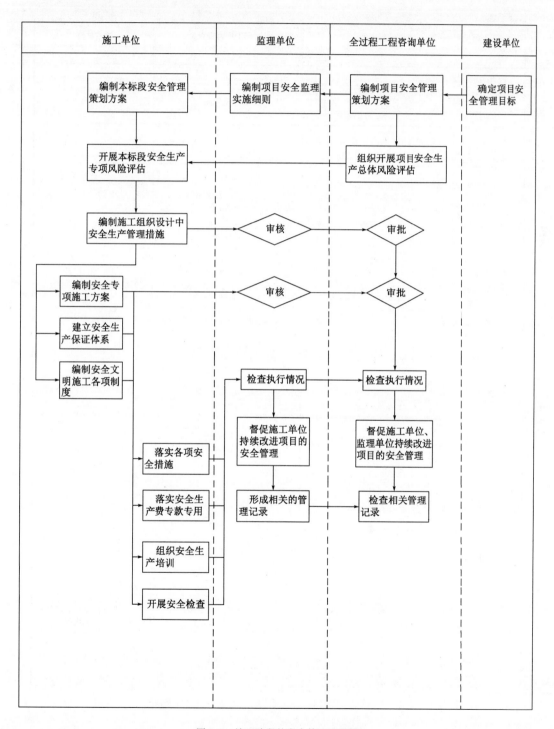

图9.8 施工阶段的安全管理流程图

五、超过一定规模的危大工程专项施工方案审批流程

超过一定规模的危大工程专项施工方案审批流程如图9.9所示。

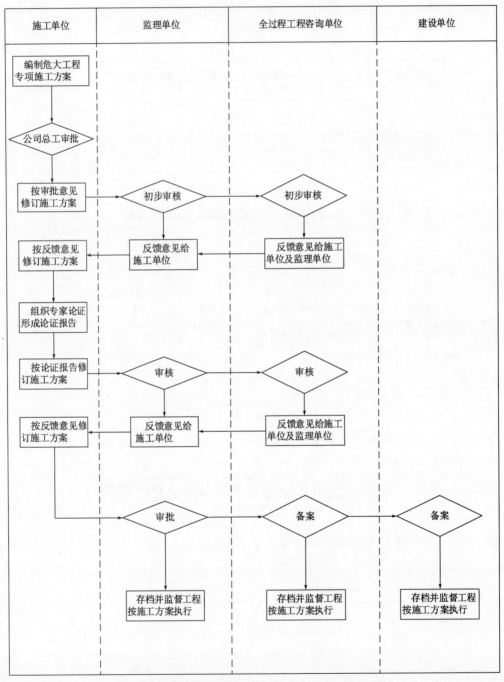

图9.9 超过一定规模的危大工程专项施工方案审批流程图

六、设计变更管理流程

设计变更管理流程如图 9.10 所示。

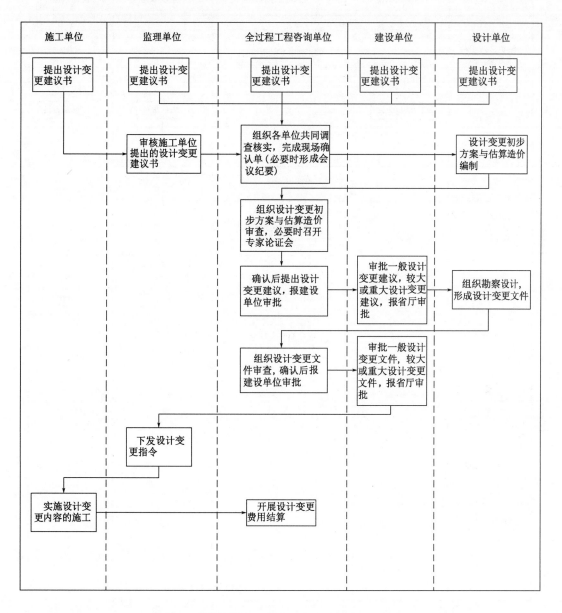

图 9.10　设计变更管理流程图(工程变更审批可参照执行)

七、首件工程认可制管理流程

首件工程认可制管理流程如图 9.11 所示。

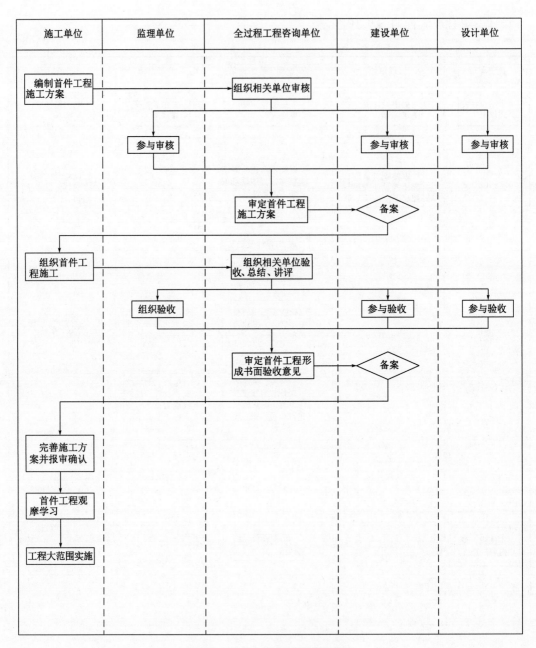

图 9.11 首件工程认可制管理流程图

八、工程款支付流程

工程款支付流程如图 9.12 所示。

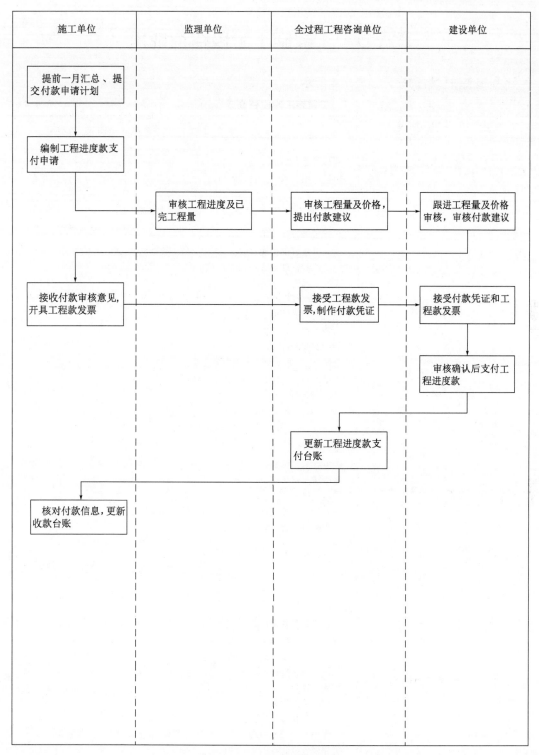

图 9.12 工程款支付流程图

第六节 工程施工阶段咨询成果

工程施工阶段咨询成果如表 9.4 所示。

工程施工阶段咨询成果　　　　　　　　　　　表 9.4

序　号	咨询内容	咨询成果
1	管理策划	项目管理大纲； 项目管理手册
2	质量控制	工程质量管理办法； 重大工艺审批管理办法； 甲控乙购管理办法； 工程监理管理办法； 试验检测管理办法； 原材料质量管理办法； 隐蔽工程验收监督管理办法； 劳动竞赛管理办法； 质量计划（如工程检验批划分及验收计划）； 质量记录表（如中间检查交接记录表）
3	进度控制	工程进度管理办法； 进度计划跟踪表； 进度情况对比表； 项目进度检查表； 进度计划调整文件（施工进度偏差对比表）； 工程临时/最终延期报审表
4	设计与技术管理	科研管理办法； 档案资料管理办法； 施工组织设计及专项施工方案； 监理计划及监理实施细则； 设计变更文件； 工程创优方案； 工程奖项申报材料； 工程奖项获奖纪录； 工程论文、专利、专著； 工程课题报告

续上表

序号	咨询内容	咨询成果
5	造价控制	计量支付管理办法； 资金监督管理办法； 设计变更管理办法； 农民工工资支付管理办法； 工程计量与支付表； 工程预付款支付申请（核准）表； 工程进度款支付申请（核准）表； 工程款支付报审表； 工程款支付证书； 建设项目建设其他费用审批表； 工程变更台账表； 建设项目工程变更项目汇总表； 建设项目工程变更审批表工程签证台账表； 建设项目工程签证汇总表； 建设项目工程签证报审核定表； 现场签证表； 建设项目工程费用索赔汇总表； 建设项目工程费用索赔报审表； 索赔意向通知书
6	HSE管理	驻地建设管理办法； 工程项目职业健康安全管理表； 施工现场环境管理体系运行表格； 安全生产责任体系
7	招标采购	暂估价管理办法； 分包管理办法； 招标文件； 投标文件； 合同文件
8	合同管理	合同管理手册； 合同管理制度； 合同管理台账
9	组织与协调	各类会议纪要； 各类往来函件

第十章

工程竣（交）工验收阶段咨询

第一节 工程竣(交)工验收阶段概述

工程竣(交)工验收是项目建设全过程的最后一道程序,是建设成果转入运行使用的必要环节,也是审查投资使用是否合理的重要环节。

工程竣(交)工验收需根据不同的项目性质分不同的验收阶段进行,而不同验收阶段的验收主体、验收性质及验收工作侧重点亦存在一定的区别。以公路工程为例,工程竣(交)工验收分为交工验收和竣工验收两个阶段。从验收主体上来说,交工验收由项目建设单位进行,而竣工验收应由政府相关建设主管部门、管理机构、质量监督机构、造价管理机构等单位代表组成的竣工验收委员会组织进行。从验收性质上来说,交工验收是项目管理机构行为,而竣工验收是一种政府管理机构行为。从验收工作侧重点上来说,交工验收阶段主要是检查施工合同的执行情况,评价工程质量,对各参建单位工作进行初步评价,而竣工验收阶段主要是对工程质量、参建单位和建设项目进行综合评价,并对工程建设项目作出整体性综合评价。

工程竣(交)工验收是项目投入(试)运营的根本前提,通常被视作对工程质量把关的最后一道"门槛",全过程工程咨询单位不仅要在工程施工阶段做好技术与质量管理等,更要做好工程竣(交)工验收工作,在全面考核项目的建设成果以确保项目按设计要求的各项技术经济指标正常使用的同时,还要为提高建设项目的经济效益和管理水平提供重要依据。

工程竣(交)工验收阶段咨询一方面应始终坚持"百年大计,质量第一"的原则,依据建设工程检验评定标准及验收规范对项目的建设质量和成果进行一丝不苟、客观公正、实事求是的最终评定,另一方面还需确保工程竣(交)工验收工作的编审效率最优,对于符合验收标准的要及时办理验收交付手续,以确保项目尽快投入运行使用,尽早发挥投资效益。

第二节 工程竣(交)工验收阶段主要工作内容

全过程工程咨询单位在工程竣(交)工验收阶段的工作内容主要包括项目交工验收管理、项目移交管理、项目交工结算管理、项目保修期(缺陷责任期)管理、项目竣工结算管理、项目竣工验收管理等,主要工作内容详见表10.1。

工程竣(交)工验收阶段主要工作内容清单　　　　表10.1

工作任务	主要工作内容
项目交工验收管理	检查合同执行情况; 检查施工自检报告、施工总结报告及施工资料; 检查监理单位独立抽检资料、监理工作报告及质量评定资料; 检查工程实体,审查有关资料,包括主要产品的质量抽(检)测报告

续上表

工作任务	主要工作内容
项目交工验收管理	核查工程完工数量是否与批准的设计文件相符,是否与工程计量数量一致; 协助建设单位对合同是否全面执行、工程质量是否合格做出结论; 按合同段分别对设计、监理、施工等单位进行初步评价; 责成施工单位限期完成交工验收提出的工程质量缺陷等遗留问题的整改; 对通过交工验收的合同段,协助建设单位及时颁发"交工验收证书"; 各合同段全部验收合格后,协助建设单位及时完成"交工验收报告"
项目移交管理	组织签订工程质量保修书; 督促施工单位做好场地清理工作; 协助建设单位组织运营单位人员的培训工作; 组织工程档案资料移交并获得移交证书; 组织编写固定资产明细表; 组织工程实物移交; 督促相关参建单位做好人员及设备的撤离
项目交工结算管理	督促施工单位编制交工结算文件; 收集和接收项目交工相关结算资料、图纸; 审核交工阶段各类付款及工程结算付款; 组织审核及处理施工综合索赔事宜; 协调解决结算过程中出现的疑难分歧; 协助建设单位出具交工结算审核报告
项目保修期 (缺陷责任期)管理	组织和安排保修单位对项目缺陷的修复施工并跟踪其完成情况; 编制项目保修内容一览表; 协助建设单位签署缺陷责任期终止协议书
项目竣工决算管理	配合项目审计工作; 配合决算前的准备工作; 配合进行项目财务决算
项目竣工验收管理	协助建设单位向相关主管部门提出竣工验收申请; 协助建设单位向竣工验收委员会提交项目执行报告及竣工验收工作所需的资料; 协助竣工验收委员会开展工作

第三节　工程竣(交)工验收阶段管理要点

一、明确工作程序及各方职责

全过程工程咨询单位应会同设计单位、监理单位和施工单位的有关负责人组成项目竣(交)工验收小组,策划具体的工作程序,制订项目竣(交)工阶段验收计划,明确项目竣(交)工验收阶段各参建方的管理职责,确保竣(交)工验收工作能按期顺利实施。

二、认真审核验收条件

(1)公路工程交工验收工作一般按合同段进行,并应具备以下条件:
①合同约定的各项内容已全部完成。各方就合同变更的内容达成书面一致意见。
②施工单位按现行《公路工程质量检验评定标准　第一册　土建工程》(JTG F80/1)、《公路工程质量检验评定标准　第二册　机电工程》(JTG F80/2)及相关规定对工程质量自检合格。
③监理单位对工程质量评定合格。
④质量监督机构按"公路工程质量鉴定办法"对工程质量进行检测,并出具检测意见。检测意见中需整改的问题已经处理完毕。
⑤竣工文件按公路工程档案管理的有关要求,完成"公路工程项目文件归档范围"第三、四、五部分(不含缺陷责任期资料)内容的收集、整理及归档工作。
⑥施工单位、监理单位完成本合同段的工作总结报告。
(2)公路工程竣工验收应具备以下条件:
①通车试运营2年以上。
②交工验收提出的工程质量缺陷等遗留问题已全部处理完毕,并经项目法人验收合格。
③工程决算编制完成,竣工决算已经审计,并经交通运输主管部门或其授权单位认定。
④竣工文件已完成"公路工程项目文件归档范围"的全部内容。
⑤档案、环保等单项验收合格,土地使用手续已办理。
⑥各参建单位完成工作总结报告。
⑦质量监督机构对工程质量检测鉴定合格,并形成工程质量鉴定报告。

三、全面验收工程质量

项目满足验收条件后,全过程工程咨询单位应组织交工验收,鉴于在工程施工阶段已通过中间验收,对分项分部工程质量是否达到合格作出了确认,交工验收时只需按合同段进行单项工程质量验收即可。全过程工程咨询单位应严格按照验收规程进行单项工程质量验收,发现存在质量问题的,应责令施工单位限期整改,并由监理单位督促施工单位按期完成。

必须注意的是,由于单项工程所含的各分部工程性质不同,因此它并不是在所含分部验收基础上的简单相加,即便所含分部验收合格且质量控制资料完整,但只是单项工程质量验收的基本条件,还必须在此基础上委托具有相应检测资质的检测单位对涉及安全、节能、环境保护和主要使用功能的分部工程进行重点抽查检测,为工程顺利通过验收奠定基础;另外单项工程质量验收还需要对其观感质量进行验收,并综合给出质量评价。

四、加强日常工程档案资料管理

工程档案资料的管理是工程竣(交)工验收阶段中一个非常重要环节,这项工作做得好坏、时间长短,对整个建设工程项目的竣工验收和移交使用影响很大。

全过程工程咨询单位应建立工程档案资料管理制度,并配备专职的档案资料管理的人员,以"功在平时"的理念,从办理项目立项和规划定点手续开始,全程负责整个项目设计、施工、监理等过程中工程档案资料的日常收集和管理,在此期间尤其要组织、协调和指导设计、施工、监理等单位的工程档案资料管理工作。

工程档案资料的收集和整理实行纸质工程档案、电子档案和声像档案"三位一体"管理模式,为了节省档案整理和归档时间,缩短工程竣工验收周期,全过程工程咨询单位档案资料管理人员还要经常与项目法人档案管理机构、省档案局进行沟通和联系,经常参与业务培训班学习,及时了解和掌握国家及地方的新规定和要求,确保工程档案资料的验收与工程竣工验收同步完成。

案例10.1　　　　　　**海南铺前跨海大桥工程档案资料管理情况**

海南铺前跨海大桥工程项目指挥部成立伊始就设置了档案室,配置专职档案人员1名,负责本项目文件材料的收集、保管和提供利用工作,并通过"四纳入"和"三参加"的管理制度督促参与工程建设的设计、施工、监理等单位从档案的源头抓起,做好文件材料的日常形成和安全保管工作,基本做到了工程完工时的资料整理基本完成,为本项目顺利通过档案验收奠定基础。

海南铺前跨海大桥工程后期,为了确保建设项目档案的完整、准确、规范、安全和有效利用,为今后海南铺前跨海大桥的使用、养护、改建、扩建等服务,结合海南铺前跨海大桥工程实际,全过程工程咨询单位又制定了《海南铺前跨海大桥竣(交)工文件编制办法》,其中明确规定,施工、监理单位须在合同段交工验收合格后三个月内向指挥部移交档案。

五、提高项目结算、决算的编审效率

工程竣(交)工验收阶段,项目结算、决算的编审效率应该被工程项目各参与方视为最重要的管理目标,应强调工程施工阶段产生的结算文件直接作为工程竣(交)工验收阶段的依据,采取历次计量支付结果直接进入结算的结算规则。在此基础上,决算环节全过程工程咨询单位的业务内容主要包括竣工决算的编制和竣工决算的审核两部分。其中竣工决算编制方式是进行大量的统计分析,而不是重新确定工程造价。

六、质量缺陷期管理要点

在项目竣工移交进入试运行和质量缺陷期以后,在使用过程中会陆续发现工程质量、功能性、安全性等缺陷问题,全过程工程咨询单位应及时组织原施工单位进行整改和完善,以达到和满足使用要求。

(1)安排项目管理人员对运营单位提出的试运行中发现的项目质量缺陷进行检查和记录;对施工单位修复的工程部位(或系统)的质量进行验收、签认。

(2)根据问题的情况确定施工内容、编制施工进度计划,踏勘施工现场(施工材料的堆放、施工作业的场地、施工设备及人员的进出和可能产生的安全性隐患等)、检查施工条件是否满足施工需要,并协调各相关单位予以解决。

(3)施工过程中跟踪施工内容的完成情况(质量、安全、进度),组织各相关单位进行施工验收,并将验收情况以书面形式上报使用单位。

第四节 工程竣(交)工验收阶段管理流程

一、工程交工验收流程

工程交工验收流程如图 10.1 所示。

二、工程竣工验收流程

工程竣工验收流程如图 10.2 所示。

三、工程结算流程

工程结算流程如图 10.3 所示。

四、工程档案移交流程

工程档案移交流程如图 10.4 所示。

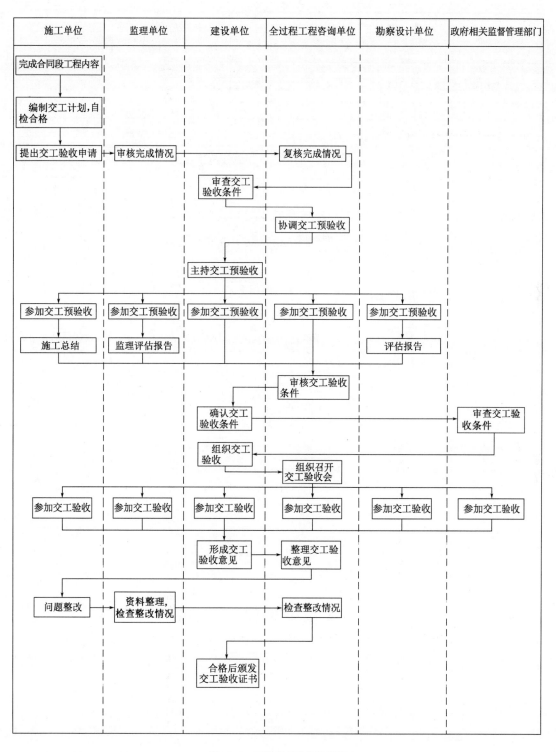

图 10.1 工程交工验收流程图

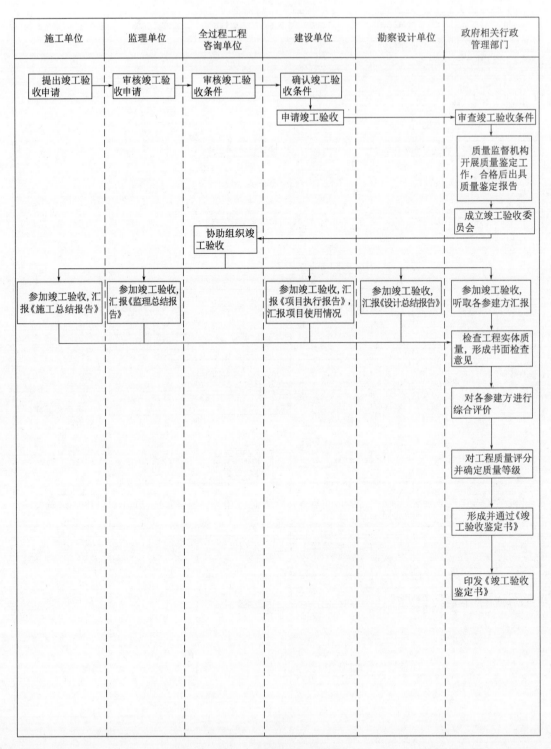

图 10.2 工程竣工验收流程图

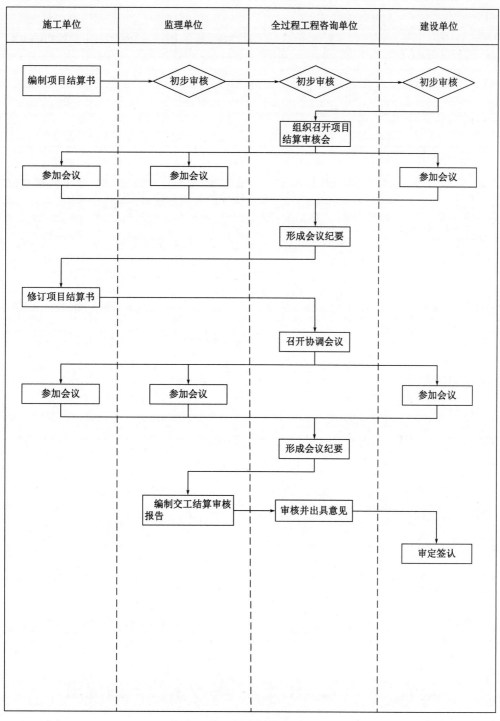

图 10.3 工程结算流程图

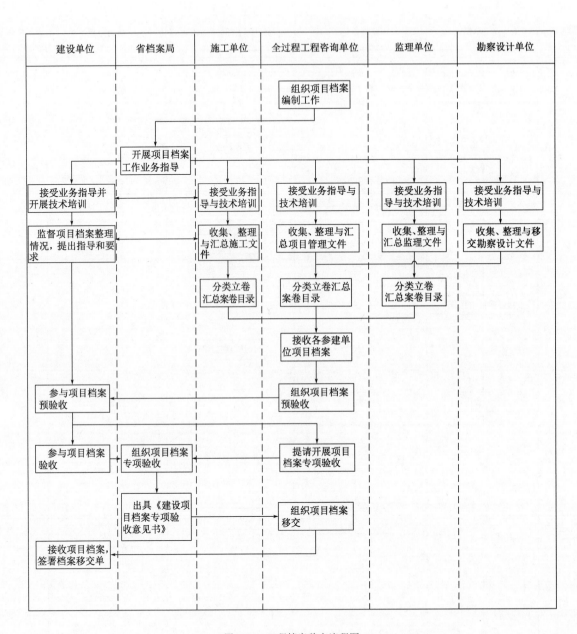

图10.4 工程档案移交流程图

第五节 工程竣(交)工验收阶段咨询成果

工程竣(交)工验收阶段管理咨询见表10.2。

工程竣(交)工验收阶段管理成果　　　　　　　　　　　　　　　　表 10.2

序　号	咨询内容	咨询成果
1	竣(交)工验收管理	施工合同段交工证书； 合同段施工总结报告； 工程设计工作报告； 工程指挥部项目执行报告； 工程监理交工总结报告； 项目竣工验收报告
2	竣工结算管理	竣工结算报告； 施工单位提交的竣工决算书； 竣工结算审核报告
3	竣工决算管理	竣工决算审核报告； 竣工财务决算说明书； 竣工财务决算报表； 工程造价比较分析资料
4	保修期管理	工程质量保修期到期验收记录表； 工程质量保修书； 工程质量保证金制度； 工程质量保修

第十一章

工程运营阶段咨询

第一节 工程运营阶段咨询概述

经过改革开放40年的建设与发展,我国基础设施规模已经处于世界领先水平。基础设施的安全、稳定、高效运行是社会发展和人们生产生活的前提保障,这一切都将依靠运营阶段的管理工作,而传统的工程咨询在运营阶段提供服务的案例较少,运营阶段工程咨询工作并没有受到充分重视,全过程工程咨询服务模式为工程咨询服务向运营阶段延伸创造了条件。

工程运营阶段是工程建设阶段的延续,这两个阶段密不可分,工程建设的目的是满足工程运营的需要,工程建设为运营提供物质基础。如果说工程建设阶段是项目消耗社会财力、物力、人力的造物过程,那么工程运营维护阶段则是项目为社会提供服务和创造效益的生产过程。改变建设和运营两个阶段分离的现状,充分发挥项目投资效益,实现项目全生命周期的增值是全过程工程咨询的三大核心理念之一。因此,在可持续发展的大背景下,实施基础设施全生命周期和精益运营管理,提升基础设施运营管理能力,是推动基础设施提质增效、实现高质量发展的必由之路。

交通工程全过程工程咨询单位应牢固树立"建设、管理、养护一体化"的全局观念,通过践行建设阶段与运营阶段的多维度结合,最大限度地降低工程的运营风险,发挥工程的经济效益与社会效益。

承担运营阶段咨询管理的全过程工程咨询单位应建立集管理、检测、维修于一体的运营维护管理模式,运用信息化技术管理手段,通过日常巡检、例行维护、预知性保养、应急处理等工作来保证基础设施的各系统、设备的安全和稳定运行。

第二节 工程运营阶段咨询内容

工程运营阶段主要工作内容清单如表11.1所示。

工程运营阶段主要工作内容清单　　　表11.1

工 作 任 务	主要工作内容
运营维护策划	组织编制《工程用户手册》
设施(资产)管理服务	(1)建立基于BIM(建筑信息模型)的工程运营维护及健康监测系统,将设计施工阶段与运营维护阶段的 BIM 数据进行整合,提高桥梁的养护效率和智能化水平。 (2)推动交通工程建、管、养一体化,在委托方授权范围内开展工程设施的养护管理。 (3)对需要外包的工程运营维护服务内容,开展采购支持
大修、改扩建工程管理	根据工程需要,对大修工程、改扩建工程等开展咨询管理
运营维护评估与总结	(1)开展定期运营维护质量评估活动,向委托方提供评估报告与合理化建议。 (2)服务期届满之前,对运营维护阶段咨询工作开展总结,向委托方提交服务总结报告并对《工程用户手册》提出合理化更新建议

第三节 工程运营阶段咨询要点

一、工程用户手册的编制

运营维护策划的工作重点在于编制工程用户手册,应包含工程概况、工程运营主要设备布置、工程日常维护运营检查、工程定期运营维护检查、工程各部位养护要求、工程非永久构件更换施工要求、工程运营维护管理实施办法等内容。

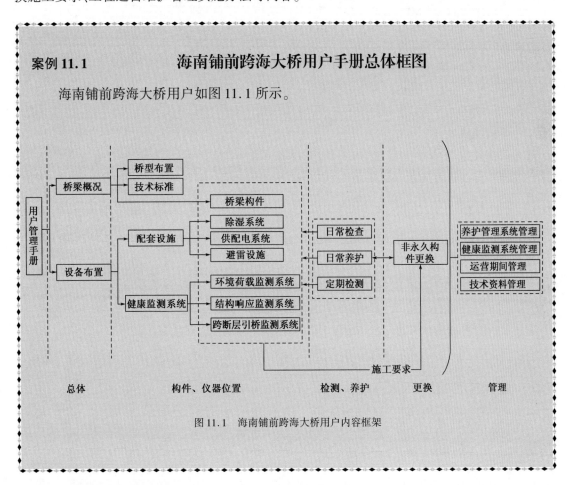

图 11.1 海南铺前跨海大桥用户内容框架

二、识别运营风险

重大基础设施工程在运营期间的风险复杂而繁多,如各种碰撞、自然灾害、结构耐久性和运营管理的风险等。运营阶段咨询中对项目运营期段风险进行识别和分析,对减小和控制风险以及在应对突发事件之前做好预案非常重要。

案例 11.2　海南铺前跨海大桥工程全过程工程咨询单位开展运营阶段风险识别

1. 自然灾害风险

海南铺前跨海大桥自然条件极为复杂，项目位于强震、强风、强腐蚀区且跨越铺前—清澜活动断层。抗震设防烈度为国内最高；设计基本风速为国内最大；跨越地震活动断层，为国内唯一。

(1) 强震。

根据国家地震局对本项目的地震安评批复结果，海南铺前跨海大桥50年超越概率2%地震动峰值加速度为$0.59g$，50年超越概率10%地震动峰值加速度系数为$0.35g$，为国内最高。抗震问题突出，近断层、跨断层地震强度远高于现有桥梁抗震规范的设计范围，本项目对桥梁的抗震性能进行了专门研究，在运营期间应做好长期地震预警工作，避免人员、财产的重大损失。

(2) 活断层。

海南铺前跨海大桥桥址位于两条活动断层的交会处附近，因规划及地形条件限制桥址无法有效避让，为国内首座跨越活动断层的特大型桥梁，桥梁设计超出现有规范范围，无前例可循。根据国家地震局对本项目的地震安评批复，其跨越的活动断层铺前—清澜断层最大位错达1.4m，且估计每年约有1cm左右的扩大趋势。

(3) 强风。

海南铺前跨海大桥工程区域的主要灾害性天气有热带气旋、暴雨、龙卷、雾、雷暴和大风引起的风暴潮等。在这些灾害性天气中又以热带气旋（台风）的影响最为严重。由于海南铺前跨海大桥所处的铺前湾地形条件影响，台风对项目具有极强的破坏力，应控制台风对大桥运营使用带来的损失。

2. 船舶碰撞风险

导致船舶与桥梁碰撞的因素错综复杂，主要涉及通航环境、通航管理、气候条件及人为等因素。

(1) 通航环境。

项目区域内有铺前港和东寨港，铺前港内设有固定航道和锚地，属国家二级港口。港内有4座码头和1个民用修船厂，往来的船只较多，另外港内共有16个系船浮筒属海军，施工和运营期船撞的风险较大。

(2) 管理因素。

船舶的航行过程中，没有对船舶进行有效的管理，或者是在夜间的时候没有醒目的航标灯，容易造成船和桥的碰撞。

(3) 人为因素。

船员的经验及能力不足、人为操作失当、船舶机械故障、断缆脱锚等因素都可能导致船舶航行偏离预定的航线撞上桥梁。

(4)气候条件。

由于洪水、台风、大雾等恶劣环境造成的水流紊乱、通航视线差等情况,很容易导致船舶碰撞桥墩的事故发生。

3. 桥梁耐久性风险

运营期间,桥梁受到环境等自然因素的影响而逐渐老化,承受汽车重载、风、疲劳、超载、人为因素作用,使桥梁结构材料及构件的力学性能不断退化。

(1)主要构件的疲劳损伤。

疲劳损伤易出现在桥梁的主要受力部位。构件在设计和制造过程中总会存在应力集中,在这些应力集中的部位会产生裂纹。在反复应力作用下,裂纹逐渐发展直到出现疲劳脆断。由于疲劳破坏是一种脆性破坏,因此其造成的危险远高于静力荷载作用时的延性破坏,对桥梁耐久性有非常不利的影响。

(2)外界环境影响。

由海水、空气、温度等自然环境条件造成的混凝土碳化、氯离子侵蚀、海水及海洋大气腐蚀、硫酸盐侵蚀、干湿交替、碱-集料反应等对桥梁的结构耐久性构成一定的影响。

(3)超载。

超载对桥梁耐久性的风险主要表现在使桥面铺装层、钢筋混凝土构件、预应力混凝土构件、钢结构焊缝等耐久性降低,从而直接或间接影响到桥梁结构的耐久性。超载引起的结构耐久性风险主要指超载使得桥梁结构长期处于高应力和大变形状态,或长期经受这样的应力和变形反复而使结构受力状况恶化,缩短桥梁结构的使用寿命;桥面铺装层耐久性风险是指超载会导致沥青混凝土铺装层过早的疲劳受损,导致耐久性降低。

三、健康监测系统建设

重大桥梁基础设施工程的健康监测工作非常重要,项目应针对工程所处的环境状况及可能遭受的荷载情况,建设健康监测系统。健康监测系统主要包括:交通荷载监测、地震作用监测、船撞监测、结构温度监测、气象条件监测等,据此确定健康监测系统设备布置位置及数量。

案例 11.3   海南铺前跨海大桥健康监测系统

对于海南铺前跨海大桥跨断层引桥的结构安全而言,地震和断层活动是最严重威胁,因此监测重点为采用高精度 GPS(全球定位系统)监测活动断层的发展情况,并采用数字式强震仪监测桥址区域地震动。针对跨断层桥梁的落梁风险,对结构响应的监测以预防落梁为主,对墩顶与梁端相对位移、钢箱梁应变等结构响应进行监测。通过与海南省地震台(网)对接,在桥址附近设置强震仪进行地震联网预警观测。健康监测系统的开发建设工作包括对海南铺前跨海大桥健康监测系统的实施、运维,以及在系统监测期内负责对海南铺前跨海大桥的实时监控以及对建设单位(或运营阶段的法人单位、运营维护单位)人员的培训等。海南铺前跨海大桥健康监测系统应能自动承担对桥梁的环境监测、结构监测、荷载监测、数据分析、综合报警、桥梁结构评估、病害预诊断等工作,并与海南铺前跨海大桥现有 BIM 系统相结合(整合),实现可视化管理。海南铺前跨海大桥健康监测系统功能体系框架如图 11.2 所示。

目前地震监测预警技术尚未成熟,虽然我国地震速报系统已能在震后数十秒内发布地震相关讯息,但仍无法作为跨越活动断层桥梁地震灾害的预警,通过本项目的应用探索和实践,设置落梁警报系统,当桥梁有落梁情形或风险时,能实时发出警报,警告后续车辆及人员,桥梁管理单位能随即封桥检查,可有效避免二次灾害发生,维护车辆及行人安全。

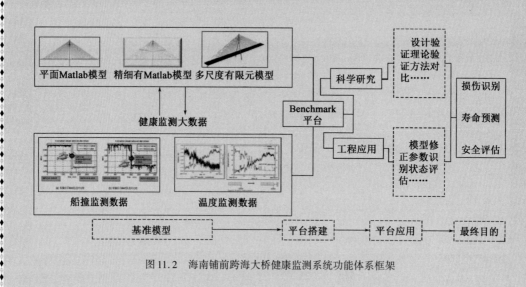

图 11.2　海南铺前跨海大桥健康监测系统功能体系框架

四、运营养护管理工作原则

在公路工程的日常养护管理中,全过程工程咨询单位要坚持"预防为主、防治为辅"的原则,并注意强化日常的巡查及性能检测。尤其在道路或是桥梁的病害初发时期,更是要注重开展相关的养护维修工作,以免病害进一步扩大,而影响到整个公路的正常使用,构成安全威胁,降低其性能,并增加了维护成本。与此同时,在日常养护管理过程中,全过程工程咨询单位还需要积极组织开展公路路面、桥梁的巡查,并对路面的坑槽、裂缝、沉陷或翻浆等病害及时地修复,组织人员对全线桥梁实地徒步检查,特别是梁板、支座以及帽梁外侧的挡块等重要的构件,更是要跟踪观测,并在发现问题时及时地维修,让公路维持在良好的使用状态。

此外，针对公路运营日常养护管理中存在的各种突发事件，全过程工程咨询单位还需要建立起一套相对完善的全天候快速反应机制，通过实施针对性的应急措施，保证公路的畅通运行。当然，在日常维护管理工作中，还需要强化安全生产教育，以保证无责任性事故。公路工程的许多养护管理工作，通常需要在通行的状态下进行，因此，具有一定的难度，且危险系数较高。所以，在展开此项工作前，全过程工程咨询单位还需要强化安全教育，注重安全生产，在养护管理过程中，要求工作人员着装上路进行作业，并在维护建设时，于施工区域摆放交通安全标牌，且施工作业车辆要有相应的安全警示标志，确保整个工作的安全、顺利进行。

五、运营养护管理工作要点

从公路的运营日常养护管理工作分类看，大致可分为诊断、工程及管理三个类别。其中的诊断工作由日常巡查、特殊巡查、桥涵的常规性检查，以及路况的定期检查等构成；而工程作业则包括了路面路基的小修保养，以及路面的清洁、突发事件的处理和除冰扫雪等工作；管理作业则包括了日常的养护计划管理、设备养护管理，养护工作的考核及检查，养护技能的培训，以及养护安全管理等内容。

在运营日常养护管理中，公路的养护对象具有全面性与广泛性特征，全过程工程咨询单位除了要对路面、桥梁进行维护管理，更需要对涵洞和沿线附属设施等予以养护管理，并对相关的环境设施、交通设备、通行设备予以养护管理。因此，该工作的专业性要求较高，且具有一定的复杂性。在实际的日常养护管理中，不仅需要进行简单的公路保养，还需要具备较强的机械化技能、专业化技能，并有效利用先进的技术及工艺进行。同时，公路的运营日常养护管理，对全过程工程咨询单位养护工作人员的综合素质要求也较高。需要其对整个公路的构造、要点、设施等都有着全面的了解，并具有较强的专业素养、丰富的养护经验，以达到日常养护管理的要求。

1. 建立信息系统提升管理效率

针对我国当前公路运营日常维护管理存在的问题，全过程工程咨询单位首先应该建立起一个相对完善的养护管理信息系统，通过利用先进的信息技术，高效、科学地进行公路的养护管理工作。

2. 提升认知程度提高效率

为确保公路的使用性能，并延长其寿命周期，全过程工程咨询单位还需要采取有效的养护管理方案，以达到高效养护。基于此，全过程工程咨询单位的养护人员要提高对公路养护工作的认知，充分认识到该项工作的必要性及重要性，强化公路的监督、维护、管理工作。当然，全过程工程咨询单位的养护管理工作人员也要注重提升自身的专业素养。尤其在科技飞速发展的今天，更是要掌握更高的技能，以提高工作效率和工作质量，确保公路的正常运营。

3. 利用先进技术开展运营养护

在公路的养护管理工作中，全过程工程咨询单位还要注意利用国际先进的技术，确保养护管理工作的高效性、先进性、科学性、时效性，最大限度地延长公路的寿命周期，节约养护成本，确保公路的运营安全、有序进行。

第四节　工程运营维护阶段咨询成果

工程运营维护阶段咨询成果见表11.2。

工程运营维护阶段咨询成果　　　　　　　　　　表11.2

咨询内容	咨询成果
运营维护管理	运营维护策划方案； 用户手册； 工程健康监测系统； 运营维护阶段规章制度； 设施管理日常文件； 运营维护评估报告； 运营维护总结报告

第十二章

BIM技术在全过程工程咨询的应用

第一节　BIM 技术概述

BIM 技术是基于三维建筑物模型,集成建设项目设计、施工和运营过程中各种相关信息,数字化表达建设项目的物理和功能特性,支持建设项目生命期中动态的工程信息创建、管理和共享的技术。BIM 技术是土木工程管理领域的一种新工具。建设工程管理者可以使用 BIM 建模软件构建三维建筑模型,模型可以包含建筑物所有构件、设备等几何和非几何信息以及之间关系的信息,模型信息随建设阶段的进展不断深化和增加。建设、设计、施工、运营和咨询等单位使用一系列应用软件,利用统一建筑物信息模型进行设计和施工,可以实现项目协同管理,减少错误、节约成本、提高质量和效益。工程交工后,利用三维模型实施项目运营管理,能较大程度提高运营维护效率。BIM 技术不仅适用于规模大和复杂的工程,也适用于一般工程;不仅适用于建筑工程,也适用于公路、市政、水利、电力等基础设施工程。

一、BIM 技术相关概念

BIM 技术的主要相关概念包括:BIM、可视化、BIM + 项目管理、4D 施工模拟、施工方案模拟、碰撞检测、基于 BIM 的协同平台等,以下进行简要介绍。

(1)BIM。

在《建筑信息模型应用统一标准》(GB/T 51212—2016)中,将 BIM 定义为:建筑信息模型 Building Information Modeling 或 Building Information Model,是指在建设工程及设施全生命期内,对其物理和功能特性进行数字化表达,并依此完成设计、施工、运营的过程和结果的总称。

(2)可视化。

可视化即"所见所得"的形式,对于路桥行业来说,真正的可视化运用在路桥行业发展中的作用是非常大的。BIM 提供可视化的思路,将以往的线条式构件形成一种三维的立体实物图形展示在人们面前,项目设计、建造、运营过程中的沟通、讨论、决策都可在可视化的状态下进行。

(3)BIM + 项目管理。

随着复杂程度的增加,传统的施工技术已无法适应现在的施工管理。尤其是功能复杂的桥梁工程,对项目管理提出了越来越高的要求。无论是建设单位、总承包,还是各专业施工单位,都要围绕着项目的进度、造价、质量与安全来开展工作。而 BIM 技术作为一项新的信息技术,集成整合了大量的工程相关信息,可以促进管理者控制施工进度、节省投资费用、提高工程质量、保证施工安全、减少决策失误的风险,为项目各参与方提供实时数据的巨大支撑,打破设计、建造、施工和运营之间的传统隔阂,实现项目各参与方之间的信息交流和共享,通过信息的集成和应用,辅助全生命期项目管理。

(4)4D 施工模拟。

在三维建筑信息模型的基础上,增加时间维度,通过安排合理的施工顺序,在劳动力、机械设备、物资材料及资金消耗量最少的情况下,按规定的时间完成满足质量要求的工程任务,实现施工进度控制。

(5)施工方案模拟。

在工程开始施工前,对建筑项目的施工方案进行模拟、分析与优化,从而发现施工中可能出现的问题。在施工前提前采取预防措施,减少施工进度拖延、安全问题频发、返工率高及建造成本超支等问题,实行多方案对比优化,直到获得最佳的施工方案。

(6)碰撞检测。

利用 BIM 技术软件,自动检测管线与管线之间、管线与建筑结构等之间的冲突,发现实体模型对象占用同一空间("硬碰撞")或者是间距过小无法实现足够通路、安装、检修或安全性等问题("软碰撞")的过程。

(7)基于 BIM 的协同管理平台。

BIM 技术的出现被视为建筑业变革的开始,其不仅改变了建筑设计的方式,也带来了沟通和协作的变革,使参与单位之间的沟通更加可视化,信息更加集中,数据的处理也更加智能。将 BIM 和传统的 PMIS(项目管理信息系统)、PIP(项目信息门户)融合,形成基于 BIM 的协同管理平台,可进一步提升协同工作效率。

二、BIM 技术的发展应用历程

(1)BIM 在国外应用发展现状。

随着 BIM 技术应用效益的日益凸显,美国、英国、新加坡、澳大利亚、韩国以及北欧各个国家和地区开始陆续推动 BIM 技术应用。从整体来看,国外 BIM 技术应用政策路线的制订以及实施推动主要有政府部门推动、行业组织(协会)推动以及企业自发推动三种模式,但政府部门推动、建设单位(或建设单位,以下为同义语表达)驱动是当前 BIM 应用的主要模式。

在应用领域方面,2014 年 Mcgraw-Hill Smart Report 的调研表明,国外承包人参与 BIM 技术应用项目中,房建类项目较多,且主要集中于商业项目;参与的非房屋建设 BIM 技术应用项目主要集中在基础设施类项目和工业项目。

Pike Research 机构的研究表明,项目阶段的不同,BIM 技术应用的侧重点也不同。BIM 技术的使用领域从高到低依次为可视化(63.8%)、碰撞检测(60.7%)、工程设计(60.4%)、建造模型(42.1%)、建筑装配(40.6%)、施工顺序(36.2%)、策划和体块研究(31.9%)、造价估算(27.9%)、可行性分析(24.1%)以及环境分析、设施管理、LEED(一种绿色建筑评价体系)认证等。

由于不同的 BIM 应用层次对组织的要求也不同,因此美国国家 BIM 标准提供了一套量化评价体系,即 BIM 能力成熟度模型,该标准将 BIM 应用能力从最不成熟的 1 级到最成熟的 10 级共划分为 10 个等级,评价维度包括数据丰富程度、生命周期视角、变更管理、角色专业、业务流程、及时响应程度、提交方法、图形信息、空间能力、信息准确度和 IFC(互用性)支撑 11 个方面,采用百分制计分,通过确定每个维度的权重即可计算评估对象的成熟度得分。根据标准,50 分为通过,70 分为银牌,80 分为金牌,90 分为白金。

总体来说,国外 BIM 技术的应用在研究和实践上都在不断探索应用模式、应用标准和应用指南,逐渐有了相对成熟的经验,也形成了一些行业最佳实践或标杆项目,这对我国 BIM 技术的发展起着重要的借鉴和激励作用。

（2）BIM 在国内应用发展现状。

我国工程建设行业从 2003 年开始引进 BIM 技术。到 2010 年前后，BIM 技术应用逐步兴起，其中长三角、珠三角和京津冀等经济发达地区起步较早。随着 BIM 技术的理念和技术深入发展，政府和企业已认识到 BIM 技术是未来建筑业转型发展的基础技术。我国国务院办公厅与住房和城乡建设部等 2010 年后相继出台相关规划和政策文件，如表 12.1 所示，加大政策扶持力度，全面推进 BIM 技术应用。此外，上海、北京、广东等十余个省市都陆续发布了推进 BIM 应用的政策规定、行动计划或工作指南。

部分 BIM 相关政策汇总　　　　　　　　　　表 12.1

时间	政策文件	政策要点
2011 年 5 月	《2011—2015 年建筑业信息化发展纲要》（建质〔2011〕67 号）	十二五期间，加快建筑信息模型（BIM）技术、基于网络的协同等新技术在工程中的应用，促进具有自主知识产权软件的产业化发展
2012 年 1 月	《关于印发 2012 年工程建设标准规范制订修订计划的通知》（建标〔2012〕5 号）	《制造工业工程设计信息模型应用标准》《建筑工程信息模型应用统一标准》《建筑工程信息模型存储标准》《建筑工程设计信息模型交付标准》《建筑工程设计信息模型分类编码标准》5 项 BIM 技术应用相关标准的制定工作宣告正式启动
2014 年 7 月	《住房城乡建设部关于推进建筑业发展和改革的若干意见》（建市〔2014〕92 号）	推进 BIM 等信息技术在工程设计、施工和运行维护全过程的应用，探索开展白图代替蓝图、数字化审图等工作
2015 年 6 月	《住房城乡建设部关于推进建筑信息模型应用的指导意见》（建质函〔2015〕159 号）	明确 BIM 技术在建筑领域应用的重要意义、指导思想与基本原则、发展目标、工作重点及保障措施。强调 BIM 技术的全过程应用，指出要聚焦于工程项目全生命期内的经济、社会和环境效益
2016 年 8 月	《2016—2020 年建筑业信息化发展纲要》（建质函〔2016〕18 号）	将 BIM 应用视为重要发展目标，并列为企业信息化、行业监管和服务信息化以及信息化标准建设中的重要任务
2017 年 2 月	《国务院办公厅关于促进建筑业持续健康发展的意见》（国办发〔2017〕19 号）	明确提出：加快推进建筑信息模型（BIM）技术在规划、勘察、设计、施工和运营维护全过程的集成应用，实现工程建设项目全生命周期数据共享和信息化管理，为项目方案优化和科学决策提供依据，促进建筑业提质增效

《中国建筑施工行业信息化发展报告（2015）——BIM深度应用与发展》中显示，有约75%的施工企业正在实施不同程度的BIM应用，其中超过10%的企业在大规模应用BIM。提升品牌需要及项目复杂性需求是其中的主要驱动原因，分别占32.5%和26.9%。从应用范围看，专项施工方案模拟、基于BIM的工程量计算、基于BIM的机电深化设计和碰撞检查等是主要应用点。而Autodesk公司与Dodge Data&Analytics2015年共同发布的《中国BIM应用价值研究报告》中，通过对350位中国专业设计人士及承包人进行访问，并与BIM在全球其他地区的推广使用现状进行对比，显示未来两年内，中国企业BIM技术应用率将提升到30%以上，应用BIM技术的施工企业数量将增长108%，达到30%以上应用率的设计企业将增长200%。

随着BIM技术在我国工程施工行业的应用已逐渐步入注重应用价值的深度应用阶段，并呈现出BIM技术与项目管理、云计算、大数据等先进信息技术集成应用的"BIM+"特点，形成多阶段、多角度、集成化、协同化、普及化应用五大发展方向。同时，BIM数据交换标准将进一步完善，BIM软件的国产化程度逐步提高。

在多阶段应用方面，BIM技术从聚焦设计阶段应用向施工阶段深化应用延伸。一直以来，BIM技术在设计阶段的应用成熟度高于施工阶段，应用时间较长。但在近几年，BIM技术在施工阶段的应用价值越来越凸显，发展也非常快。由于当前项目的复杂性、施工管理的粗放性以及行业竞争的日益加剧，基于BIM技术提高施工阶段管理水平、精益化程度和企业的市场竞争能力，逐渐被业界所认可。因此，BIM技术应用有逐步向施工阶段深化应用延伸的趋势。但是，施工阶段对工作高效协同和信息准确传递要求更高，对信息共享和信息管理、项目管理能力以及操作工艺的技术能力等方面要求也更高。

在多角度应用方面，BIM技术可有效解决项目管理中生产协同、数据协同的难题，目前正在深入应用于项目管理的各个方面，包括成本管理、进度管理、质量管理等方面。因此，与项目管理集成将成为BIM技术应用的一个趋势。BIM技术可为项目管理过程提供数据有效集成的手段以及更为及时准确的业务数据，可提高管理单元之间的数据协同和共享效率。BIM技术可为项目管理提供一致的模型，模型集成了不同业务的数据，采用可视化方式动态获取各方所需的数据，确保数据能够及时、准确地在各参建方之间得到共享和协同应用。此外，BIM技术与项目管理集成需要信息化平台系统的支持，需要建立统一的项目管理集成信息平台，与BIM技术平台通过标准接口和数据标准进行数据传递，及时获取BIM技术提供的业务数据；支持各参建方之间的信息传递与数据共享；支持对海量数据的获取、归纳与分析，协助项目管理决策；支持各参建方沟通、决策、审批、项目跟踪、通信等。

在集成化应用方面，很多项目通过使用单独的BIM软件来解决单点业务问题，以局部应用为主。而集成应用模式可根据业务需要通过软件接口或数据标准集成不同模型，综合使用不同软件和硬件，从而发挥更大的价值。BIM技术发展将从基于单一BIM软件的独立业务应用向多业务集成应用发展。基于BIM技术的多业务集成应用主要包括：不同业务或不同专业模型的集成、支持不同业务工作的BIM软件的集成应用、与其他业务或新技术的集成应用等。例如，随着建筑工业化的发展，很多建筑构件的生产需要在工厂完成，如果采用BIM技术进行设计，可以将设计阶段的BIM数据直接传送到工厂，通过数控机床对构件进行数字化加工，对于具有复杂几何造型的建筑构件，可以大大提高生产效率。

在协同化应用方面,物联网、移动应用等新的客户端技术迅速发展普及,依托于云计算、大数据等服务端技术能实现真正的协同,满足工程现场数据和信息的实时采集、高效分析、及时发布和随时获取,形成"云+端"的应用模式。这种基于网络的多方协同应用方式可与BIM技术集成应用,形成优势互补。一方面,BIM技术提供了协同的介质,基于统一的模型工作,降低了各方沟通协同的成本;另一方面,"云+端"的应用模式可更好地支持基于BIM模型的现场数据信息采集、模型高效存储分析、信息及时获取沟通传递等,为工程现场基于BIM技术的协同提供新的技术手段。

在普及化应用方面,从标志性项目应用向一般项目应用延伸。随着企业对BIM技术认识的不断深入,很多BIM技术的相关软件逐渐成熟,应用范围不断扩大,从最初应用于一些大规模、标志性的项目,发展到近两年已开始应用到一些中小型项目,基础设施领域也开始积极推广BIM技术应用。

三、BIM技术的特点与价值

(1) BIM技术的特点。

①以构件为基础单元。BIM模型的基础单元是建筑构件,即BIM模型是由众多的建筑构件构成的数字化模型,这一点与现实的建筑构成情况一致,已完全不同于传统三维模型由点、线、面等模拟建筑构件的情况。

②数字化特征。BIM模型是基于计算机技术的数字化模型,具有可识别性、可计算性。

③空间性特征。BIM模型是在三维空间上的工程模型的表达,是立体的而不是平面的,作为一种设计手段,BIM模型几乎颠覆了设计师传统的工作方式。

④共享性特征。BIM模型作为数字化计算机模型,可以供工程寿命周期内各参与单位使用,包括建设单位、设计单位施工单位、供应商、物业管理单位等。为了更好地发挥BIM模型的优势,必须通过这些单位的使用收集更多的模型信息,以创造更高的价值。

⑤可计量性特征。正因为BIM模型是由许多不断细分的工程构件构成的数字化建筑信息模型,它是可以识别、可以计量的。借助BIM模型,可以快速统计各种工程量和构件数量。

⑥信息广泛的特征。BIM模型可以包含非常广泛的信息,有的专业人士甚至提出,可以包含所有与工程设施相关的信息。它不仅可以包含设计意图、工程表现等各种设计信息,还可以加载各种构件的施工时间信息,甚至包括质量验收信息、供应商信息等。

⑦易于理解的特征。BIM模型是对于建筑信息的三维空间表达,大大降低了模型使用者对工程信息的理解难度。几乎无须借助任何专业知识,使用者可以很快了解三维模型的工程细节,而这一点在二维图纸中很难做到。

⑧全寿命周期可用性。BIM模型在工程全寿命周期范围内各个阶段均具有很强的适用性,甚至可以说,一旦BIM建立,它在整个工程寿命周期的各个阶段都是可用的,特别是它通过数字化的手段,向工程的运营管理者提供了准确、全面的工程设计和施工信息,为后期运营管理机构提供了极大的便利。

(2) BIM应用的价值。

BIM技术是贯穿于建设全过程的技术模式。在工程建设的施工阶段,是将建设项目规划设计变成现实的关键环节,施工企业建立以BIM应用为载体的项目管理信息化体系,能够提升施工建设水平,保证施工质量,得到更多的经济效益。BIM技术在路桥行业施工阶段具体应用价值体现在以下几个方面:

①三维渲染,宣传展示,给人以真实感和直接的视觉冲击。依据施工计划,形象地展示场地和大型设备的布置情况,复杂节点的施工方案,施工顺序的选择。进行4D的模拟,对不同的施工方案进行对比选择等。建好的BIM模型可以作为二次渲染开发的模型基础,显著提高了三维渲染效果的精度与效率,给建设单位更为直观的宣传介绍,提升中标可能性。

②快速计算,大幅提升精度。BIM数据库的创建,通过建立6D关联数据库,可以准确快速计算工程量,提升施工预算的精度与效率。由于BIM数据库的数据精细度达到构件级,可以快速提供支撑项目各条线管理所需的数据信息,有效提升施工管理效率。通过BIM模型提取材料用料、设备统计、管控造价,预测成本造价,从而为施工单位项目投标及施工过程中的造价控制提供合理的依据。

③精确计划,减少浪费。施工企业精细化管理很难实现的根本原因在于海量的工程数据无法被快速准确获取以支持资源计划,致使经验主义盛行。而BIM的出现可以让相关管理人员快速、准确地获取工程基础数据,大大减少了资源、物流和仓储环节的浪费,可为施工企业实现限额领料、消耗控制等精确人才计划提供有效技术支撑。

④虚拟施工,有效协同。三维可视化功能再加上时间维度,可以进行虚拟施工。随时随地、直观、快速地将施工计划与实际进展进行对比,同时进行有效协同,施工方、监理方,甚至非工程行业出身的建设单位领导都能够对工程项目的各种问题和情况了如指掌。通过BIM技术结合施工方案、施工模拟和现场视频监测,可大大减少建筑质量问题、安全问题,减少返工和整改的次数。

⑤碰撞检查,减少返工。BIM最直观的特点在于三维可视化,利用BIM的三维技术在前期可以进行碰撞检查,优化工程设计,减少在工程施工阶段可能存在的错误损失和返工的可能性,而且提供优化净空、优化管线的排布方案。施工人员可以利用碰撞优化后的三维管线方案,进行施工交底、施工模拟,提高施工质量,同时也提高了与建设单位之间沟通的能力。

第二节 BIM技术在全过程工程咨询的应用

一、设计阶段应用点

(1)可视化设计。

对于设计师而言,除了用于前期构思和阶段成果展现,大量的设计工作还是要基于传统CAD(计算机辅助设计)平台,使用平、立、剖等三视图的方式表达和展现自己的设计成果。这种由于工具原因造成的信息割裂,在遇到项目复杂、工期紧张的情况下,非常容易出错。BIM的出现使得设计师不仅拥有了三维可视化的设计工具,所见即所得,更重要的是通过工具的提升,使设计师能使用三维的思考方式来完成建筑设计,同时也使建设单位及最终用户真正摆脱技术壁垒的限制,随时知道自己的投资能获得什么。例如,在大桥工程中,主桥、引桥的 3D 混凝土实体模型上可直观形象地反映工程实际情况,最直接地发现设计中的错误和不合理之处并予以改进。

(2)协同设计。

现有的协同设计主要是基于 CAD 平台,并不能充分实现专业间的信息交流。这是因为 CAD 的通用文件格式仅仅是对图形的描述,无法加载附加信息,导致专业间的数据不具有关联性。BIM 的出现使协同不再是简单的文件参照,BIM 技术为协同设计提供底层支撑,大幅提升协同设计的技术含量。借助 BIM 的技术优势,协同的范畴也从单纯的设计阶段扩展到工程项目的全寿命周期,需要规划、设计、施工、运营等各方的集体参与,因此具备了更广泛的意义,从而带来综合效益的大幅提升。

(3)性能化分析。

利用 BIM 技术,在设计过程中创建的虚拟建筑模型已经包含了大量的设计信息(几何信息、材料性能、构件属性等),只要将模型导入相关的性能化分析软件中,就可以得到相应的分析结果,原本需要专业人士花费大量时间输入大量专业数据的过程,如今可以自动完成,这大大降低了性能化分析的周期,提高了设计质量,同时也使设计单位能够为建设单位提供更专业的技能和服务。

(4)校核施工图纸错误、专业冲突及不合理问题。

对全专业、全过程或指定区域(和系统)进行三维建筑信息模型建模,校核施工图纸错误、专业冲突及不合理问题,协助解决设计问题,并进行各专业之间的碰撞检查,对其中不合理的地方进行反馈与优化。强化设计协调、减少因"错、缺、漏、碰"导致的设计变更,提高设计效率和设计质量。建模过程中,将发现的图纸问题,用二维和三维的展现形式反馈给设计部门,做好预控,提前解决问题,减少了过程中的变更。通过建模识图、三维可视及局部碰撞,能够清晰地发现部分设计问题,并直观表述给设计部门。铺前跨海大桥工程在 BIM 应用前期建立了主桥、引桥的精细化模型,通过把设计图纸的思想整合到 BIM 三维模型中,对预应力管道与主筋的布置、钢锚梁与索塔连接部位等的三维模型进行碰撞检测,提前预见哪些地方存在碰撞,在问题发生之前发现并解决问题,为后期施工提前排除困难、保驾护航。

(5)工程量统计。

BIM 是一个富含工程信息的数据库,可以真实地提供造价管理所需要的工程量信息,同时借助这些信息,计算机可以快速高效地对各种路桥构件进行统计分析,显著减少了烦琐的人工操作和避免潜在错误,非常容易实现工程量信息与设计方案的完全一致。通过 BIM 获得的精准工程量统计结果可用于前期设计过程中的成本估算、在建设单位预算范围内不同设计方案的探索或者不同设计方案建造成本的比较,以及施工开始前的工程量预算和施工完成后的工程量决算。

(6)场地分析。

BIM 结合 GIS(地理信息系统),通过拟建道路、桥梁空间数据模型,可以实现更加真实化的场景设计。该项功能可根据施工场地的现实条件和特点,完成更为理想的场地规划、交通流线组织关系及内部设施布局等设计。

二、施工阶段应用点

(1)施工进度模拟。

将 BIM 模型与施工进度计划相链接,将空间信息与时间信息整合在一个可视的 4D(3D+时间)模型中,可以直观、精确地反映整个建筑的施工过程,把握工程实际进度。

(2)管线综合优化。

利用 BIM 技术,通过搭建各专业的 BIM 模型,设计师能够在虚拟的三维环境下方便地发现设计中的碰撞冲突,从而大大提高了管线综合的设计能力和工作效率。依据设计文件,利用搭建好的模型,按设计和施工规范要求将各专业管线和设备进行综合排布,既满足功能要求,又满足净空、美观要求。这不仅能及时排除项目施工环节中可能遇到的碰撞冲突,显著减少由此产生的变更申请单,更大大提高了施工现场的生产效率,降低了由于施工协调造成的成本增长和工期延误。

(3)施工组织模拟。

基于 BIM 技术对施工进度可实现精确计划、跟踪和控制,动态地分配各种施工资源和场地,实时跟踪工程项目的实际进度,并通过计划进度与实际进度进行比较,及时分析偏差对工期的影响程度以及产生的原因,采取有效措施,实现对项目进度的控制。在重大基础设施工程施工组织中建造 BIM 的 4D 虚拟模型,清晰直观地展现动态模拟过程,形象直观、动态模拟施工阶段过程和重要环节施工工艺,将多种施工及工艺方案的可实施性进行比较,为最终方案优选决策提供支持,将多种施工方案进行可实施性比选,选择出最优施工方案。动态跟踪可视化施工组织设计(4D 虚拟建造)的实施,对于设备、材料到货情况进行有效预警,同时通过进度管理,将现场实际进度完成情况反馈"BIM 信息模型管理系统"中,与计划进行对比、分析及纠正偏差,实现施工进度的有效控制管理。

(4)施工总平面三维布置。

通过相应的 BIM 软件,将二维的施工平面布置图建立成为直观的三维模型,模拟场地的整体布置情况。通过 3D 漫游,展现现场设施布置情况,提前发现和规避问题,根据内嵌规范对布置情况进行合理性检查。自动生成工程量,为场布提料提供依据,避免浪费。也可更直观辅助投标、施工组设计及方案交底。

(5)施工进度控制。

当前建筑工程项目管理中经常用横道图表示工程的进度计划,其可视化程度比较低,无法清晰描述施工进度以及各种复杂关系,难以准确表达工程施工的动态变化过程。重大基础设施工程施工的进度管理是指对工程项目各施工阶段的工作内容、工作程序、持续时间和逻辑关系制订计划,并将该计划付诸实施。最新的 BIM 技术为解决重大基础设施工程施工进度的动态化管理提供了一个良好的技术支持和应用平台。在项目工程实施过程中需要考虑项目进度。一旦出现偏差需及时分析原因,并组织相关项目负责部门沟通讨论有效的应对措施,协调整个工程进度计划,保证项目能够按时交工,完成交付工作,确保各个阶段进度目标的实现。

(6)质量管理。

通过现场施工情况与模型的对比分析,从材料、构件和结构三个层面控制质量,可以有效避免质量通病的发生。对于有省级、国家级优质工程奖的创优项目,可以基于BIM技术进行创优策划、优质施工样板引领效果、优质施工工艺模拟与跟踪等创优质量管理。可以在施工前对施工班组进行基于BIM技术的可视化质量技术交底,进行开工前的培训,为工人实际操作提供参考,从而减少实际操作失误。现场施工管理人员需要实时将现场问题进行拍照、对问题进行描述并上传至项目协同平台,通过与模型进行关联,有效地跟踪质量控制问题,精确控制质量管理信息。

(7)安全管理。

应用BIM技术施工模拟,提前识别施工过程中的安全风险,进行危险识别和安全风险规避。基于安全信息集成和共享,可以实现施工全过程动态安全管理。可以在施工前利用BIM技术对施工班组进行可视化安全作业交底,进行开工前的培训,为施工班组实际操作提供参考,从而减少违章作业。现场施工管理人员可以实时地将现场问题进行拍照、对问题进行描述并上传至项目协同平台,通过与模型关联,有效地跟踪安全控制问题,进行任务信息共享与管理。

三、竣工交付阶段应用点

(1)通车前的准备辅助。

利用模型,进行通车前的各项检查、测试和模拟,包括空间、设备、设施、流线等,若有必要,可进行进一步完善与优化。

(2)设备及系统调试辅助。

利用模型,辅助制定设备或系统调试方案和应急预案,开展重要设备及系统调试。利用模型进行设备及系统调试的方案审核和风险分析,例如可通过BIM技术分析各系统之间的拓扑结构及影响关系。一旦发生问题,可辅助开展问题分析或应急方案制定。根据调试结果,完善BIM技术中的相应数据。

(3)人员培训。

利用BIM技术,对运维人员进行培训,包括熟悉空间、设施、设备和流线等,以保证开办工作的顺利开展。

(4)BIM技术成果验收及移交。

对照相关合同及其他约定,组织BIM技术成果验收。验收可采用会议验收或委托方自行验收方式,具体验收工作建议由委托方组织,可邀请相应专家参与。若引入BIM技术咨询单位,则其他参与方的BIM技术成果验收可由BIM技术咨询单位组织。将验收或根据验收意见修改后的BIM技术成果移交给委托方,成果包括并不限于模型、报告、图片及视频等各类电子或纸质文档。

(5)竣工验收及保修管理辅助。

可利用BIM技术的可视化模型以及相应参数,辅助竣工验收。若在竣工验收过程中发现模型信息错误或者不准确,或者需要进一步补充或深化模型,或者需要针对整改后的部分进行模型构建或修改,可根据约定或者协商进行模型完善。利用BIM技术,辅助工程缺陷的修复及跟踪。并根据修复结果,进一步完善模型。可根据重要构件、设备设施维修、保养的内容清单及技术文件,完善模型中的相应信息,为运维阶段BIM技术应用提供基础信息。

(6)竣工结算、决算、审计及后评估辅助。

可利用 BIM 技术进行工程量的校核,以及工程变更的校核,辅助竣工结算。针对结算过程中的疑难分歧,可利用 BIM 技术进行辅助分析。可利用 BIM 技术进行决算分析,形成投资分析报告和知识模型,为后续同类项目提供参考建议。如有必要,利用 BIM 技术配合审计单位完成工程审计工作,或利用 BIM 技术配合项目后评估工作。

(7)竣工档案管理。

和 BIM 技术相关的竣工档案需要满足现有规范和规定的要求,包括模型、视频、音频、文档及图片等各类形式的档案建议按照国家及地方要求进行组卷、编码、签名(或电子签名)等工作,并保证信息的准确性和完整性。

四、运营维护阶段应用点

(1)建设健康监测系统。

重大桥梁基础设施工程的健康监测工作非常重要,通过基于 BIM 技术的可视化搜索、展示、定位和监控,大幅度提高健康监测系统查询的效率、定位准确程度以及应急响应速度,以应对越来越复杂的桥梁健康监测系统,并考虑与现有后勤智能化平台进行对接。支持基于 BIM 技术的拓扑结构查询,以查找、定位、显示甚至控制上下游设备,辅助分析故障源以及故障的影响范围。设备模型信息与实时监控数据的对接方案及实现,能按设备、按点位和按使用空间进行分类、分组显示。根据不同设备特点和需求,设置报警值(或动态值)及异常事件触发后的可视化展示方式。监控和监测日志应包括时间、设备空间信息、监测事件、监测视频和归档档案等。大修改造项目需要做好原有监测设备和新增设备的模型记录。在大修过程中应记录好因施工而影响的监测部位和监测设备的原有方案、临时方案和最终方案,以便后期恢复和查证。

(2)能耗分析及管理。

利用 BIM 技术,集合设施能耗计量系统,生成能耗数据,对能耗进行分析,以此制定优化方案,降低能耗及运维成本,打造智慧绿色桥梁。

①BIM 技术与能耗数据的集成方案及实现。包括通过相应接口或传感器等多源数据的集成和融合。

②能耗监控、分析和预警方案及实现。包括远程实时监控以及预警的可视化展示、定位和警示提醒等。

③设备的智能调节方案及实现。基于能源使用历史情况的统计分析,自动调节能源使用方案,也可根据预先设置的能源参数进行定时调节,或者根据外部气候条件自动调整运行方案。

④能耗的预测及方案优化。根据能耗历史数据,预测未来一定时间内的能耗使用趋势,合理安排设备能源使用计划。生成能耗分析报告或将能耗数据传递到其他系统,进行标杆分析,为各管理部门提供决策服务。

(3)设备设施维护管理。

将相应信息集成,生成前瞻性维护计划,例如自动提醒维护人员,驱动维护流程,对需要更新或保养的设备或配件实现主动式智慧维护管理，保障设备运行的高可靠性，降低运维成本，为桥梁高效能运行提供基本保障。基于BIM技术及RFID（射频识别）、二维码、桥梁定位等技术，实现设备设施的运行监控、故障报警、应急维修辅助，快速响应突发事件，保障桥梁的运营安全。

(4) 运维人员培训。

① 运维管理培训方案和培训计划的制订：根据BIM技术特点，提出基于BIM技术的培训计划、培训目的和培训方案，尤其是对桥梁重点部位、重要区域和关键设备，制订详细的培训计划。

② 培训准备：包括模型、数据和软硬件等方面。

③ 基于BIM技术的培训实施：例如日常运行监控、设备查看、场景展示和模拟演练等。借助BIM技术可视化模型、基于BIM技术的运维平台（或现有其他运维平台）、VR（虚拟现实技术）以及AR（增强现实技术）设备等，通过浏览、查看、模拟与沉浸操作，增强运维人员的沉浸感、体验感和直观感受，使他们能快速掌握设施特点、位置信息、操作特点和运维要求等，提高培训效率和效果。

(5) 模型及文档管理。

将项目全生命周期的模型信息、数据信息、文档资料统一管理，实现项目运维数据、模型及资料数据库建设，为项目成员提供资料的检索、预览、批注和版本管理。

(6) 资产管理。

利用运维模型数据，评估改造和更新桥梁资产的费用，建立维护和模型关联的资产数据库。通过对桥梁、设备和设施的数字化、虚拟化形成数字化资产，这些数据对资产管理及桥梁运维具有长期价值。基于BIM技术及二维码、RFID等技术进行资产信息管理，包括资产的分类、编码、价值评估和维护记录等。利用BIM技术的可视化特点，以方便资产的管理。通过手持终端、台账同步等方式，进行资产信息的更新和维护，并实现集中式存储、管理和共享。

资产管理的数据分析及决策咨询。通过数据的利用和挖掘，数据的集成与融合，以及数据驱动的应用，最大化地实现设备全寿命周期运行的保值和增值。随着桥梁不断进行改造和大修，需要保证历史数据的记录以及数据的更新，要对数据创建、产生、使用等全过程进行职责划分，要提出数据要求和数据标准。

(7) 应急管理。

利用BIM技术及相应灾害分析模拟软件，模拟灾害发生过程，制定应急预案、应急疏散和救援方案等。针对意外事件、突发事件和突发故障，通过实时数据的获取、监控调用，利用智能化系统、BIM技术数据和可视化展示方式，预警事故发生，显示疏散路径，制定或评估应急方案，提高公路桥梁工程运营期的应急管理和弹性管理水平。

第三节　BIM技术应用成果

BIM技术应用成果一览表如表12.2所示。

BIM 技术应用成果一览表　　　　　　　　　　　　表 12.2

序号	咨询内容	咨询管理成果
1	BIM 策划阶段	BIM 实施策划方案
2	设计阶段 BIM 应用	设计阶段 BIM 模型； 设计阶段 BIM 建模报告； 设计阶段 BIM 应用报告； BIM 模型碰撞检测报告
3	施工阶段 BIM 应用	施工阶段 BIM 模型； 施工阶段 BIM 建模报告； 施工阶段 BIM 应用报告； BIM 模型碰撞检测报告
4	竣工交付阶段 BIM 应用	BIM 竣工模型； 竣工交付阶段 BIM 建模报告； 竣工交付阶段 BIM 应用报告
5	运营维护阶段 BIM 应用	运维阶段 BIM 应用策划方案； 运维阶段 BIM 模型； 运维阶段 BIM 建模报告； 运维阶段 BIM 应用报告
6	BIM 应用总结评估	BIM 应用总结评估报告

案例 12.1　海南铺前跨海大桥全过程工程咨询的 BIM 技术应用方案

结合海南铺前跨海大桥全过程项目管理的契机,中咨集团海南铺前跨海大桥项目管理指挥部与建设单位、设计、施工以及科研单位紧密合作,从桥梁建设管理的全过程着手,全面推进 BIM 技术的应用,以提高生产效率、节约人力物力成本,并为后期运营维护提供前期信息成果数据支撑。海南铺前跨海大桥 BIM 技术应用平台主要依托 PC(个人计算机)客户端和移动 App 结合使用,3D 模型建立采用 Revit、AutoCAD、Tekla 等软件。主要实施内容包括以下几方面：

(1)设计阶段。

①海南铺前跨海大桥 3D 建模。

通过对海南铺前跨海大桥主桥及引桥二维图纸进行翻模,建立全桥 3D 模型(包括混凝土实体模型和钢筋实体模型),通过 3D 建模直观展示桥梁三维立体信息,同时也为 4D 施工进度管理和 5D 施工动态资源管理铺垫基础。3D 模型的建立使工程建设过程立体化、可视化,方便建设单位、施工、设计等不同部门对项目的建设进行实时控制、实时管理。海南铺前跨海大桥 3D 模型图如图 12.1 所示。

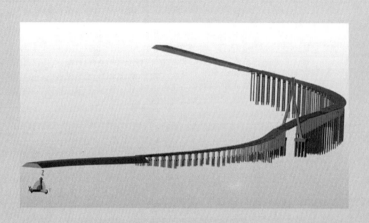

图12.1 海南铺前跨海大桥3D模型图

主桥、引桥3D混凝土实体模型可直观形象地反映工程实际情况,在模型中可最直接地发现设计中的错误和不合理;在项目建设过程中结合时间维度(状态信息),可以虚拟大部分的施工过程。施工单位在工程建设过程中将各分部分项工程的工程量、施工方案、施工时间等信息录入BIM模型中对应模型单元,方便项目实施和工程量对比。在主桥、引桥3D钢筋实体模型上,通过与原设计图纸进行钢筋数量对比,指挥部编制完成了《海南铺前跨海大桥BIM模型建模报告》,以便于后续指导施工。

海南铺前跨海大桥3D模型应用突破了传统的技术交底形式,针对新入职技术人员和首次接触特殊复杂结构的桥梁技术人员无法快速正确理解图纸情况,利用三维模型进行技术交底,有效地解决交底空洞的问题。以本项目海口侧引桥桥墩为例,桥墩设计为花瓶墩,其钢筋图对于新技术员较难理解,通过钢筋3D建模,使技术员对钢筋图的理解更加直观。

②海南铺前跨海大桥模型碰撞校核。

项目在BIM应用前期建立了大桥全桥精细化模型,通过把设计图纸的思想整合到BIM三维模型中,对大桥主要构件连接部位的钢筋模型进行碰撞检测,提前预见哪些地方存在碰撞,在问题发生之前发现解决问题,为后期施工提前排除困难、保驾护航。

通过对海南铺前跨海大桥3D模型不同构件连接处的钢筋(包括预应力管束、钢板、排水管等)进行碰撞检测,指挥部编制完成了《海南铺前跨海大桥BIM模型碰撞检测报告》,主要检测到主桥主墩处桩基与承台钢筋碰撞29处,主塔横梁预应力管束与钢筋碰撞14类,主塔锚固区预应力管束与钢筋碰撞11类,钢箱梁及其附属结构碰撞7类。直接地发现了设计中的错误和不合理,避免了在施工过程中的返工和滞工,有效加快项目进度,减少材料浪费,节约了建设单位的建设成本,特别是对于钢箱梁及其附属结构所产生的效益意义重大,有效避免了钢箱梁工厂化车间高度智能化集成制造过程中产生的损失。大桥模型碰撞校核如图12.2所示。

（2）施工阶段。

①4D 施工进度管理。

结合海南铺前跨海大桥的桥型结构方案,对海南铺前跨海大桥进行施工模拟,在 3D 模型基础上引入施工进度维度,并进行 WBS(工作分解结构)分解。通过三维场景平台来直观地反映工程项目管理中的计划进度、实际进度、进度偏差等信息,清晰展示工程实际进展及延误情况,提高施工管理效率。

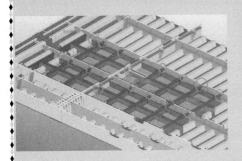

图 12.2　海南铺前跨海大桥模型碰撞校核图

在施工现场,每个施工部位均粘贴二维码,通过移动端 App 现场扫描即可获得该构件信息,可追溯各构件的施工日期、钢筋批次、施工班组、负责的技术人员及施工进度。可追溯性加强了现场管理人员的责任意识。建立了沙盘中各构件的节点状态,通过实时录入现场施工状态,可直观地看到现场施工进度,模拟施工工艺及工序,对施工工期进行整体把控。

②施工动态资源管理。

通过在 4D 模型上导入预算定额数据或工程量清单数据,建立与构件及 WBS 的关联,自动计算工程量以及累计工程量;自动计算工程建筑材料等资源的计划用量和实际消耗量,提供计划和消耗的对比分析;自动计算建筑材料工程成本,提供成本计划和实际支出的对比分析。

本项目桥梁异形结构较多,复核混凝土方量较为困难,如理论计算四面花瓶墩的方量需要运用二重积分,箱梁方量需分为多段计算合并,曲线段箱梁则只能简化为直线段近似计算。本项目通过 BIM 应用,在三维模型基础上得出精确混凝土方量,使台账更为准确。

③工程项目管理系统应用。

工程管理系统包含进度查询、变更管理、合同计量管理、质量安全管理、进度控制功能。BIM 系统实现统一的信息化流程管理平台,规范施工用表管理、数字化技术资料管理、竣工档案管理,对工程项目实施系统化、规范化、信息化管理。

通过 BIM 技术应用,本项目实现了施工现场质量和安全以及环保的信息化管理,各参建单位通过质量安全日常巡查将发现的问题及时拍照上传至 BIM 系统并关联至相应构件位置,推送给相关责任人员及直管领导,督促施工单位进行整改,提高流转效率,信息准确便于核实;通过提前录入施工班组人员和机械设备信息,实名化施工人员管理,可以准确掌握各施工阶段各施工区域人员及设备数量与信息,并达到设备定期维护提醒功能;通过提前录入各施工节点及构件施工计划,达到施工提醒功能;根据现场施工状态,对各工序所需的人机料进行提前考虑及配置;对已完成施工构件进行资料上传,将原始资料归档上传关联至相应构件位置,方便资料查阅,直观表达资料的完整性。

④与视频监控系统对接应用。

BIM系统接入现场视频监控系统(图12.3),通过无线网络实现对施工现场、施工机械与人员远程监控实时管理,当发生违规施工与操作时,可通过视频截图作为证据对施工进行整改。系统实时24h全天候监控并录像保存数据,并可随时调看。该系统与4D进度管理相结合,提供实际的工程进展视频,对施工进度、施工安全、施工质量管理提供了有力的保障措施。

图12.3　BIM系统接入视频监控系统

(3)运营阶段管理应用及探索。

桥梁运维阶段是全寿命周期中最长的阶段,也是花费成本最大的阶段,设计及施工阶段的信息数据是运营管理养护重要的信息依据,实现信息的共享和传递至关重要。为此中咨集团指挥部依托BIM技术,将桥梁运营维护阶段的健康监测系统纳入BIM管理系统,为桥梁健康监测数据提供输入输出接口,实现桥梁健康监测点定义指定、监测分析数据输入、安全预警显示功能,达到监测数据与BIM模型相互对应与直观识别功能,具体为:①借助漫游和预定义视图等功能,使用者可快捷地浏览结构健康监测系统的构成,系统地了解监测方案;②点击传感器的BIM模型直接查看对应传感器的实时数据;③在BIM平台上发布实时预警和状态评估的结果,可使监测成果得到更直观形象的展示,并且有利于结合设计、施工及监测等多方面信息作出合理决策,另外对于本项目突出的抗震问题,与海南地震台网进行对接,强震发生时提供实时预警。

通过BIM平台管理桥梁结构健康监测系统设备的信息,包括传感器、数据采集与传输设备、数据存储与处理设备等各种设备的生产厂家、产品型号、性能参数与安装位置等信息。

BIM 技术与运维阶段桥梁健康监测系统的结合,实现工程信息的全过程无损传递共享,使 BIM 应用技术真正实现全寿命周期的一体化。

(4)总结与展望。

通过 BIM 技术解决桥梁结构在全寿命周期的多组织、多阶段、多介质的信息共享问题,利用一个唯一的 BIM 模型,使桥梁信息在前期、设计、施工和运营维护等全过程充分共享、无损传递,为桥梁结构从前期规划到后期运营管理全生命周期中的所有决策提供可靠的依据,实现设计、施工、运营维护一体化,最大限度地发挥信息化技术的效果,实现 BIM 技术的重要革新和飞跃。

BIM 技术重要生命力在于信息的全过程共享传递,海南铺前跨海大桥工程项目恰好是中咨集团全过程管理的一个典型项目,通过前期立项、设计、施工管理及运营的 BIM 应用及探索,可为公路桥梁建设的信息化产业技术进步及革新提供丰富的实践经验和有益的思考。

大事记 Events

(1)通过公开招标,2009年12月文昌市政府与中咨集团签订了海南铺前大桥项目管理承包(PMC)委托意向协议,中咨集团正式承担海南铺前跨海大桥项目管理承包任务。

(2)2010年12月,中咨集团完成预可行性研究报告(代项目建议书)的编制工作。

(3)2012年4月28日,国家发展和改革委员会通过了对铺前跨海大桥预可行性研究报告(代项目建议书)的审查,并出具了《关于海南省铺前跨海大桥项目建议书的批复》(发改基础〔2012〕1141号),同意建设海南铺前跨海大桥工程项目。

(4)2012年8月,中国工程院院士范立础主持开展海南铺前跨海大桥抗震课题研究工作。

(5)2012年10月,中咨集团编制完成《海南铺前跨海大桥工程可行性研究报告》。

(6)2013年4月19日,海南省交通运输厅成立铺前跨海大桥工程建设指挥部,代表省厅履行铺前跨海大桥建设项目法人职责,张迎春任厅建设指挥部指挥长。

(7)2013年7月1日,海南省国土环境资源厅对《铺前跨海大桥(引线)工程环境影响报告书》进行批复。

(8)2013年9月23日,海南省发展和改革委员会对本项目的工可报告进行了批复,并出具了《关于铺前跨海大桥工程可行性研究报告的批复》(琼发改审批〔2013〕1774号),确定了铺前跨海大桥项目的建设规模和技术标准。

(9)2013年12月,中咨集团根据项目管理承包合同约定完成了初步设计(勘察)工作,并通过海南省交通运输厅组织的评审。

(10)2014年7月21日,由中咨集团完成的铺前跨海大桥初步设计通过并取得海南省发展和改革委员会的批复(琼发改审批〔2014〕1109号),进一步明确了建设方案和技术标准,批复了项目概算。

(11)2015年1月,中咨集团筹备组完成了海南铺前跨海大桥项目管理指挥部驻地建设工作。

(12)2015年2月11日,中咨集团发文《关于成立中国公路工程咨询集团有限公司海南铺前跨海大桥项目管理指挥部的函》(中咨总函〔2015〕8号),研究决定成立中国公路工程咨询集团有限公司海南铺前跨海大桥项目管理指挥部,并任命吴敬武同志为指挥长,张汉生、孙平宽同志为副指挥长。

(13)2015年3月6日,在文昌市铺前镇举行了铺前跨海大桥水域配套工程开工仪式,参加仪式的有海南省交通运输厅、海口市政府、文昌市政府、中国公路工程咨询集团有限公司、设计单位和施工单位的领导及代表。标志着铺前跨海大桥的建设正式拉开了序幕。

(14) 2015年3月,在同济大学多功能振动实验室开展铺前跨海大桥230m+230m独塔斜拉主桥和跨断层引桥振动台试验,对施工图设计提供了技术支撑。

(15) 2015年4月18日,海南铺前跨海大桥两阶段施工图设计在海口市通过专家评审。

(16) 2015年5月,海南省交通运输厅对铺前跨海大桥(主体工程)施工图设计进行批复,出具了《海南省交通运输厅关于铺前跨海大桥(主体工程)施工图设计的批复》(琼交运函〔2015〕614号)。

(17) 2015年6月15日,海南省人民政府政务服务中心对海南铺前跨海大桥工程施工中标单位进行公示。

(18) 2015年7月16日,时任海南省省长刘赐贵到铺前跨海大桥现场视察工作。

(19) 2015年7月18日,在海口举行海南铺前跨海大桥工程施工、监理合同签字仪式,时任中咨集团董事长、总经理王国锋出席。

(20) 2015年10月10日,监理单位发布海南铺前跨海大桥开工令,标志着主体工程正式开工。

(21) 2015年10月29日,现任中国工程院院士陈政清参加海南铺前跨海大桥抗风课题成果验收会。

(22) 2015年11月30日,海南铺前跨海大桥斜拉桥主塔桩基开始施工。

(23) 2015年12月14日,中国工程院院士郑健龙到海南铺前跨海大桥考察海砂疏浚情况。

(24) 2015年12月18日,海南铺前跨海大桥引桥桩基开始施工。

(25) 2016年3月12日,海南省省委常委、常务副省长毛超峰到铺前跨海大桥工地视察工作。

(26) 2016年3月17日,中咨集团领导到海南铺前跨海大桥项目视察工作。

(27) 2016年3月26日,海南铺前跨海大桥斜拉桥主塔第一根4.3m大直径桩基开始钻孔施工。

(28) 2016年4月25日,海南铺前跨海大桥斜拉桥主塔第一根4.3m大直径桩基混凝土浇筑完成。

(29) 2016年5月10日,交通运输部督查组对海南铺前跨海大桥项目进行海南省公路、水运建设市场综合督查。

(30) 2016年6月22日,海南省交通工程建设局相关领导到铺前跨海大桥检查工作。

(31) 2016年6月24日,海南省交通运输厅总工程师刘闯到铺前跨海大桥检查工作,时任海南省交通工程质量监督管理局局长王成斌陪同。

(32) 2016年6月25日,海南铺前跨海大桥首个承台开始浇筑。

(33) 2016年7月14日,时任中咨集团副总经理张德芬、王晓东一行到海南铺前跨海大桥项目调研BIM研发应用。

(34) 2016年8月7日,海南省省委常委、常务副省长毛超峰视察海南铺前跨海大桥并召开现场办公会。

(35) 2016年10月1日,时任海南省省长刘赐贵一行到铺前跨海大桥工地检查工作,并慰问一线工人。

(36)2016年10月13日,海南铺前跨海大桥斜拉桥主塔32根4.3m超大直径桩基全部施工完成。

(37)2016年10月16日,海南铺前跨海大桥海口侧引桥首段预应力箱梁开始混凝土浇筑。

(38)2016年11月4日,时任中咨集团副总经理刘子剑到海南铺前跨海大桥调研BIM系统应用情况。

(39)2016年11月24日,时任交通运输部安全总监成平到海南铺前跨海大桥检查指导安全工作。

(40)2016年11月28日,中国工程院院士郑皆连到海南铺前跨海大桥指导工作,并参加大桥钢箱梁桥面铺装技术研讨会。

(41)2016年12月4日,原交通运输部公路局局长李彦武到海南铺前跨海大桥视察工作。

(42)2016年12月12日,海南铺前跨海大桥斜拉桥主塔右幅承台浇筑完成。

(43)2017年1月12日,铺前跨海大桥斜拉桥主塔左幅承台浇筑完成,至此主墩承台全部浇筑完成。

(44)2017年2月14日,时任海南省交通运输厅厅长董宪曾一行到海南铺前跨海大桥调研工程建设情况,省交通运输厅总工程师刘闯及文昌市相关领导陪同检查。

(45)2017年2月17日,国务院国资委国有重点大型企业监事会主席李萍、中交集团副总经理甄少华一行到海南铺前跨海大桥项目调研指导工作。

(46)2017年3月14日,中国工程院院士郑健龙到海南铺前跨海大桥指导工作。

(47)2017年4—6月,海南铺前跨海大桥先后被列为2017年度中国交建、海南省交通运输厅品质工程创建示范重点项目。

(48)2017年4月13日,海南省交通运输厅副厅长姚建勇到海南铺前跨海大桥检查指导工作。

(49)2017年5月13日,海南铺前跨海大桥文昌侧引桥首段混凝土箱梁开始混凝土浇筑。

(50)2017年7月8日,海南省省长沈晓明一行到铺前跨海大桥项目现场调研,时任中咨集团总经理李志军、时任中咨集团建设事业部总经理赵晓峰等陪同。

(51)2017年8月31日,中国交建副总裁王建一行到海南铺前跨海大桥项目进行安全质量环保综合督察。

(52)2017年9月28日,海南铺前跨海大桥斜拉桥主塔左右幅节段顺利合龙。

(53)2017年10月15日,海南省委副书记李军一行到铺前跨海大桥检查防台工作落实情况。

(54)2017年10月24日,时任海南省政协主席、党组书记于迅一行到铺前跨海大桥项目现场调研。

(55)2017年10月25日,中咨集团副总经理、总工程师何斌一行到海南铺前跨海大桥项目调研。

(56)2017年10月29日,原交通运输部总工程师周海涛调研海南铺前跨海大桥BIM技术应用。

(57)2017年12月22日,海南省交通运输厅副厅长张姝为主持大桥抗震课题结题验收会。

（58）2017年12月27日，海南铺前跨海大桥斜拉桥主桥首段钢箱梁开始吊装。

（59）2018年1月12日，海南铺前跨海大桥跨断裂带引桥首跨钢箱梁吊装顺利完成。

（60）2018年2月25日，时任中咨集团副总经理李明华到海南铺前跨海大桥项目进行调研。

（61）2018年3月6日，海南铺前跨海大桥工程跨断裂带引桥钢箱梁吊装全部完成。

（62）2018年4月8日，海南铺前跨海大桥斜拉桥主塔封顶。

（63）2018年4月18日，时任交通运输部安全总监成平到海南铺前跨海大桥检查防台部署工作。

（64）2018年4月23日，中国工程院院士谢礼立参加海南铺前跨海大桥抗震课题创新成果评价会。

（65）2018年4月25日，海南铺前跨海大桥项目荣获海南省总工会授予的2018年度"海南省五一劳动奖"和"工人先锋号表彰大会"多项殊荣。

（66）2018年5月29日，海南省交通工程建设局相关领导到海南铺前跨海大桥施工工地检查调研。

（67）2018年7月10日，原海南省委书记汪啸风、原海南省政协主席王广宪等省级老干部一行到铺前跨海大桥视察参观。

（68）2018年9月5日，海南铺前跨海大桥工程引桥贯通。

（69）2018年9月15日，海南省交通运输厅总工程师刘闯一行到海南铺前跨海大桥项目检查防台工作。

（70）2018年10月，海南省纪委监委派驻省交通运输厅纪检监察组组长夏炎到海南铺前跨海大桥调研廉政风险防控情况。

（71）2018年11月3日，海南铺前跨海大桥斜拉桥主桥顺利合龙。

（72）2018年12月13日，中咨集团总经理谷志文一行到海南铺前跨海大桥调研。

（73）2019年1月2日，海南省委书记刘赐贵一行到海南铺前跨海大桥项目调研。

（74）2019年1月21日，海南省副省长王路一行到海南铺前跨海大桥项目调研。

（75）2019年2月15日，海南省政协主席毛万春一行到海南铺前跨海大桥项目调研。

（76）2019年3月，中国工程院院士郑颖人参加海南铺前跨海大桥大直径深长桩基础课题创新成果评价会。

（77）2019年3月15日，海南铺前跨海大桥工程在海口市召开交工验收会。经交工验收委员会综合评定，建设项目质量评定为合格，同意项目通过交工验收，原交通运输部公路局局长李彦武、原中交集团副总裁侯金龙等参加验收工作。

（78）2019年3月16日，海南省交通运输厅总工程师刘闯、办公室主任许教春及海南交通各系统职工代表、海南铺前跨海大桥工程建设者代表300余人参加通车健康跑。

（79）2019年3月18日，海南铺前跨海大桥举行通车典礼，海南省副省长王路参加，宣布大桥正式通车，标志着中咨集团长达十年的全过程工程咨询服务取得阶段性胜利。

（80）2019年7月10日，中咨集团成功中标海南铺前跨海大桥五年期养护项目，开始了新的运营维护期全过程工程咨询服务征程。

参考文献 References

[1] Atkin, Brian. Megaproject planning and management: Essential readings[J]. Construction Management and Economics, 2015, 33(9):1-5.

[2] Andrew Lawler. Megaproject asks: what drove the vikings? [J]. Science, 2016, 352(6283): 280-281.

[3] Cheng E W L, Li H, Drewds. Infrastructure of partnering for construction projects[J]. Journal of Management in Engineering, 2001, 17(4):229-237.

[4] Larry G, Crowley. Conceptual model of partnering[J]. Journal of Management in Engineering, 1995, 11(5):33-39.

[5] David Baccarini. The concept of project complexity-a review[J]. International Journal of Project Management,1996, 14(4):201-204.

[6] Stephen Drewer. Construction and development: A new perspective[J]. Habitat International, 1980, 5(3):395-428.

[7] John E Garen. Executive compensation and principal-agent theory[J]. Journal of Political Economy, 1994.

[8] He Q, Yang D, Li Y, et al. Research on multidimensional connotations of megaproject construction organization citizenship behavior[J]. Frontiers of Engineering Management, 2015, 2(2):148-156.

[9] Kiefer M, Jones E A E, Adams A T. Shareholders and managers as principal-agent hierarchies and cooperative teams[J]. Qualitative Research in Financial Markets, 2016,9(1):48-71.

[10] Levitt R E. Towards project management 2.0[J]. Engineering Project Organization Journal, 2011, 1(3):197-210.

[11] Miller R, Lessard D R. The strategic management of large engineering projects[J]. The Strategic Management of Large Engineering Projects, 2018, 5(2): 45-53.

[12] Muth M M, Donaldson L. Stewardship theory and board structure: A contingency approach [J]. Corporate Governance: An International Review, 1998, 6(1): 5-28.

[13] Peterman A, Kourula A, Levitt R. Balancing act: Government roles in an energy conserva-

tion network[J]. Research Policy, 2014, 43(6):1067-1082.

[14] Ralf Müller, Carlos E Y S, Milton D F C J. When do megaprojects start and finish? Redefining project lead time for megaproject success[J]. International Journal of Managing Projects in Business, 2014, 7(4):624-637.

[15] Sallinen L, Ahola T, Ruuska I. Governmental stakeholder and project owner's views on the regulative framework in nuclear projects[J]. Project Management Journal, 2011, 42(6):33-47.

[16] Williams T M. The need for new paradigms for complex projects[J]. International Journal of Project Management, 1999, 17(5):269-273.

[17] 白居,李永奎,卢昱杰,等.基于改进CBR的重大基础设施工程高层管理团队构建方法及验证[J].系统管理学报,2016,25(2):48-52.

[18] 包俊.工程项目复杂性研究与复杂性管理[D].重庆:重庆大学,2017.

[19] 北京国金管理咨询有限公司.全过程工程咨询内容解读和项目实践[M].北京:中国建筑工业出版社,2019.

[20] 程毅.浅析公路工程勘察中存在的问题及对策[J].科技资讯,2018,016(017):68,70.

[21] 陈金海,陈曼文,杨远哲,等.建设项目全过程工程咨询指南[M].北京:中国建筑工业出版社,2019.

[22] 陈鹏.综合集成方法与区域可持续发展战略规划研究[J].中国软科学,2005(10):106-111.

[23] 丁耀诚.工程勘察设计项目管理的方法与实践[J].西北水电,2003(04):70-72.

[24] 丁士昭.用国际化视野推进全过程工程咨询[J].中国勘察设计,2018,320(05):36-41.

[25] 丁士昭.全过程工程咨询概念和核心理念[J].建筑知识,2018,283(09):28-29.

[26] 王雪青.国际工程项目管理[M].北京:中国建筑工业出版社,2000.

[27] 段运峰,李永奎,乐云,等.复杂重大工程共同体的社会结构、网络关系及治理研究评述[J].建筑经济,2012(10):79-82.

[28] 邓正鹏,耿宝和.代理业主方工程项目管理的探讨与思考[J].湖北电力,2005,29(6):43-45.

[29] 邓中美.基于委托代理理论的代建制项目管理模式研究[J].重庆交通学院学报,2006(02):130-133.

[30] 付俊文,赵红.利益相关者理论综述[J].首都经济贸易大学学报,2006,8(2):1-21.

[31] 冯正霖.发挥制度作用提升道路工程勘察设计质量和水平[J].广东公路勘察设计,2016(1):43-44.

[32] 顾金福,李镇,蒋凤昌,等.工程设计与工程管理中BIM技术现状与应用价值研究[J].江苏科技信息,2019,036(002):35-37.

[33] 国宇.现代项目决策分析[M].北京:中国轻工业出版社,1993.

[34] 郭建森,宋志红,来春晖.BIM技术在项目管理公司中的应用实践[J].中国工程咨询,2018(1):65-68.

[35] 周永祥,舒新烈,童宇鹏.建设项目治理理论探讨[J].天津理工大学学报,2008(02):20-23.

[36] 何清华,范道安,谢坚勋,等.重大工程实施主体组织模式演化与博弈[J].同济大学学报(自然科学版),2016(12):24-28.

[37] 何清华,罗岚,陆云波,等.基于TO视角的项目复杂性测度研究[J].管理工程学报,2013(1):131-138.

[38] 何清华,罗岚,陆云波,等.项目复杂性内涵框架研究述评[J].科技进步与对策,2013(23):162-166.

[39] 何清华,陆云波,李永奎,等.不同复杂性条件下的项目综合优化研究[J].管理工程学报,2013(4):166-173.

[40] 何清华,罗岚,李永奎,等.世博项目的复杂性与工期和人力成本关系[J].同济大学学报(自然科学版),2012(11):158-162.

[41] 何清华,陈发标.建设项目全寿命周期集成化管理模式的研究[J].重庆建筑大学学报,2001(04):77-82.

[42] 何清华,罗岚,任俊山.项目复杂性综合优化路径实证研究——以世博ab片区建设项目为例[J].工程管理学报,2011,025(006):653-659.

[43] 何清华,陈震,李永奎.我国重大基础设施工程员工心理所有权对项目绩效的影响——基于员工组织主人翁行为的中介[J].系统管理学报,2017(1):57-65.

[44] 胡涛,查元桑.委托代理理论及其新的发展方向之一[J].财经理论与实践,2002(S3):3-5.

[45] 胡象明,唐波勇.整体性治理:公共管理的新范式[J].华中师范大学学报(人文社会科学版),2010,049(001):11-15.

[46] 霍金华,马庆喜,王承刚.浅谈水利工程建设项目后评价[J].内蒙古水利,2013(02):175-176.

[47] 黄骞,林报嘉,代成,等.基于时空大数据的公路工程信息化技术框架——以铺前跨海大桥为例[J].西部人居环境学刊,2017(1):75-77.

[48] 郝伟.桥梁加固设计方案的技术经济评价研究[J].工程管理学报,2009(2):76-79.

[49] 胡勇,郭建森,刘志伟.工程咨询理论与实践研究系列丛书:全过程工程咨询理论与实施指南[M].北京:中国电力出版社,2019.

[50] 姜军,张思琦.我国全过程工程咨询的推行障碍研究[J].建筑,2019,875(3):66-67.

[51] 姜琳.基于复杂性思想的大型工程建设项目集成化管理研究[D].天津:天津大学,2006.

[52] 蒋卫平,李永奎,何清华.大型复杂工程项目组织管理研究综述[J].项目管理技术,2009(12):20-24.

[53] 龙斌,王海樱.桥梁养护工程方法与措施[J].城市建设理论研究(电子版),2013,000(009):1-6.

[54] 骆念亲,恽燕春.BIM技术在工业化项目中的探索与应用[J].住宅科技,2016(9):9-13.

[55] 罗岚,何清华,杨德磊,等.复杂建设项目的复杂性差异特征分析[J].科技管理研究,2017,037(022):199-207.

[56] 罗岚,水悦瑶,杨德磊,等.大型建设项目复杂性量表开发与验证[J].南昌大学学报(工科版),2018,040(001):57-62.

[57] 罗岚,何清华,杨德磊,等.复杂建设项目的复杂性差异特征分析[J].科技管理研究,2017,037(022):199-207.

[58] 林梅.建设项目委托代理关系及其治理机制[J].建筑经济,2005(04):17-19.

[59] 刘敬严,韩同银,王盼.铁路建设项目利益相关者关系治理研究[J].建筑经济,2015,036(006):46-50.

[60] 陆帅,吴洪樾,宁延.全过程工程咨询政策分析及推行建议[J].建筑经济,2017(11):21-24.

[61] 李国斌,刘卓,欧阳宪.环境影响评价中费用效益分析的方法[J].环境科学与技术,2002,025(003):32-34,37.

[62] 卢明森.从定性到定量综合集成法的形成与发展[J].中国工程科学,2005,7(1):9-16.

[63] 乐云.大型复杂群体项目系统性控制关键技术研究——基于2010年上海世博会工程建设管理实践[J].建造师,2009(12):30-32.

[64] 乐云,李永奎,胡毅,等."政府-市场"二元作用下我国重大工程组织模式及基本演进规律[J].管理世界,2019,35(04):23-33.

[65] 乐云,张云霞,李永奎.政府投资重大工程建设指挥部模式的形成、演化及发展趋势研究[J].项目管理技术,2014,12(9):9-13.

[66] 乐云,谢坚勋,翟塈.建设工程项目管理[M].北京:科学出版社,2013.

[67] 乐云,胡毅,李永奎,等.重大工程组织模式与组织行为[M].北京:科学出版社,2018.

[68] 李真,孟庆峰,盛昭瀚.工程施工团队中机会主义行为复杂性分析与计算实验[J].系统管理学报,2017(3):42-47.

[69] 李永奎,李彪,刘晓雪.重大工程组织理论研究的关键方向和创新方法——超越传统工程视角的思考[J].工程管理学报,2019,33(3):65-70.

[70] 李永奎,乐云,何清华,等.基于SNA的复杂项目组织权力量化及实证[J].系统工程理论与实践,2012(02):90-96.

[71] 李永奎,乐云,崇丹.大型复杂项目组织研究文献评述:社会学视角[J].工程管理学报,2011(01):50-54.

[72] 李永奎,乐云,张艳,等."政府-市场"二元作用下的我国重大工程组织模式:基于实践的理论构建[J].系统管理学报,2018,27(1):150-159.

[73] 李慧,杨乃定,郭晓.复杂项目系统复杂性构成研究[J].软科学,2009,023(002):75-79.

[74] 李媛媛.公路项目预可行性、工程可行性研究的要求与区别[J].公路交通技术,2010,000(006):150-152.

[75] 李迁,李江涛,盛昭瀚.大型工程建设管理的方法论体系研究[J].科学决策,2009(01):10-14+38.

[76] 梁茹,盛昭瀚.基于综合集成的重大工程复杂问题决策模式[J].中国软科学,2015,299(11):128-140.

[77] 麦强,安实,林翰,等.重大工程复杂性与适应性组织——港珠澳大桥的案例[J].管理科

学,2018,31(3):86-99.
[78] 马驹如,陈克林.海南东寨港国家级自然保护区[J].生物学通报,1999(4):24-24.
[79] 马振东.建设项目后评价指标体系框架构想[J].建筑经济,2006(11):27-30.
[80] 皮德江.全过程工程咨询委托模式研究[J].中国工程咨询,2019,000(007):29-32.
[81] 彭敏.当代中国的基本建设[M].北京:当代中国出版社,2009.
[82] 齐二石,姜琳.大型工程项目的复杂性及其集成化管理[J].科技管理研究,2008(8):195-197.
[83] 时茜茜,朱建波,盛昭瀚,等.重大工程关键部件供应商合作机制研究[J].软科学,2015,191(11):128-133.
[84] 时茜茜,朱建波,盛昭瀚.重大工程供应链协同合作利益分配研究[J].中国管理科学,2017(5):121-127.
[85] 盛昭瀚,薛小龙,安实.构建中国特色重大工程管理理论体系与话语体系[J].管理世界,2019,35(04):8-22+57+201.
[86] 盛昭瀚,游庆仲.综合集成管理:方法论与范式——苏通大桥工程管理理论的探索[J].复杂系统与复杂性科学,2007,4(2):1-9.
[87] 盛昭瀚.管理:从系统性到复杂性[J].管理科学学报,2019(3):76-81.
[88] 盛昭瀚,马军海.管理科学:面对复杂性:混沌时序经济动力系统重构技术[J].管理科学学报,1998,001(001):31-42.
[89] 盛昭瀚,游庆仲,李迁.大型复杂工程管理的方法论和方法:综合集成管理——以苏通大桥为例[J].科技进步与对策,2008(10):198-202.
[90] 盛昭瀚,游庆仲.综合集成管理:方法论与范式——苏通大桥工程管理理论的探索[J].复杂系统与复杂性科学,2007(02):5-13.
[91] 盛昭瀚.苏通大桥工程系统分析与管理体系[M].北京:科学出版社,2009.
[92] 盛昭瀚,游庆仲,李迁.大型复杂工程管理的方法论和方法:综合集成管理——以苏通大桥为例[J].科技进步与对策,2008(10):198-202.
[93] 沙凯逊,宋涛,亓霞,等.建设项目理论研究范式探析.项目管理技术[J],2009,007(005):13-18.
[94] 沈岐平,杨静.建设项目利益相关者管理框架研究[J].工程管理学报,2010,024(004):412-419.
[95] 上海同济工程咨询有限公司.全过程工程咨询实践指南[M].北京:中国建筑工业出版社,2018.
[96] 孙继德,傅家雯,刘姝宏.工程总承包和全过程工程咨询的结合探讨[J].建筑经济,2018,039(012):5-9.
[97] 孙琪,余永清,丁嘉林.浅谈新时期政策环境下企业发展全过程工程咨询的思路[J].浙江水利科技,2019(3):23-29.
[98] 陶莎,盛昭瀚,朱建波.交互作用不确定下的项目组合选择鲁棒决策[J].中国管理科学,2017(04):193-199.
[99] 魏金涛.博弈论在公用事业改扩建项目后评价中的应用与研究[D].西安:西安建筑科技

大学,2005.
[100] 吴易.高速公路运营集成化管理体系研究[D].西安:长安大学,2006.
[101] 吴恒钦,薛小龙,赵泽斌,等.重大工程管理知识结构分析[J].工程管理学报,2018(4):98-103.
[102] 吴绍艳.工程项目的复杂性探讨[J].建筑经济,2009(6):22-25.
[103] 吴玉珊,韩江涛,龙奋杰,等.建设项目全过程工程咨询理论与实务[M].北京:中国建筑工业出版社,2018.
[104] 王立国.投资项目决策前沿问题研究[M].大连:东北财经大学出版社,2019.
[105] 王歌,何清华.高管团队演化对重大工程绩效的影响——基于南宁火车东站项目的纵贯数据研究[J].中国科技论坛,2017(10):13-19.
[106] 王亦虹,潘敏,尹贻林.双赢之道:政府与社会资本合作(PPP)项目全过程咨询手册[M].天津:天津大学出版社,2016.
[107] 王唤明,江若尘.利益相关者理论综述研究[J].经济问题探索,2017(4):11-14.
[108] 王学科.项目管理的PMC模式及其应用分析[D].天津大学,2007.
[109] 王继才,陈昌华.推行限额设计,控制工程造价[J].重庆理工大学学报(自然科学),2000(4):39-40.
[110] 王茜,程书萍.大型工程的系统复杂性研究[J],科学决策,2009(1):11-17.
[111] 王渊,张彤,陈立军,等.基于资源依赖理论的供应链联盟成因分析及其发展策略[J].科技进步与对策,2006(04):175-178.
[112] 谢坚勋.重大工程项目治理机制及其对项目成功的影响机理[M].上海:同济大学出版社,2018.
[113] 谢坚勋,温斌焘,许世权,等.片区整体开发型重大工程项目治理研究——以上海西岸传媒港为例[J].工程管理学报,2018,159(02):89-94.
[114] 谢永平,孙永磊,张浩淼.资源依赖、关系治理与技术创新网络企业核心影响力形成[J].管理评论,2014,26(8):19-27.
[115] 许婷,盛昭瀚,李江涛.基于综合集成的复杂工程管理体系研究[J].复杂系统与复杂性科学,2008(03):52-58.
[116] 熊源晨,韦金凤,何清华,等.基于价值工程的主题公园项目选址决策模型研究[J].工程管理学报,2012(5):32-37.
[117] 向颖超.岩土工程勘察中存在的若干问题与对策探讨[J].建筑界,2015(5):49-50.
[118] 阎长俊,高峰,王军.PM模式的对比研究及相关问题[J].沈阳建筑大学学报(自然科学版),2000,16(3):221-223.
[119] 晏永刚,任宏,范刚.大型工程项目系统复杂性分析与复杂性管理[J].科技管理研究,2009(6):67-74.
[120] 余波.公共投资建设项目决策中公众参与方式研究[D].重庆:重庆大学,2012.
[121] 于景元.面对复杂的现实——系统工程的应用和发展[J].科学决策,1998(2):29-33.
[122] 于景元,刘毅,马昌超.关于复杂性研究[J].系统仿真学报,2001,14(11):1417-1424.
[123] 游庆仲.苏通大桥工程管理实践与基本经验[M].北京:科学出版社,2009.

[124] 杨晓段,刘曙云,李元左.系统决策中专家意见集成模型研究[J].科学决策,2010(8):59-64.

[125] 杨子胜.深基坑支护方案优选方法研究[D].太原:太原理工大学,2005.

[126] 杨佰平.工程监理企业开展全过程工程咨询服务相关政策简析[J].四川水利,2017,38(5):115-117.

[127] 甄志禄.复杂建设工程项目协同管理机制与方法研究[D].天津:天津大学,2014.

[128] 郑明珠,赛云秀,李俊亭.大型建筑工程项目利益相关者管理研究述评[J].项目管理技术,2019,17(03):25-29.

[129] 周倍立.全过程工程咨询发展的分析和建议[J].建筑经济,2019,40(01):6-9.

[130] 周群.价值工程在施工管理中的应用[J].工业工程,2010(1):49-52.

[131] 竺乾威.从新公共管理到整体性治理[J].中国行政管理,2008(10):79-82.

[132] 邹庆云,李树丞,陈赟.工程项目管理与组织行为[J].生产力研究,2012(3):201-202.

[133] 邹庆国,谌立平.重大工程项目决策的社会稳定风险识别及思考——以怀化市溆浦县监管中心建设项目为例[J].产业与科技论坛,2018(07):12-19.

[134] 祝军,何清华,杨德磊,等.建设项目跨组织知识共享对项目绩效的影响机制研究[J].工程管理学报,2016(6):49-57.

[135] 赵泽勇.基于BIM的建筑信息系统研究与实现[D].成都:电子科技大学,2011.

[136] 张劲文,盛昭瀚.重大工程决策"政府式"委托代理关系研究——基于我国港珠澳大桥工程实践[J].科学决策,2014(12):23-34.

[137] 张威.勘察设计应先行推动资源节约型社会建设[J].工程管理学报,2006(3):60-62.

[138] 张耘,胡睿.超大型城市智慧化治理体系建设研究——基于整体性治理理论[J].行政管理改革,2018,106(6):35-38.

[139] 张志波.现代管家理论研究述评[J].山东社会科学,2008(11):157-160.

[140] 张晓佗.服务型政府理念下的高速公路路政管理体系探索[D].武汉:华中师范大学,2012.

[141] 张三力.项目后评价[M].北京:清华大学出版社,1998.

[142] 张波.高速公路低碳交通运营管理评价研究[D].西安:长安大学,2012.

[143] 中国建设工程造价管理协会.全过程工程咨询典型案例[M].北京:中国建筑工业出版社,2018.

[144] 中国建设工程造价管理协会.全过程工程咨询典型案例(2019年版):以投资控制为核心[M].北京:中国计划出版社,2019.

后记 Afterword

当前,海南省交通运输系统正在对照当今世界最高水平的开放形态,深入贯彻《交通强国建设纲要》和十九届四中全会精神,围绕海南省"三区一中心"战略定位,着力推进治理体系和治理能力现代化,服务海南自由贸易港建设,推进交通运输领域改革开放创新,高质量完成交通运输部、海南省工作部署,努力建设人民满意交通。

海南铺前跨海大桥工程(简称"铺前大桥")是2019年建成通车的重大交通基础设施工程。铺前大桥连接文昌市铺前镇与海口市演丰镇,是文昌木兰湾规划区与海口江东新区对接的关键节点工程,也是海南省迄今为止规模最大的独立跨海桥梁工程,作为海南省"一桥六路"重点交通项目中的"一桥",大大缩短了海口和文昌铺前等地的行车距离。

铺前大桥作为海南自由贸易港海口江东新区首个完工通车的重大交通基础设施,是海南展示中国风范、中国气派、中国形象的又一个靓丽名片,极大地推进了海口江东新区互联互通和琼北区域的协调发展,对落实习近平总书记"4·13"重要讲话精神,推动建设海南自由贸易港具有十分重要的意义。

海南省交通运输系统长期坚持重大工程建设的改革创新,充分体现先行先试、敢为天下先和不断推陈出新的担当、勇气和智慧,近十年来在重大交通基础设施建设管理领域先后探索了代建、代建监理一体化、项目管理承包等管理模式,助力于推进省内重大基础设施工程高质量发展,并为全国重大交通基础设施建设管理积累经验、提供借鉴。

铺前大桥全过程工程咨询服务是海南省交通工程领域在建设管理模式方面的最新探索。它结合了国际先进管理理念和国内一流工程咨询企业的技术实力,通过面向全生命周期的全方位咨询服务为工程建设保驾护航,使得在位于强震、强风、强腐蚀区且跨越铺前—清澜活动断层的复杂条件下建造一座跨海大桥成为可能并实现,取得了良好的社会和经济效益。通过铺前大桥全过程工程咨询服务的实践,在高质量高标准建造大桥工程的同时,形成了一大批可复制、可推广的建设管理经验。本书既是对铺前大桥建设过程的总结,也是对这些建设管理经验的总结。本书还对全过程工程咨询服务这一创新模式在重大基础设施工程领域实

后　记

施的必要性和适应性进行了理论上的分析探讨，具有较强的理论创新和实践应用价值。

下一步，海南省交通运输系统将一如既往地勇探索、强创新，深入贯彻"创新、协调、绿色、开放、共享"五大发展理念，高定位、高起点、高标准、高质量地建设重大交通基础设施工程，构建安全、便捷、高效、绿色、经济的现代化综合交通运输网络，大力推进交通强省建设，全力支撑海南自由贸易港建设。